EMILE - BAYARD

# L'Art de Reconnaître les Tapisseries Anciennes

Ernest GRÜND, *Editeur*, PARIS

# L'Art
### de Reconnaître
## les Tapisseries

# OUVRAGES DU MÊME AUTEUR

## GUIDES PRATIQUES
### DE L'AMATEUR ET DU COLLECTIONNEUR D'ART

*Déjà parus :*

L'Art de Reconnaître les Meubles Anciens. (11ᵉ mille.)
L'Art de Reconnaître les Dentelles, Guipures, etc. (8ᵉ mille.)
L'Art de Reconnaître la Céramique. (12ᵉ mille.)
L'Art de Reconnaître les Gravures Anciennes, etc. (9ᵉ mille.)
L'Art de Reconnaître les Tableaux Anciens, etc. (8ᵉ mille.)
L'Art de Reconnaître les Fraudes en Art. (8ᵉ mille.)
L'Art de Reconnaître les Bijoux Anciens. (6ᵉ mille.)
L'Art de Reconnaître la Beauté du Corps Humain. (6ᵉ mille.)

\* \* \*

L'Art de Reconnaître les Styles. (100ᵉ mille.)
Le Style Renaissance. (21ᵉ mille.)
Le Style Louis XIII. (33ᵉ mille.)
Le Style Louis XIV. (36ᵉ mille.)
Les Styles Régence et Louis XV (35ᵉ mille.)
Le Style Louis XVI. (40ᵉ mille.)
Le Style Empire. (42ᵉ mille.)
Le Style Anglais. (8ᵉ mille.)
Les Styles Flamand et Hollandais. (10ᵉ mille.)
Les Meubles Rustiques régionaux de la France. (10ᵉ mille.)
L'Art Appliqué Français d'aujourd'hui. (6ᵉ mille.)
L'Illustration et les Illustrateurs. (13ᵉ mille.)
La Caricature et les Caricaturistes (12ᵉ mille.)
Les Arts de la Femme. (15ᵉ mille.)
Etc...

GUIDES PRATIQUES DE L'AMATEUR ET DU COLLECTIONNEUR D'ART

ÉMILE-BAYARD
INSPECTEUR GÉNÉRAL DE L'ENSEIGNEMENT ARTISTIQUE ET DES MUSÉES
AU MINISTÈRE DES BEAUX-ARTS

# L'Art
## de Reconnaître
# les Tapisseries

OUVRAGE ILLUSTRÉ
DE CENT TREIZE PLANCHES ET GRAVURES

ERNEST GRÜND
*Libraire-Éditeur*
PARIS (6ᵉ) — 9, RUE MAZARINE, 9 — PARIS (6ᵉ)

1927

*A Monsieur le Sénateur*

GUILLAUME CHASTENET

*En tout dévouement cordial*

E.-B.

*Psyché portée au rocher*, d'après le Maître au dé, fragment ; Fontainebleau. (XVIᵉ siècle.)

## CHAPITRE PREMIER

### Considérations générales sur la tapisserie

Si nombre d'arts ont disparu, chassés par la mode capricieuse ou par certain progrès, la tapisserie a résisté, en prenant sur la muraille la place de la fresque. Du moins son utilité pratique d'autrefois, ayant cessé d'exister dans l'architecture moderne, la tapisserie fait aujourd'hui office de tenture illustrée. Réprouvée par l'hygiène et combattue par le tableau auquel elle se doit de ne point ressembler puisqu'elle doit séduire différemment, la tapisserie a malgré tout persisté dans la mémoire et la gratitude des hommes au nom de sa grandeur artistique à travers les siècles.

Que d'arts, à côté d'elle, ne sont plus qu'à l'état de souvenir! Qu'est devenu le portrait de cire qui triompha aux XVI° et XVII° siècles? La sculpture sur verre (que l'on essaie de faire revivre de nos jours)? Les bustes en agate, en jaspe, en chrysoprase, dont on admire des modèles dans la galerie d'Apollon, ne chantent-ils pas des expressions lointaines? Et non moins l'art du métal repoussé, tué par la galvanoplastie, comme l'illustration du livre, hier si fantaisiste, si spirituellement évocatrice du texte, fut victime de la photographie. Et la lithographie, et la gravure en taille-douce — le burin totalement — ainsi que la gravure sur bois du professionnel, sacrifiés aux procédés photo-mécaniques, et la sculpture sur ivoire, parmi tant de pratiques sinon abandonnées, du moins vacillantes ou exceptionnelles!

Mais, pour revenir à la tapisserie, son goût tant exalté aux XVI° et XVIII° siècles, s'amoindrit au XIX° et tend de plus en plus à orner les musées et le cabinet des collectionneurs où les précieux tissus demeurent en vénérable témoignage du passé.

Il faut arriver à notre heure moderne, qui réhabilita les arts appliqués, injustement catalogués mineurs (comme s'il était diverses catégories de beauté!) jusque vers la fin du XIX° siècle, pour assister à une renaissance de la peinture en matières textiles, ainsi que de la céramique, de la ferronnerie, etc.

Aujourd'hui, la tapisserie célébrée par les cartons de nos décorateurs modernes, non moins que par le génie individuel de quelques artistes tapissiers (en dehors de nos célèbres manufactures d'État) a repris sa place dans le grand art, en revenant respectueusement à la technique somptueuse du passé.

Néanmoins, si l'on envisage pratiquement la rénovation de la tapisserie, on se heurte tout d'abord à l'utilité abolie que nous indiquions précédemment. La maison moderne, pourvue de cloisons qui déterminent rigidement les salles et ignorent les fissures par où s'infiltrait le courant d'air, s'est affranchie des draperies et tentures tissées, autrefois utilisées pour séparer les pièces et défendre contre le froid. Les différents modes de chauffage prodigués ne contredisent pas moins à la tapisserie dont le rôle protecteur, superbement accompagné d'art, a cessé maintenant.

Avant que la Renaissance italienne n'ait traité sur un pied égal la peinture et la tapisserie, il faut remonter à l'utilité de ce dernier art pour en justifier le goût, depuis la cathédrale du XIII$^e$ siècle où les tentures et vélums, les baldaquins et tapis, les garnitures d'autel et de sièges, empruntent aux riches points.

Ce sont des tapisseries encore, qui pareront les housses des chevaux, les bannières, l'extérieur des tentes (fig. 11) et les fenêtres, aux jours de grandes cérémonies.

Saint Louis envoya en cadeau au Kan des Mongols une tente en tapisserie écarlate (représentant l'*Assomption*), tout comme la France, après la grande guerre de 1914, offrit aux États-Unis une superbe reproduction de la toile de Jaulmes, en point des Gobelins, représentant l'entrée en guerre des Américains, et Jean, duc de Nevers, paya une partie de sa rançon à Bajazet, en tapisseries d'Arras...

Tenture protectrice et robuste, à l'épaisseur discrête, aux plis lourds; tableau vibrant ou chatoyant, souple et mobile; tapis mol et dru, aussi doux et chaud aux pieds que la mosaïque était rigide et froide, pour une récréation visuelle au moins égale. Matière, en somme, résistante et noble, susceptible de rivaliser avec les tissus les plus solides et les variant avec art; plus docile que le cuir, tant dans son ornementation que dans son utilisation.

Les mérites pratiques de la tapisserie, en dehors de sa valeur esthétique, légitimaient donc son usage, d'accord avec la mode aux décrets contradictoires, le plus souvent en désaccord avec la logique, voire avec la raison.

Le progrès, d'autre part, ayant banni le provisoire et assuré le confortable, on sourit aujourd'hui lorsque s'évoque la tapisserie du passé cloisonnant des vastes salles, assurant leur herméticité jusqu'à masquer les portes sur lesquelles s'ouvrait une fente verticale. Et cependant, n'était-ce point déjà pratique que de résoudre le problème de la décoration des habitations, en même temps que celui de certaine architecture intérieure, défendue, au surplus, contre le vent coulis sinon contre le froid ?

Il est vrai qu'un large espace, parfois, séparait dangereusement, souvent, les tentures et les murailles.

Dans une entrevue de la reine Marie et d'Elisabeth, Philippe d'Espagne s'était caché derrière une tapisserie, et Hamlet tue, à travers une tapisserie, Polonius qu'il prend pour le roi, tandis que Falstaff s'endort derrière les tapisseries...

N'oublions pas que, perpétuellement en guerre, les seigneurs devaient toujours envisager la fuite précipitée, et l'on saisit l'avantage de pouvoir rouler et

## CONSIDÉRATIONS GÉNÉRALES SUR LA TAPISSERIE

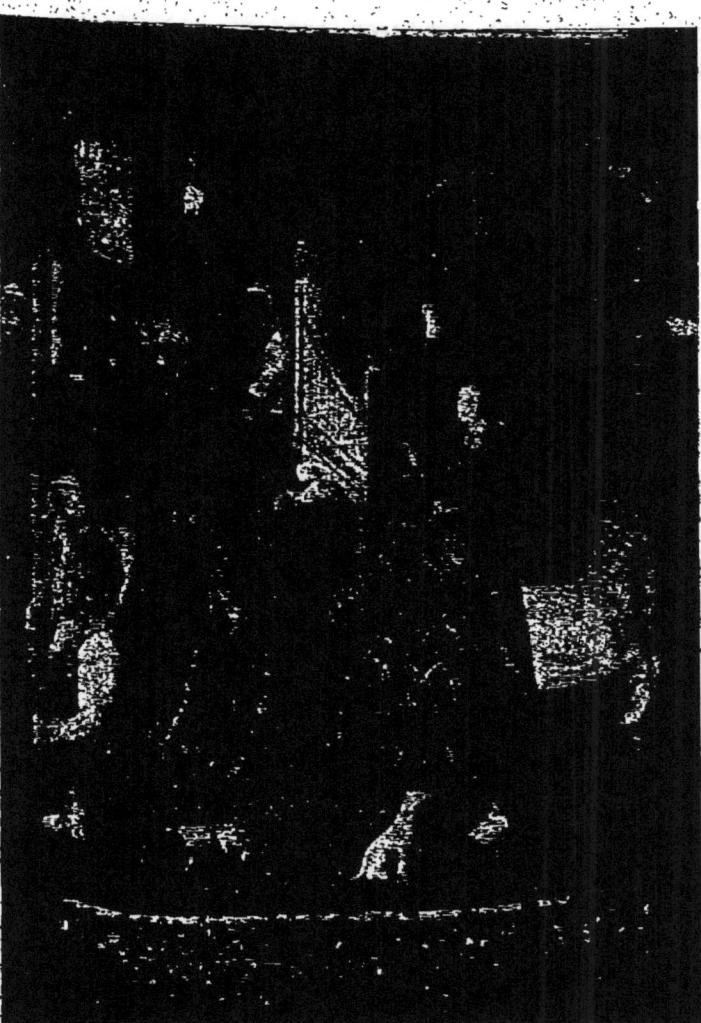

FIG. 1. — *Tenture dite : La Dame à la licorne ;* France. (XVᵉ ou premières années du XVIᵉ siècle.)

plier les riches tentures ornées — les tableaux textiles — dans les bahuts, en cas d'alerte.

Ce n'est que dans la sérénité que la civilisation s'installa, et l'idée de la peinture décorative, du tableau de chevalet, de la propriété stable, enfin, ne vint qu'à la pensée quiète.

Nous avons parlé, plus haut, de quelques arts disparus, il n'en faut point chercher ailleurs la raison que dans l'influence du progrès d'accord avec le goût versatile. La tapisserie, en outre, est fort coûteuse et d'une exécution si lente!

En l'examinant maintenant au titre décoratif, la tapisserie murale, du moins, mise à l'écart par la mode autant que par la Faculté, répétons-le, semble partager le sort de la dentelle dont les fins réseaux sont subordonnés au caprice de la robe plus ou moins enrichie. Il s'ensuit que le meuble s'est seulement soucié de la garniture en tapisserie, d'autant que la solidité de celle-ci s'ajoutait avantageusement à sa beauté, et que l'utilité du siège, comme de l'écran, demeure invariable.

Reste la question du décor qui, pour répondre au goût du temps, ainsi qu'il fut de tous les temps, doit se transformer à l'image de l'art présent et non point rééditer ni démarquer l'œuvre du passé. A ce prix seul, d'être originale, c'est-à-dire de refléter l'esprit esthétique d'une époque, la tapisserie risque la chance de reprendre son rôle dans l'embellissement de nos demeures, selon la place toutefois mesurée que le progrès lui réserva décorativement, pour le seul plaisir des yeux et de certaines aises pratiquement et artistiquement résolues.

Malheureusement, la transposition de l'ancienne

tapisserie, protectrice et séparatrice, en décor mural, a fâcheusement rapproché la conception du tableau de celle d'une image tissée. Il ne suffit pas d'avoir détourné de son but une matière pour en dénaturer l'essence, et cependant on succomba trop souvent à l'erreur de reproduire en haute ou basse lice, la toile du peintre, au mépris de sa destination exacte.

Une exposition récente montrait des motifs pour dentelle réalisés... en ferronnerie ! Que penser de vaporeux réseaux transposés dans le métal robuste !

Un tableau reproduit en tapisserie est une hérésie, n'en déplaise notamment au portrait de M$^{me}$ Vigée-Lebrun traduit en point des Gobelins ! Et, la tyrannie d'un Oudry qui exigeait que ses œuvres fussent rendues en fac-similé, a fait long feu. Il importe que la tapisserie ne soit point réduite à copier de la peinture en trompe-l'œil, à donner l'illusion d'un pochoir tissé. Les passages de tons, au moyen des « battages », demeurent donc essentiels à sa technique, conformément à la plus noble tradition séculaire.

La technique tapissière relève de l'interprétation. Et, au temps de son plus noble essor, la peinture en matières textiles était bien exécutée d'après des tableaux, mais sous la direction de l'artiste lui-même, qui, guidant vers une haute simplification de son œuvre, tant dans les modelés ramenés à davantage de sobriété que dans la couleur réduite à plus d'éclat par un minimum de tons, se dirigeait ainsi, en somme, vers l'expression tapissière proprement dite.

Le Brun fit copier un nombre considérable de ses tableaux avec des laines teintes selon les qualités de coloration et d'harmonie spéciales qu'il avait étudiées sur les tapisseries anciennes, procédé supérieur à celui qui consiste à faire teindre des laines assorties à certaines couleurs d'un tableau moderne à exprimer en tissu ! Rubens, d'autre part, surveilla attentivement ses traductions en matières textiles.

Avant les travaux de Chevreul sur le contraste simultané des couleurs (que nous apprécierons plus tard vis-à-vis de l'art), le tapissier Deyrolle, en 1810, avait emprunté ingénieusement à la palette du peintre le principe de la juxtaposition des tons. C'est-à-dire qu'il obtenait un violet en rapprochant une laine rose d'une laine bleue, un vert par le croisement d'une laine jaune et d'une bleue, etc. A distance, les tons se fondaient, mais à côté de la qualité de vibration ainsi obtenue, l'effet, de près, était plutôt désagréable, et, en dehors des difficultés hasardeuses d'exécution, le déboire de certaines laines moins résistantes à la lumière, l'une passant plus vite que l'autre, altérait à la longue l'accord des tons. Très en faveur longtemps aux Gobelins, le procédé Deyrolle dut être abandonné pour revenir, comme il seyait, aux tons francs, mais il n'empêche que dans les gris notamment et dans les chairs, les artifices du peintre ne sauraient être écartés, du moins pour l'association de certains fils jouant harmonieusement sur le ton plat à orienter vers des finesses et des vibrations, vers des demi-tons conformes à l'original.

Cela concerne d'ailleurs et constitue le fond de l'interprétation tapissière, qui procède par hachures, passages et dégradations expérimentés et savants, en modelant sur la gamme renforcée des tons du modèle.

Toutefois, si le tapissier transpose dignement le tableau du peintre, mieux ne vaut-il pas encore aller au devant de son intelligence en lui destinant des

Fig. 2. — *Bal des Sauvages*, fragment; France. (xv<sup>e</sup> siècle.)

cartons spéciaux? On cite bien, pour rire, une tapisserie où fut tissée... le fond de la toile que le peintre, se bornant à un échantillonnage, n'avait point cru utile de couvrir entièrement...

Mais c'est là une exception formidable, et, en dehors du respect plus rigoureux du traducteur, une économie de temps (car la version du tapissier retarde fatalement son exécution) résulte d'un carton approprié.

Traducteur génial, en gravure, des *Batailles d'Alexandre*, Gérard Andran surpassa le peintre de ces vastes toiles, et, le même Ch. Le Brun reproduit en tapisserie, vit non moins son œuvre exaltée. Là réside la preuve de la matière expressive qui commande et flatte, mais comportant aussi l'exception dangereuse des génies qui s'affrontent plutôt que de s'harmoniser.

Car l'interprétation, quelle qu'elle soit, ne vaut que par la fidélité et la communion avec le modèle, et, de même, la traduction du tapissier ne vaut-elle d'être sincère qu'à la condition d'un modèle réalisable en transposition tapissière ; la supériorité traductive ne pouvant être en principe supérieure au modèle, faute de quoi on eût dû initialement rejeter celui-ci pour son inspiration mensongère. Que les tapissiers aient, de tout temps, monté la gamme générale des tons (l'envers des tapisseries anciennes et modernes l'atteste), c'est d'usage et d'une certaine logique, malgré qu'il soit fâcheux de ne travailler que pour le passé à qui il appartient théoriquement d'harmoniser des nuances présentement criardes. Que les tapissiers aient été contraints, sur la navette, à des mélanges de laines (qui gaufrent fâcheusement le tissu d'ailleurs) plus ou moins heureux, des « battages » ou hachures réalisant des modèles plus ou moins réussis, cela concerne leur propre technique de transposition normale d'après le carton; tout, au reste, dépend du résultat, mais on admet difficilement l'initiative de l'interprète au-delà de cette collaboration.

Eugène Müntz, dans *La Tapisserie*, parle d'un certain droit d'initiative des tapissiers du passé, et il en donne pour preuve l'introduction, à leur gré, de l'or dans les draperies (dans l'une des tapisseries de Raphaël, ils auraient pris même sur eux de parsemer d'étoiles dorées la toge blanche du Christ), et le renforcement ou l'atténuation de la gamme des couleurs.

« Que l'on examine les rouges cerise et les jaunes citron prodigués dans un si grand nombre de tapisseries. Croit-on que l'auteur des cartons de l'*Histoire de Romulus*, Jules Romain, leur ait donné la coloration si vive que l'on remarque dans la tenture? Eh bien! ce même parti pris, ces mêmes rouges et ces mêmes jaunes se retrouvent dans l'*Histoire de Moïse*, au musée de Chartres, dans les *Fêtes d'Henri II et de Catherine de Médicis* (fig. 23 et 24) au Musée des Offices. » De ces préoccupations identiques, le distingué critique d'art en arrive à s'appuyer sur Darcel (*Les Tapisseries décoratives du Garde-Meuble*), formulant ainsi qu'il suit les principes qui présidaient à ce travail de traduction : « Les lumières ne doivent être qu'exceptionnellement de la couleur de l'ombre; le jaune y dominera, surtout dans les feuillages et dans les fleurs, de façon à imprimer un certain cachet d'unité à l'ensemble. Les lumières qui ne sont pas jaunes seront généralement décolorées: les demi-teintes n'étant, pour ainsi dire, qu'une extension plus tempérée de la lumière, c'est par l'ombre que les objets recevront leur couleur. »

En vérité, voici des évidences et des erreurs indiscutables pour un coloriste chez qui, au surplus, les ressources d'expression : exaltation des couleurs entre elles, de l'intensité des ombres et des lumières, des vibrations et contrastes à déterminer, sont autrement variées et compétentes ! L'artiste-tapissier, aussi bien, n'en est pas à s'arrêter à des ressources élémentaires ou dogmatiques; et, quant à l'adjonction, sans l'autorisation du peintre, d'un ornement quelconque, elle apparaît condamnable et appuie la nécessité d'un carton spécial, aussi précis que possible, susceptible de limiter tout au moins (sans préjuger des droits, nécessités et devoirs de la peinture en matières textiles, que le carton, pourtant, ne doit point ignorer pour les mieux servir et en tirer le maximum de profit) l'initiative et la responsabilité de l'interprète vis-à-vis de l'original.

Reste en beauté la théorie du tapissier tissant d'après son propre carton, qui donnerait alors, à ce dernier, toute latitude, en lui conférant pleine et entière responsabilité. Mais cet idéal, qui rendrait logiquement l'artiste maître de son œuvre tout entière, n'a point été encore atteint, et, le tapissier tissant directement sa laine au profit d'un art proclamé « vivant », est un mythe ! On ne voit guère, en effet, l'intérêt d'une exécution mal assurée, défectueuse en conséquence, malhabile, pour réaliser coûteusement et longuement un tissu éternel...

Qu'importe la sculpture « en taille directe », ou la fresque peinte spontanément sur la muraille fraîche-

CONSIDÉRATIONS GÉNÉRALES SUR LA TAPISSERIE 13

ment enduite, pour un résultat mauvais ! Le parallèle enfin, entre le ferronnier qui frappe directement

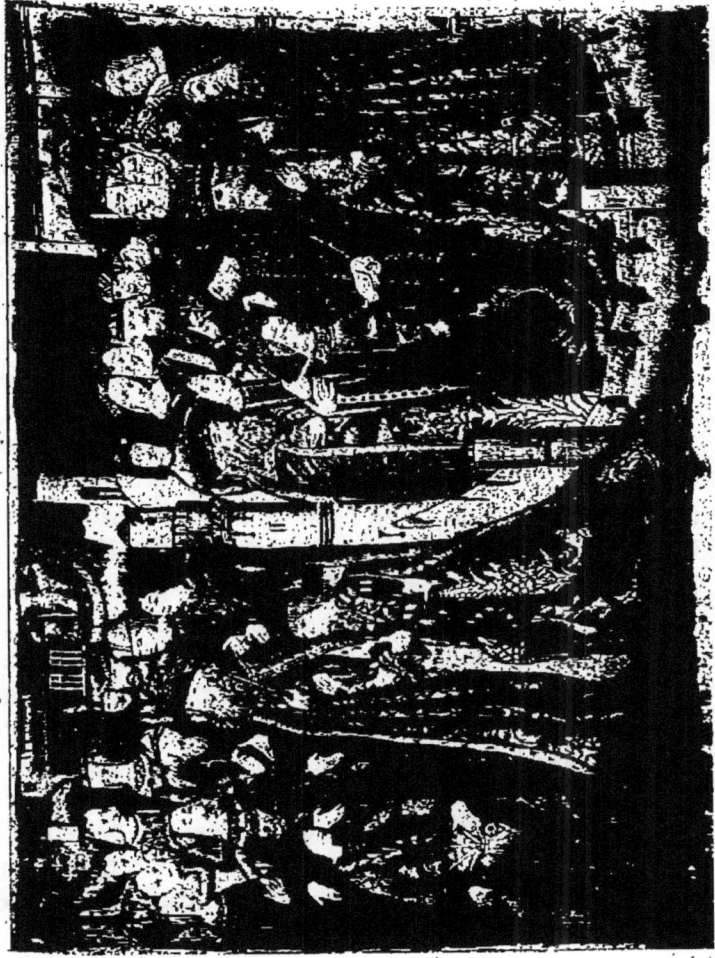

FIG. 3. — *Mariage de Marie de Bourgogne*, Flandre, XVᵉ siècle. (Collection Schütz.)

son fer et le mosaïste appliquant directement ses émaux (d'après un carton préalable, d'ailleurs), ne saurait se soutenir vis-à-vis du tapissier dont les points, au surplus, commandent une maîtrise réfléchie et rigide.

On a cru devoir appuyer la théorie du tissage « direct », de l'exemple du tapis oriental exécuté à main levée, au son d'une mélopée directrice; mais encore le rythme du chef d'atelier, pour indiquer les tons, leurs combinaisons et les intervalles d'un décor de tapis, s'affirme-t-il plutôt compréhensible ici. L'ordonnance géométrique d'un ornement peut correspondre, en principe, à une mesure, surtout lorsque cet ornement est soumis à une base conventionnelle, à une cadence, mais la tapisserie qui nous occupe, autrement diverse et compliquée, ne saurait s'accommoder d'une musique !

A moins cependant que, d'accord avec certain snobisme, on ne réclame de la tapisserie, l'attrait *original* (?) certes, de la riche matière sabotée, à l'égal de tant de gravures sur bois d'aujourd'hui, taillées à la hache ! En nous bornant donc, au respect du beau métier qui résiste à la mode agressive, nous en arrivons à noter la conception technique du vitrail, analogue et aussi délicate que celle dont nous traitons.

Le vitrail, de même que la tapisserie, commande un carton spécial s'adaptant à sa réalisation sobre, à la distribution judicieuse de sa transparence dans l'accord des lumières. Il faut ici savoir servir les plombs qui fixent les verres, de même qu'auparavant on doit songer aux exigences de points conduits par une trame.

Les tons fondus appartiennent à la pâte lisse du peintre, ils déconcertent la tapisserie en la détournant, au surplus, de sa matière, sans réussir d'ailleurs, complètement, au trompe-l'œil. Nous en prendrons plutôt à témoin les portraits de la galerie d'Apollon, au Louvre.

Voudriez-vous donc, déjà, que la lumière se comportât, sur la surface rugueuse d'une tapisserie, comme sur une toile lisse ? La même différence entre la palette du peintre et celle du tapissier devrait exister, mais hélas ! les tapissiers de la décadence ont, ainsi que nous l'avons déjà indiqué, rompu avec les tons francs, les nuances nettes qui sacrèrent les chefs-d'œuvre du passé.

Et, puisque nous avons parlé du vitrail, c'est pareillement la pratique de la peinture sur verre qui a tué le vitrail proprement dit, en s'ajoutant ou en se substituant à la magie du strict verre de couleur, en réalisant ainsi le tableau lumineux et non plus le vitrail.

Pour atteindre aux déplorables reproductions de la peinture où peu à peu la tapisserie a glissé, il fallut demander à la chimie les gammes les plus abusives. Alors que nos grands tapissiers d'autrefois ne disposaient que d'une quarantaine de nuances, les Gobelins actuels en comptent vingt-cinq à vingt-six mille ! Et nous verrons quelles nuances fugitives !

Le carton de tapisserie sera essentiellement décoratif. Il ne faut pas se lasser d'insister sur ce point, car pour éviter le tableau, en matière de traduction, il importe non moins d'en éviter la composition. Déjà, dans l'irréel de la mythologie ou de la Bible, le décorateur peut puiser au gré de sa fantaisie, mais la richesse imaginative ne saurait en rester là, d'autant que la bordure exigée par la tapisserie, son cadre essentiel si différent de celui que nous flétrissons

FG. 4. — *Bal des Sauvages*, fragment; France. (XVe siècle.)

plus loin parce qu'il imite celui du tableau, semble guetter l'artiste au coin de la difficulté, et défier initialement ses fins.

La bordure d'une tapisserie n'est point la vulgaire

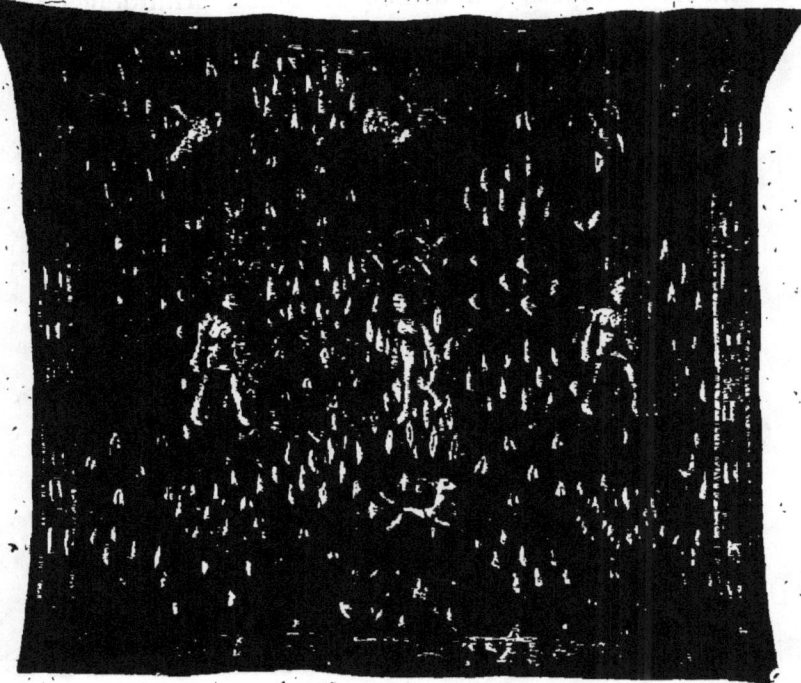

Fig. 5. — *Verdure flamande*; xve siècle. (Collection Schutz.)

moulure qui termine matériellement le tableau, non plus que la fastidieuse « omelette » ou simple bande plate d'encadrement qui doit son nom à sa couleur jaune.

La bordure fait corps avec le sujet, elle l'enveloppe et l'exalte. Sa composition spéciale est beaucoup plus difficultueuse que celle du sujet même, à quoi elle est étroitement adéquate, en dépit de tant de bordures transférées d'une tapisserie à l'autre et même transfigurées à travers les styles, grâce à de miséricordieuses (ou fâcheuses, sinon criminelles !) rentraitures.

Combien d'artistes sont capables de créer une bordure ? On les compte. Pour se mesurer avec les incomparables bordures de Le Brun, qui, lui-même, s'inspira de celles de Raphaël, il faut, semble-t-il, avoir été touché par la grâce.

Une tapisserie dépouillée de sa bordure semble un navire sans gouvernail. Les tapisseries du moyen âge, qui n'en comportent pas (ou de si maigres !), paraissent incomplètes, mais moins stupides cependant que celles qui cumulent et le cadre et la bordure !

Cette superfétation concerne notamment des tapisseries contemporaines marquées aux initiales (V. P.) de la Ville de Paris et figurant, entre autres, à l'Hôtel de Ville.

En dehors de la bordure ou composition décorative fantaisiste et des encadrements précédents, la tapisserie fit souvent fête à des « mosaïques », sortes de petits ornements ajourés en or, se détachant sur un champ bleu, que des moulures simulées bordent ; certaines de ces moulures s'ornant de guirlandes et de chutes de fleurs. Les plus anciennes bordures italiennes, purement décoratives comme celles des Flamands, s'exprimèrent aussi en camaïeu. Quant au Primatice, on lui reprochera d'avoir donné à reproduire en laine des bordures imitant le stuc. Les tapisseries de la galerie François-I[er], à Fontainebleau, éternisent cette faute d'emploi de la matière qui se doit d'être franche, et rejoint, dans l'illusion fâcheuse, les cadres en bois doré.

Indépendamment de la perte quasi totale de sa valeur marchande, ainsi qu'une gravure veuve de sa marge, une tapisserie sans bordure (les tapisseries du moyen âge exceptées !) équivaut à une jolie femme sans tête. Elle a perdu son équilibre, son point d'appui comme sa raison d'être, et aucune autre sertissure que la sienne ne saurait lui convenir.

Quant à la qualité de nos décorateurs modernes, elle n'a point faibli, mais elle n'apparaît guère avoir été judicieusement utilisée jusqu'ici. Le génie d'un Puvis de Chavannes passa sans émouvoir les dispensateurs de l'art qui nous occupe, et pourtant, combien les chefs-d'œuvre du maître eussent marqué glorieusement notre siècle !

En revanche, que de bousillages à la mode furent précieusement et longuement tissés ! Que d'esquisses d'actualité, destinées à être bientôt périmées, conhurent l'honneur des fils de chaîne !

Le peintre François Boucher n'a pas été trop influencé par sa manière de « tapissier », ainsi que l'estiment les Goncourt, il s'est simplement montré digne de la tapisserie, sans le moindre soupçon de dérogation.

Mais, au prochain chapitre se poursuivra l'effleurement de la technique tapissière, avant que nous n'en abordions le détail, afin d'accuser la beauté d'une expression d'art dont il faut connaître les ressources d'effet comme les nécessités matérielles, pour l'apprécier en toute justice, pour la goûter dans toute son ampleur.

20  L'ART DE RECONNAÎTRE LES TAPISSERIES

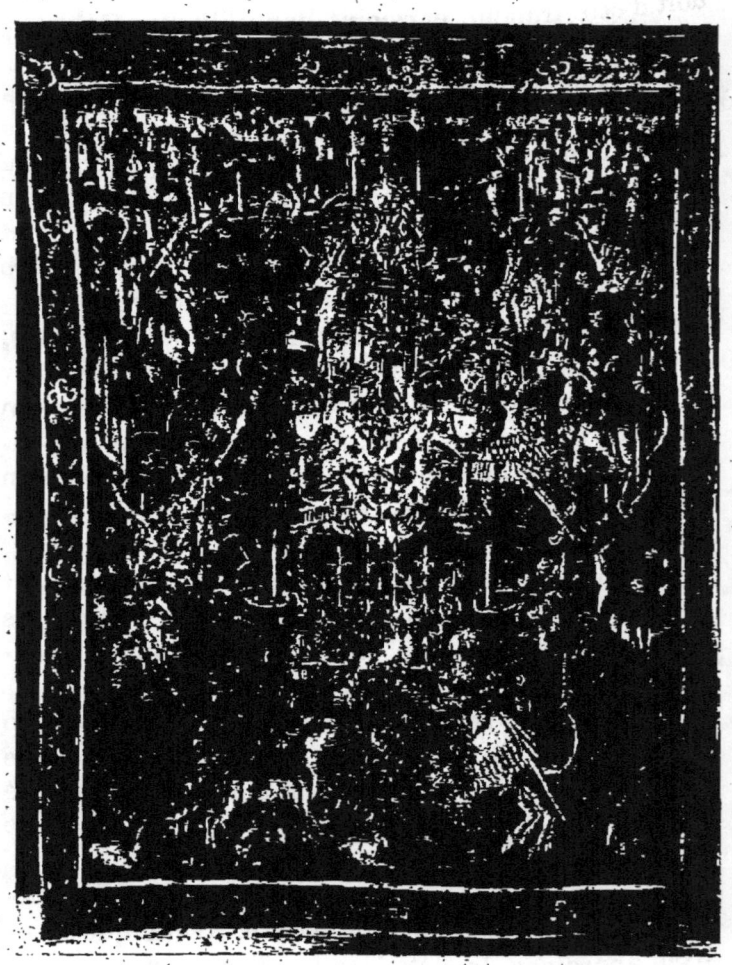

Fig. 6. — *Parc aux cerfs;* Flandre, xvᵉ siècle.
(Collection Schutz.)

# CONSIDÉRATIONS GÉNÉRALES SUR LA TAPISSERIE 21

Fig. 7. — *Tapisserie des Flandres; xvᵉ siècle.* (Collection Schutz).

# CHAPITRE II

## Autres considérations autour et à l'entour de la tapisserie.

Pour poursuivre la théorie de l'imitation servile de la peinture, nous verrons celle-ci, au XVIII° siècle, se propager au point que l'on commit jusqu'à l'extravagance de substituer à la bordure admirable de la tapisserie réellement digne de ce nom, le trompe-l'œil d'un cadre doré ! Cadre doré avec ses lumières et ombres, conformément à l'effet naturel d'un tableau accroché au mur, coûteusement (autant qu'inutilement) reproduit en matières textiles, pour un résultat de reproduction somme toute imparfait !...

La tapisserie donc vit en propre sa vie. Elle ne ressemble ni à la peinture, ni à la mosaïque, ni à aucune autre matière.

Aussi bien, étant donné le caractère de richesse d'une tapisserie, il importe que le carton spécial qui y préside cumule des préciosités de décor que les laines, patiemment et luxueusement, accuseront.

Les plus belles tapisseries du passé se sont justement attachées à des compositions nourries, où des personnages s'étageaient, spirituellement ou naïvement, en perspective. Le moins d'espace vide s'avérait dans leurs œuvres pour un maximum de richesse et de beauté rassemblées. Contrairement, presque, à cette loi de la composition décorative en matière de tissu qui commande des vacuités où l'œil se repose, on admet en tapisserie que ce repos ne s'indique que par des variétés : fleurs, ornements, inscriptions, etc., alternant avec les figures.

Les fonds, enfin, d'une peinture en matières textiles, ne sauraient être monotones, faute d'apparaître pauvres et mornes, d'où la nécessité de les mouvementer, de les rendre intéressants, soit dans le ton varié, soit dans des recherches de facture ou des représentations de choses qui les animent, afin de mériter enfin les honneurs du point qui leur sont destinés pour la pérennité.

Un ciel trop étendu eût ouvert fâcheusement une fenêtre dans une tenture murale intérieure, voici pourquoi l'ancien tapissier voulut remplir ses lointains et réduire la nue sur laquelle ils s'estompaient ; voici pourquoi les arbres et les terrains meublent à l'envi, dans un détail savoureusement touffu, les intervalles entre les personnages et tous êtres se mouvant, scrupuleusement reproduits, sans souci, le plus souvent, des plans, seulement exprimés par l'échelle proportionnelle diminuée.

Des moindres traits du visage aux accents les plus minutieux du costume, rien n'échappe aux maîtres tapissiers d'antan et, c'est par ce fini délicat qu'ils nous touchent, parce que ce fini confine à l'exception, à la préciosité, indispensables à la matière de choix qui nous occupe.

Une idée de temps s'attache à la rareté de la tapisserie, d'accord avec la lenteur de son élaboration

Fig. 8. — *Triomphe de César*, fragment; Arras. (xvᵉ siècle.)

Fig. 9. — *Tapisserie des Flandres*; XVᵉ siècle.
(Collection Schutz.)

qui impose au carton d'où elle émanera, un respect parallèle.

La légende de Pénélope défaisant la nuit ce qu'elle avait tissé durant le jour, ajoute symboliquement à la beauté du suaire auquel la vertueuse épouse travaillait.

Un carton de tapisserie ne saurait être ainsi, ni bâclé, ni quelconque. Un carton de tapisserie doit s'exprimer en vue de sa traduction exclusive, et l'artiste qui le conçoit, s'il faut logiquement le choisir moderne — aussi moderne que les siècles du passé, en s'adressant à des artistes de leur temps, se sont énoncés modernes — ne devra pas être cependant un artiste « à la mode ». Car la mode est dangereusement fugitive pour une tapisserie qui risquerait d'être démodée avant même que d'être terminée.

A notre heure particulièrement troublante en ses excès de recherches (plus ou moins sincères d'ailleurs !), le carton commandé à un décorateur « d'avant-garde » ménagerait des surprises désagréables, de cet ordre. Au surplus, la surprise risquerait de se doubler d'une déconvenue économique pour se tripler enfin de l'amertume d'avoir tant peiné à reproduire avec talent une tapisserie mort-née...

Lorsque l'on prend en main un fragment de tapisserie, le rêve serait qu'il donnât la sensation visuelle d'une matière précieuse et rare. La dentelle et la broderie (que le toucher goûte au surplus) se réclament aussi de cette sensation.

Ces diverses conditions, parfaitement remplies par la tapisserie ancienne dont les splendeurs n'ont point été dépassées, en admettant même qu'elles aient été atteintes (ce dont nous ne devons préjuger, car il manque à nos tentures modernes la consécration miraculeuse des temps, son cortège de patines et de prestigieuses harmonies), s'accordent-elles avec la prétention de certaine peinture proposée à la traduction tapissière ?

Quand un tableau d'Odilon Redon ou de Claude Monet, aux visions féeriques, aux impalpables réalisations, devint une tapisserie de haute laine des Gobelins, ce fut une erreur, parce que la technique de la tapisserie se borne à ses possibilités matérielles ; le fondu des teintes, propre à une peinture à l'huile, n'étant obtenu que par un modelé ressortissant au tissage, c'est-à-dire par de multiples nuances résultant de hachures spéciales ou *battages*.

Le tapissier, d'autre part, ne pouvant, comme le peintre aux effets éthérés, vivre d'irréalités vis-à-vis de sa trame positive.

Combien nous sommes loin, aujourd'hui, des battages foncés mordant nettement sur le clair, en manière de peigne, de dents de scie, que la méthode flamande des grandes époques instaura avec une conscience si approfondie des strictes ressources de la peinture en matières textiles !

Le carton sera donc nettement écrit, décorativement abrégé dans ses modelés et tons les plus mesurés. Son sujet devra de préférence exalter en richesse imaginative, déborder de luxe vestimentaire ou de nature luxuriante. Sujet noble, opulent, ni familier, ni d'esprit photographique ; il parlera plus éloquemment de symbole que de vérité. Tout, en ce sujet, sera prétexte à ce cumul de détails et de préciosité dont nous avons parlé ; il rassemblera des émaux, des gemmes, tout une palette aux couleurs rutilantes (point

28  L'ART DE RECONNAÎTRE LES TAPISSERIES.

aigres) mais sévèrement réduites. Pas de groupes isolés, susceptibles de s'égarer dans des plis et d'accentuer leur solitude jusqu'à la désolation du tissu nu.

Quant au souci d'éviter qu'un personnage ne risque

Fig. 10. — *Tapisserie des Flandres;* xv° siècle.
(Collection Schutz.)

d'être coupé en deux par des plis, il n'apparaît fondé que théoriquement, car l'artiste ne saurait échapper au hasard d'une ride (ou de plusieurs) dans la draperie de son œuvre tissée. Une tapisserie n'est point comme un éventail ou un paravent dont la rigidité permet d'envisager des points de cassure.

CONSIDÉRATIONS GÉNÉRALES SUR LA TAPISSERIE 29

Fig. 11. — *Tapisserie de la tente de Charles le Téméraire, fragment; Flandre (xvᵉ siècle.)*

Le dessin d'une mosaïque de parquet ne saurait prévoir le meuble, l'objet, qui, inéluctablement, risque de masquer l'endroit où on le pose. Il importe d'autant plus que cette mosaïque ne soit nulle part à ménager, car si l'intégralité de son dessin ou le motif essentiel de ce dernier ordonnait la disposition d'un meuble plutôt que de la subir, elle faillirait à son rôle. Pareillement pour la tapisserie qui doit d'abord servir les besoins attendus d'elle. Ici se confirme la loi du décor unanimement intéressant, d'une curiosité et d'un attrait ingénieusement répartis, généralement condensés, au point qu'un seul même de ses morceaux visible puisse donner une joie de beauté et de préciosité.

Nous répéterons que la tapisserie se doit d'être plane pour s'adapter fidèlement à l'unité du mur, conformément à sa destination exacte (à moins qu'il ne s'agisse d'une portière), tout comme un plat sera plus ou moins profond afin de pouvoir, d'abord, contenir des mets. Les plats de Bernard Palissy, encombrés de poissons, répugnent à leur directe utilité ! L'art appliqué ne sépare point la beauté de la logique. Il n'y a guère que les musées qui puissent se permettre de recueillir les chefs-d'œuvre en retrait d'emploi : mosaïques de parquet interdites aux pas du visiteur, portières aux plis immobilisés, vases désormais vides, rouets muets, etc., morts pour la galerie...

De cette atonie, que l'on ne pourrait guère conjurer qu'en réalisant des scènes ou en animant des salles conformément à la vie, résulta hélas ! l'esprit (?) d'adaptation de certains amateurs qui n'hésitèrent point à transformer des meubles, à les dénaturer, à les détourner enfin, de leur but originel. Cependant, pour nous en tenir spécialement à la tapisserie, les perversions du goût ne l'atteignirent guère, étant donné précisément, que ses chefs-d'œuvre, même morcelés, ruinés, renferment en propre une perfection intégrale. Certes, certains rafistolages et fragments plus ou moins mal raccordés, font triste figure, mais encore, à distance, vu la qualité de la matière malgré que tant bien que mal soudée, le miracle de quelque beauté opère.

En revanche, la faute d'échelle d'une vaste tapisserie murale dont les morceaux ornent un fauteuil ou tout autre objet de dimension moyenne, saute plus désagréablement aux yeux. Passe encore pour une verdure, mais lorsqu'il s'agit de personnages, l'effet d'une nudité plus grande que nature ornant le dossier d'un siège, d'un écran, chavire les proportions du cadre.

Néanmoins, la beauté de la tapisserie jouit de l'immunité du souvenir, et toujours la richesse de sa matière au décor condensé (qui nous épargna le désappointement d'un morceau de surface vide, fût-il admirablement tissé!) mérite qu'on la conserve, même terriblement mutilée.

Une parcelle de diamant garde sa valeur. Tous les morceaux d'une tapisserie doivent être solidaires, comme en vue de l'éventualité de son morcellement. Point de personnages, de terrains, etc., trop modelés, faute de quoi la tapisserie s'accuserait fâcheusement en relief alors qu'elle doit demeurer plane, avons-nous dit, sur le mur.

D'autre part, en matière de sièges, que d'erreurs motivées par la transposition verticale d'un sujet horizontal, et réciproquement... Que de fautes d'échelle !

S'imagine-t-on, par exemple, une cathédrale de Reims tapissant un dossier ? S'asseoir (ou s'adosser) sur un monument, religieux au surplus, quel illogisme et... quelle profanation ! Que de compositions où, par exemple, la chute verticale d'une glycine s'exprime contradictoirement à la nature, les grappes en l'air !

Depuis le décor de feuilles de houx... préposé « moelleusement » à un siège ou bien quelque jet d'eau ! jusqu'au tapis de pied où figure, en plein milieu, un lac en miniature, à moins qu'un nid d'oiseaux dont les œufs fragiles s'opposent au moindre écrasement, autant d'aberrations qui ne nous ont pas été épargnées d'ailleurs, tant l'imagination s'échauffe, souvent, en dehors de la logique. Et puis il y a des perspectives offrant à l'œil des cavités fâcheuses, des vices d'accord (de la vaste tapisserie à l'écran, la proportion d'un sujet varie et aussi la grosseur du point, en principe) déséquilibrant des volumes, comme des couleurs troublant le regard au lieu d'en harmoniser la joie.

Pour les tapis de pied, au surplus, le calme de ses dessins et de ses tons doit assurer la marche et non l'interloquer. Il en est de si mal conçus que le pied hésite à les fouler ; leur décor semblant en relief ou tellement rocailleux ! Point uni et à son plan, ainsi qu'il sied.

Le tapis de pied, a-t-on parfaitement jugé, est une mosaïque de laine ; son principe est l'à-plat, comme dans le tapis d'Orient. Des ornements de lignes et de surfaces, des synthèses d'après la nature et point de modelés naturels.

Fig. 12. — *Le Jugement de Salomon*; fragment. Tapisserie de la Chaise-Dieu. (xv° ou première partie du xvi° siècle.)

Que des encadrements à haut-relief, cartouches et décors saillants, représentations réelles de motifs d'architecture; que des figures, fleurs, animaux modelés et colorés avec toute la réalité que donne la nature, aient été célébrés jadis à la Savonnerie, ne signifie pas que nous devions retomber dans cette erreur. Les styles et expressions du passé ne sont point infaillibles, n'en déplaise aux détracteurs des recherches modernes. La tradition ne saurait consacrer des erreurs et illogismes fondamentaux; elle doit perpétuer, autant que possible, la raison.

Pour revenir au carton de tapisserie, celui-ci n'évoquera pas de la douleur, non plus que de la misère (des scènes d'actualité où la photographie instantanée suffirait, point davantage); les chefs-d'œuvre tissés en apportent la preuve. Tandis que leurs compositions les plus flamboyantes, les plus pompeuses, enchantent notre mémoire, les sujets austères les ont déserté. Il importe de ne pas séparer la tapisserie des fêtes qu'elle accompagnait, de la tribune, du tournoi où fêtes et cortèges éclatants qu'elle célébrait; l'or et l'argent mêlés à la laine rutilante vivant dans le soleil et une atmosphère de liesse.

La mythologie, comme les récits de l'Ancien Testament, semblent avoir été créés pour son inspiration la plus avantageuse. Insistons sur ce point.

Quant aux exigences de quelques auteurs s'élevant contre la représentation, en tapisserie, de la vie réelle, ou bien interdisant à une salle à manger ou à un boudoir, lieux tempérés, une tenture représentant un effet de neige, elles sont à la merci d'un chef-d'œuvre, toujours à sa place là où il le veut, tandis qu'un effet de nuit (à condition toutefois qu'il soit excessivement ténébreux !) serait plutôt en désaccord avec la pleine lumière d'une salle où il figurerait, sous réserve encore de sa beauté rédemptrice.

Car si ces ostracismes gardent leur valeur vis-à-vis d'une tapisserie exécutée de nos jours, la rareté de la tapisserie ancienne ne permet guère que l'on discute son emplacement d'après la référence de son sujet. Au reste, les représentations de la vie réelle d'autrefois nous enchantent aujourd'hui tout autant que les anachronismes d'hier qui ont réintégré la vérité historique, à travers la magie de l'art et le respect du bon vieux temps.

La réalisation en tapisserie — matière vouée à la pérennité — d'une affiche essentiellement fugitive, fût-elle de Jules Chéret, n'est pas moins erronée que la reproduction, en trompe-l'œil, d'un tableau. Entre la séduction immédiate, frappante, par des voies volontairement sommaires et économiques, d'un dessin venu au bout du crayon gras, d'un seul jet, pour « amuser » le mur de la rue, et la méditation qui s'impose devant la maturité d'une tapisserie dont l'exécution tissée demande plusieurs années, s'indique la différence des deux images. L'une dont l'objectif est de passer, l'autre de demeurer.

Il faut toujours revenir, enfin, lorsqu'il s'agit de tapisserie, sur sa qualité de préciosité et de longévité, sur la noblesse de son expression dont le bénéfice même, est singulier à examiner dans le passé.

Lorsque, en 1607, Henri IV établit à Paris et dans quelques autres villes des manufactures de tapisseries des Flandres, il anoblit deux étrangers chargés de la direction de ces manufactures, les exemptant, au surplus, des droits d'aubaine (législation particulière et rigoureuse, abolie en France en 1790), ainsi que tous les ouvriers qui s'emploieraient sous leurs ordres.

En 1664, ces manufactures étant presque tombées, Louis XIV en établit une nouvelle à Beauvais et déclara régnicoles et naturels français les étrangers qui y auraient travaillé huit années. Le même privilège fut accordé, après huit ou dix années, aux ouvriers étrangers de la Manufacture Royale des Gobelins (et de la Manufacture des Glaces et Cristaux).

Au fur et à mesure de notre étude, la grandeur et la beauté de l'art examiné se développera. Afin de justifier notre titre, nous élaguerons toutefois, en serrant toujours davantage notre sujet, des énumérations fastidieuses, nous bornant au strict historique nécessaire à l'intérêt des lecteurs et à ses connaissances directes.

Pour approfondir l'art de la tapisserie et les diverses pratiques qui la régissent, autant que pour répertorier les célèbres tentures, les ouvrages ne manquent pas, auxquels nous renverrons, et, quant à la technique tapissière, nous n'en parlerons que juste pour renseigner le futur connaisseur sur les qualités exigibles de son genre ou de sa sincérité d'expression, tant à la vue qu'au toucher, diversement flatteurs. A cette condition, la compétence s'éclaire, pourvu qu'elle sache lire la tapisserie sur chaîne ou sur canevas, la différence des points, avant de comprendre un sujet et de s'en émouvoir, dans une admiration légitime et fondée vers laquelle nous nous efforcerons de conduire.

Fig. 13. — *La Descente de Croix*, fragment;
Flandre. (Fin du XVᵉ siècle.)

# CHAPITRE III

## Des divers genres de tapisserie : la tapisserie à l'aiguille.

Avant d'aborder l'historique de la tapisserie, nous esquisserons les diverses matières sur lesquelles elle se manifeste. Ce n'est que lorsque la séduction technique initiale aura été définie et précisée, que viendra l'intérêt de déterminer la beauté de l'œuvre, de la dater comme d'en situer, autant que possible, la provenance.

On compte quatre sortes de tapisserie : *à l'aiguille*, *en haute lice*, *en basse lice* et *de haute laine* ou *veloutée*.

La tapisserie à l'aiguille relève des doigts essentiellement féminins, depuis tous les temps ; c'est donc un « travail de dames » qui ne saurait se comparer, pour la technique, aux pratiques de la haute et basse lice, particulièrement difficultueuses et plutôt masculines. Il faut du soin, de la patience et du goût pour mener à bien une tapisserie à l'aiguille, dont les points sont comptés ou le dessin déterminé, les laines étant assorties préalablement, et leur couleur envisagée dans l'ensemble avant le travail, tandis qu'en matière de haute ou de basse lice, l'exercice essentiellement professionnel est exigible, les doigts de fée ne suffisant plus à l'exécution en matières textiles, et la valeur du goût, pour l'interprétation du coloris et des modelés, se subordonnant au savoir du dessin et de la peinture. La patience, la mémoire, enfin, dans leurs rapports avec la réflexion et la juste mesure d'expression, au cours de la lenteur d'un travail à envisager d'ensemble, prenant ici, seulement, leur plus forte signification.

D'autres vertus, comme l'esprit de décision, l'expérience, etc., dont nous accuserons le prix lorsque nous aborderons la technique, s'ajoutent à la qualité d'un résultat dont les Gobelins et Beauvais, en tête de la France, se réclament glorieusement.

Pour revenir à la tapisserie *à l'aiguille*, c'est-à-dire « en manière de dames », celle-ci s'applique sur un fond rigide uni, à claire-voie, tissé de chanvre (*chanevas*), d'où son nom de canevas. Il y a un canevas dit *uni*, ou tissé à fils simples, et un canevas *Pénélope*, ou à fils accouplés, deux par deux. Ce dernier, le plus souvent adopté, car il permet de compter plus aisément les points.

Lorsque les points de tapisserie ont été passés sur le canevas, celui-ci disparait entièrement.

Il va sans dire que, de la diversité des points, de leur grosseur, etc., dépend la variété de l'effet, puisque la lumière s'accroche différemment sur les reliefs de la laine (le plus généralement, malgré que la soie et aussi le coton mouliné, de nos jours, soient employés avec faveur), et qu'aussi bien, à chaque manière de point correspondent des préciosités, une facture, destinées à jouer spirituellement avec le

Fig. 14. — *Déposition de la Croix*, d'après Van Orley;
Flandre. (Fin du xv⁰ siècle.)

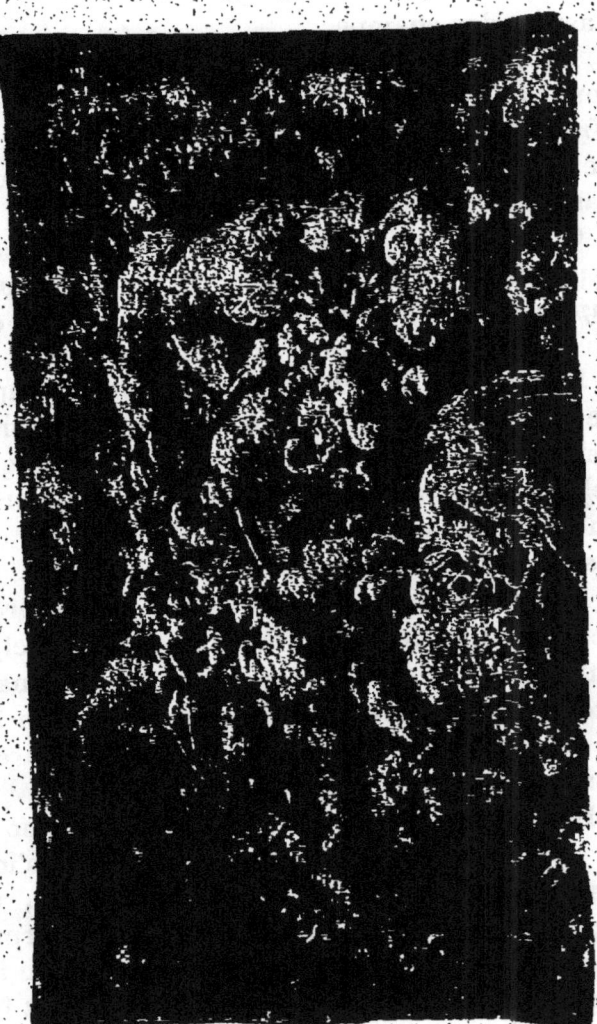

Fig. 15. — *Tapisserie des Flandres*; début du XVIᵉ siècle. (Collection Schutz.)

thème et la nature du sujet traité, pour renouveler l'aspect des champs.

Points de *marque*, de *diable*, des *Gobelins*, de *fougère*, de *pyramide*, de *Hongrie*, d'*Orient*, de *France*; *petit point*, *demi-point de croix*, *point d'arêtes*, de *coquille*, etc., se disputent ainsi les honneurs du canevas au bout d'une aiguille spéciale.

Quant à la méthode de travail, elle consiste, soit à reproduire sur le canevas les points d'un modèle *tapissé*, que l'on compte, soit à recouvrir le canevas, en suivant l'indication d'un tracé préalable.

Le premier moyen est dit « à points comptés »; il ne nécessite aucune connaissance de dessin et de peinture; le dessin se réalisant mathématiquement, selon l'exactitude des points comptés conformément au modèle, la couleur ne dépendant que du juste réassortiment de celles du modèle, encore.

Le second moyen, plus rapide que le précédent, peut résulter de l'effort artistique personnel, à condition que l'on ne demande pas à un dessinateur de profession le modèle du dessin tracé (cette fois) sur le canevas, ainsi que l'indication, à l'aquarelle, des couleurs et nuances de la laine.

Dans la tapisserie à l'aiguille (dont nous ne parlons ici qu'en raison des comparaisons qui s'imposent matériellement au jugement du lecteur, avec la tapisserie de haute et de basse lice), l'interprétation demeure assurée dès le début, grâce au fond de canevas-directeur, d'exécution relativement facile au surplus (comparativement toujours, avec la tapisserie de haute et de basse lice), elle limite la responsabilité, vis-à-vis du modèle, à un résultat agréable et patient, à une richesse relative.

Aussi bien, la tapisserie à l'aiguille se borne plutôt à des dimensions d'expression restreintes, malgré qu'elle puisse viser à la tenture. Les écrans, coussins, baldaquins de lits, garnitures de fauteuil, toutes bordures, etc., lui conviennent particulièrement, et, toujours, la mode dirige l'essor de sa fantaisie et de ses adaptations, voire de son emploi.

Si les tricoteuses avaient escorté, sous la Convention, le char de la Raison, si le placide métier à canevas hantait à l'envi la maison bourgeoise de la Restauration (ce métier à canevas qui prétendait nous restituer la fileuse du moyen âge!), aujourd'hui la tapisserie à l'aiguille, et depuis la Révolution, a perdu son prestige.

En dehors des variations du goût, de la mode, et des progrès du machinisme qui mirent la similaire beauté à la portée du commun comme pour décourager le luxe et son noble égoïsme, il faut chercher dans la société nouvelle, plus fiévreuse et plus mouvementée, les causes de la faillite de la patiente et placide tapisserie féminine.

La pratique des sports au nom de l'hygiène (que nous avons vu proscrire la tapisserie à cause de la poussière) a transformé de nos jours la grâce ; elle l'arracha à la tranquillité du foyer, au bénéfice du plein air et de sa griserie que la voiture automobile, d'autre part, consacra. Émancipée, tournée vers d'autres joies, la femme, dès lors, répugna logiquement aux distractions de ses sœurs d'antan.

Puis, le féminisme vint, qui disputa à l'homme ses prérogatives, et finalement l'abandon des travaux de dames en résulta. De la dentelle à la broderie, de la broderie à la tapisserie, l'étendue des délicates expressions défuntes se mesure.

Nous avons parlé des arts aujourd'hui disparus, ceux-ci s'ajoutent à ceux-là, et, n'était la survivance

Fig. 16. — *Actes des Apôtres : La pêche miraculeuse*, d'après Raphaël ; Bruxelles. (Début du xvi° siècle.)

assurée par des entrepreneurs dans le sillon persévérant de quelques artistes, c'en serait fait des trésors autrefois nés au bout des doigts de fée.

Avant d'atteindre la tapisserie à la navette, nous ferons observer que la broderie disputa très souvent au canevas le miracle des points, alternant avec eux

DIVERS GENRES DE TAPISSERIE 45

Fig. 17. — *Saint-Remi*, fragment; France. (XVIe siècle.)

ou les cumulant. Le mot *tapisserie* s'applique, dans l'antiquité, le plus souvent à des étoffes brodées ou brochées qui détrônèrent fréquemment la tapisserie proprement dite. Du moins, à défaut de témoignages palpables, préfère-t-on confondre les riches matières ornées à la main dans une admiration prudente autant qu'unanime, quant à la technique dont elles relèvent exactement. C'est une préciosité artistique anonyme qui, en somme, flatte et guide l'imagination à travers les textes imprécis où des tentures, toiles et tapisseries, d'un luxe inouï, président au décor des temples antiques les plus suggestifs, ornent les festins et les trônes, les sanctuaires et les voies les plus splendides du passé.

D'ailleurs, la célèbre tapisserie de Bayeux, ou *Tapisserie de la reine Mathilde*, est une broderie, non une tapisserie, et combien d'autres textures de soie anciennes, qui n'ont rien de commun avec la tapisserie proprement dite !

Lorsque l'on cite la mère de Charles-le-Chauve, Judith de Bavière, parmi les plus fameuses adeptes de l'art qui nous occupe, au moyen âge, avec Agnès, abbesse de Quedlimbourg, auteur d'une vaste tenture pour le chœur d'une chapelle, il ne semble pas non plus qu'il s'agisse en propre d'une tapisserie, sur canevas, du moins. Quand on songe que la « tapisserie » de Bayeux s'étale sur 210 pieds de long, on n'est guère enclin à supposer que d'autres travaux aussi gigantesques, exécutés logiquement en collaboration, aient pu davantage se recommander du métier à l'aiguille !

Il faut donc atteindre le xvi$^e$ siècle, pour voir Catherine de Médicis vraisemblablement attachée à la tapisserie sur canevas, et Jeanne d'Albret, plus certainement, étant donné le bel écran du château de Pau qui lui est attribué. Les tapisseries du musée de Cluny sont, au reste, éloquentes sur ce point, et le xviie siècle, grâce à des témoignages plus nombreux encore, nous montrera Mme de Maintenon, bourgeoisement et solitairement occupée à la tâche précise en question, avant de transformer en un véritable atelier de tapisserie, la célèbre maison de Saint-Cyr qui donna son nom à un point d'une extrême finesse.

Toutefois, l'austère épouse de Louis XIV confectionnera au roi Soleil la garniture d'un lit somptueux, et Marie-Antoinette entrera dans le salon de Trianon « sans que les métiers à tapisserie fussent quittés par les dames », occupées sans nul doute à des travaux délicats que les ventes de Mme de Pompadour, de la marquise de Fénelon, de Mlle de Sens, de la duchesse de Brancas, nous révélèrent encore, à la suite.

La somptuosité de certains ameublements brodés alors au petit point, répond au goût le plus délicat, et tandis qu'un Louis « le Bien-Aimé » se fera apporter soudainement, métier, laines et aiguilles, par un courrier spécial (qui accomplit — une prouesse! — l'aller et le retour de la capitale à Versailles en deux heures un quart), cet engoûment, aussi violent que passager, aboutit, sous Louis-Philippe, malgré le rehaut qu'un général Cambronne lui donnera, à l'abâtardissement de la tapisserie, condamnée à mourir, définitivement, sur les pantoufles de M. Pipelet...

Notons, avant de terminer le chapitre technique de la tapisserie à l'aiguille, que cette manière d'expression connut, de même que celles de la haute et de la basse lice, la fabrication ouvrière; c'est-à-dire que, en dehors de la pratique individuelle et du passe-temps mondain, des mains mercenaires se proposèrent à aider les dames dans les ouvrages de longue haleine qu'elles entreprenaient. Une manufacture de tapisseries au petit point, même, s'enregistre à Paris, rue Saint-Honoré, à l'enseigne de « l'Obélisque ». Le sieur Dubuquois, « tapissier ordinaire du Dauphin », de par la protection de la reine, la fonda en 1770.

Ainsi donc, après avoir brillé dans le travail personnel d'une belle Hélène illustrant, en sa légendaire tapisserie, les principaux épisodes de la guerre de Troie; ainsi donc, après avoir exalté le talent précieux autant qu'isolé de quelque fervente anonyme ou groupé dévotement des collaboratrices bénévoles autour de ses chefs-d'œuvre de dimension (les plus grandes dames du moyen âge se joignirent à la reine Mathilde pour travailler à sa prodigieuse tenture de Bagneux, et Agnès, abbesse de Quedlimbourg, fut aidée par ses religieuses, et, de même, Jeanne, abbesse de Lothen, en Wesphalie, lorsqu'elle aussi s'employa à la décoration de son couvent); ainsi donc, la tapisserie à l'aiguille connut la fabrication industrielle, avant de péricliter et de disparaître.

La comparaison entre la tapisserie exécutée à la broche (que nous verrons plus loin) et celle dite à l'aiguille, n'est point à faire. La beauté de cette dernière, relevant plus spécialement du soin et de l'attention dirigés, certes, avec goût, mais d'après un modèle sévère, d'interprétation limitée (pour le dessin et la couleur), tandis que le travail en haute

Fig. 18. — *Rencontre d'Anne et de Joachim*, fragment; France. (XVIᵉ siècle.)

ou basse lice procède d'une interprétation d'artiste d'après un carton de conception spéciale, mais d'une fantaisie illimitée.

Il s'ensuit, vis-à-vis du résultat, que la fabrication de la tapisserie au canevas ne risquait point de déchoir entre des mains ouvrières, pourvu seulement qu'elles apportassent à leur tâche (devenue démocratique, après une origine légendaire et le rare exemple précieux, mondain et religieux) le soin et l'aptitude rigoureusement indispensables à une technique relativement facile.

Quelle nuance, au surplus, entre les deux manifestations de patience, de la tapisserie sur canevas à celle due à la navette! Tout l'écart entre la question de temps et la pensée réfléchie.

Et, néanmoins, les deux expressions à la main bénéficient de l'auréole du travail personnel et commercial dans la rareté (la tapisserie à l'aiguille ancienne, très recherchée, coûte fort cher) avec cette différence pourtant, qu'en dehors des chefs-d'œuvre du passé, la tapisserie en haute ou basse lice, même moderne, conserve une valeur que la tapisserie à l'aiguille d'aujourd'hui ignore plutôt, et non point seulement parce que cette dernière n'est plus de mode.

Les vertus particulièrement précieuses d'une peinture en matières textiles, et la qualité d'une expression masculine difficultueuse, nous séparent cependant du précédent ouvrage de dames (sur la beauté duquel nous reviendrons en terminant) en même temps qu'elles servent de préambule à l'explication technique de la tapisserie en haute et basse lice. Mais, auparavant, nous renverrons le lecteur documenter sa vision personnelle aux musées du Louvre, de Cluny, des Arts Décoratifs, où il fera connaissance avec l'aspect spécial de la tapisserie à l'aiguille, avec les divers points qui varient cet aspect, pour approfondir ainsi toutes les différences de charme et de but entre elle et la tapisserie au fuseau.

Nous retarderons d'ailleurs encore l'étude de cette dernière, pour parler des pratiques solidaires de la tapisserie à l'aiguille, non plus sur canevas, celle-ci, et non plus essentiellement d'expression féminine. Et, quant aux artifices de la tapisserie tissée à la machine, simulant économiquement la beauté réelle, ils prendront place au chapitre consacré à la fraude.

L'imitation du tapis d'Orient ou de haute laine est dérivée curieusement du point de tapisserie à l'aiguille, grâce au point *de velours*, dit aussi *d'astrakan*, qui, selon qu'il est à bouclettes fermées ou ouvertes (c'est-à-dire coupées au tranchefil) s'appelle point *épinglé* ou point *velouté*.

Cette fantaisie de la tapisserie à l'aiguille, qui permet un tissu en relief, dérive du point *de croix*, et, le point *velouté* c'est-à-dire coupé, rappelle la fameuse production en haute lice, des anciens ateliers de la Savonnerie (voir chap. VII), voués à la confection des tapis veloutés renouvelés de ceux des anciens tapissiers Sarrazinois que, sous le nom de tapis au *point noué*, on célèbre avec succès aujourd'hui, dans l'industrie privée, chez des artistes particuliers même, d'après des cartons modernes (1).

Mais le tapis de haute laine ou velouté relevant du

---

(1) Il y a lieu de considérer que le tapis velouté des Gobélins s'exécute sur deux nappes et le point noué courant, beaucoup moins consistant, sur une seule.

métier de haute lice, nous en traiterons plus loin, avec cette pratique classique (que les Gobelins ont poursuivie après la fermeture de la Savonnerie), nous contentant d'indiquer les quelques variations actuellement apportées à l'expression qui nous occupe, par l'amateur.

Si nous n'avons point ici à parler de la broderie, nous devons cependant noter la technique adoptée par les fées somptueuses à qui nous devons la « tapisserie » de Bayeux. De fil en aiguille, c'est le cas de le dire, nous serrons notre sujet jusqu'à l'aboutissement plus spécial que nous nous sommes proposé ; car, depuis le dessin et la peinture sur étoffes, adoptés aux temps primitifs, à travers des étapes de broderies, d'incrustations, s'avère le goût de la tapisserie d'abord à l'aiguille, puis tissée en manière de peinture, où triomphèrent les aspirations à la fois les plus délicates, les plus riches et les plus pratiques, dans le domaine de l'art.

Voici, d'après Jules Comte, comment fut exécutée la tapisserie de Bayeux. Les linéaments des personnages et des objets ayant été d'abord tracés au trait sur la toile, la brodeuse remplissait l'espace compris entre les traits du dessin des fils juxtaposés parallèlement, qu'elle croisait ensuite d'une autre série et, fixait définitivement, par des points à l'aiguille.

On voit qu'il ne s'agit en rien d'une tapisserie, et d'autres procédés aujourd'hui employés, cumulant la broderie au passé et la tapisserie sur canevas, dite tapisserie au petit point, s'éloignent encore de la pure tapisserie à l'aiguille, tout comme les tapisseries de Fernand Maillaud, notamment, se séparent de la **tapisserie classique à la navette.**

DIVERS GENRES DE TAPISSERIE 53

Fig. 19. — *Le Triomphe de César*, fragment ;
Arras. (XVIᵉ siècle.).

Les « tapisseries » enfin, de Mᵐᵉ Ory-Robin, tiennent de la broderie par leurs fils de chanvre apparents, entre-croisés, sur un fond de chanvre.

D'ailleurs, la qualité originale de ces travaux modernes (1) ne prend place qu'en marge de notre sujet, spécialement occupé de tapisserie traditionnelle pour la référence du passé, mais il importe, néanmoins, que la connaissance élargisse le champ de son étude au bénéfice d'une documentation générale. Malgré que nous élaguions le plus possible, à travers l'historique et la technique, afin de toucher plus précisément à notre objet, un savoir d'ensemble s'impose essentiellement, et il ne faut pas craindre même les redites pour dissiper autant que possible les obscurités ou les éclairer davantage.

Avant de quitter la tapisserie à l'aiguille ancienne, nous soulignerons la faveur avec laquelle on la recherche aujourd'hui. On pourrait même, certaines fois, en matière de tenture de meubles (fauteuils, écrans, etc.) lui donner la préférence sur la tapisserie en haute (ou basse) lice, pour l'intérêt plus vivant et plus doux souvent, de son tissu plus pittoresque, si l'on peut dire, plus sensible à la caresse de la lumière à jour frisant.

Au reste, les deux manières de tissu non seulement s'accordent mais se font valoir entre elles.

---

(1) Voir *L'Art appliqué français d'aujourd'hui*, même auteur, même librairie.

# CHAPITRE IV

## Des divers genres de tapisserie (*suite*) :

### La tapisserie en haute et basse lice ; la tapisserie de haute laine, dite autrefois de la Savonnerie.

L'ancêtre du métier de haute lice remonte aux anciens Égyptiens, et le métier de Pénélope ressemble beaucoup aussi à celui que les Gobelins emploient encore aujourd'hui. On constate avec quelque attendrissement cette fidélité de l'art de tisser à son invention à la fois rudimentaire et définitive. La charrue de nos aïeux n'a pas moins persisté à travers les siècles, dans son expression naïve et intégrale. Il s'avère, d'ailleurs, que dans la perfection de l'art qui nous occupe, nous n'avons point progressé, si tout au moins nous n'avons point déchu vis-à-vis de la plus réelle beauté, celle qui, n'abdiquant pas dans le machinisme et l'économie subséquente, vit de rareté et de patience.

Mais nous ne traitons ici que du passé, dont les manufactures d'État des Gobelins et de Beauvais (ainsi que quelques fabriques privées d'Aubusson, notamment) s'attachent à perpétuer l'exemple hautainement séculaire, et sans plus tarder, nous aborderons les diverses manières de tapisserie en haute et en basse lice.

La tapisserie est dite en *haute* ou en *basse lice* suivant que le métier à tisser est dressé perpendiculairement et debout, ou posé à plat et horizontalement. Quelle que soit la position du métier, l'ouvrage obtenu est proprement le même (1).

**La tapisserie de haute lice.** — Le métier de *haute lice* se compose de deux cylindres en bois ou *ensouples*, placés transversalement, l'un en haut, l'autre en bas, et de deux madriers ou *cotrets*. Maintenues parallèles à une distance de deux ou trois mètres, les ensouples sont tendues de fils vérticaux formant double nappe et appelés fils de chaîne. La première des nappes comprend les fils portant les numéros impairs; la seconde, les numéros pairs.

Les *lices* sont des cordelettes attachant, deux par deux, les fils de chaîne avec un nœud coulant qui forme une espèce de maille ou d'anneau; elles servent à maintenir la chaîne ouverte pour y passer les broches chargées des laines et des soies.

La chaîne, bien tendue, est séparée en deux plans par un bâton dit *de croisure*, qui maintient toujours la moitié des fils en arrière et l'autre moitié en avant. Les fils de derrière (par rapport à la place occupée par l'artiste), peuvent être ramenés en avant à l'aide des lices dont la boucle est passée dans une perche dite *perche des lices*.

Pour tisser, l'artiste place la main gauche dans

---

(1) Voir néanmoins, à cet égard, p. 63 et 182.

## DIVERS GENRES DE TAPISSERIE

Fig. 20. — *L'Annonciation*, tapisserie de la cathédrale de Reims, fragment; France. (xvi° siècle.)

l'écartement des fils maintenu par le bâton de croisure, et, après avoir donné à cet écartement une ouverture plus grande, en tirant vers lui la quantité de fils qui lui est nécessaire, passe de gauche à droite le fil qu'il doit travailler. Quand il l'a plus ou moins tendu, il le tasse avec la pointe de la *broche* sur laquelle le fil est enveloppé, puis, ramenant sa broche en sens contraire, l'artiste introduit ce même fil dans l'écartement offert par les fils de devant, à leur tour abandonnés à eux-mêmes, et ceux de derrière ramenés par devant au moyen des lices.

Si la broche intervient après chaque nouvelle passée qui, par aller et retour, constitue la *duite*, un peigne spécial achève d'unir plus étroitement la dernière duite aux précédentes, dans les parties horizontales; et l'on saisit que la superposition horizontale des duites recouvrant complètement les fils de la chaîne, constitue le tissu de la tapisserie.

La longueur des duites variant, naturellement, selon le caprice du dessin et le nombre des nuances de la couleur.

*Nota bene.* — Quand l'artiste a terminé de couvrir avec sa laine la partie correspondant à la couleur du modèle, il coupe, noue et arrête le fil de sa broche, puis il poursuit la traduction de la couleur nouvelle avec une autre broche. Lorsque certaine longueur de tapisserie a été exécutée, on roule celle-ci sur le cylindre inférieur, et la chaîne nécessaire à la confection de la partie suivante est fournie par le cylindre supérieur. Les artistes eux-mêmes ourdissent la chaîne, ou ensemble des fils tendus verticalement sur le métier, destinés à recevoir le travail du tissu horizontal, et les grands contours sont enlevés séparément pour être ensuite rapprochés des parties avoisinantes, par une couture.

La chaîne peut être plus ou moins serrée et fine; aux Gobelins, elle est généralement en fil de laine. On la conçoit plutôt fine lorsqu'elle comporte des détails à petite échelle; c'est du moins dans ce principe que les tapisseries en basse lice de Beauvais sont conçues plus généralement, ainsi que nous le verrons par la suite.

Quelques essais intéressants, surtout pour la plus grande rapidité du tissage, et, par conséquent, pour son économie, ont été tentés de l'emploi d'une chaîne assez forte, mais aux dépens, naturellement, de la préciosité essentielle à la tapisserie. Aux Gobelins, un centimètre de chaîne comporte de six à sept fils.

La simplicité matérielle apparente que nous venons d'indiquer va, maintenant, au cours des détails qui suivent, accuser sa difficulté et tout son art.

Nous allons examiner la tâche du tapissier au service du carton.

Le tracé du carton sur les fils de la chaîne résulte d'un calque exécuté par le tapissier. Ce tracé léger, à l'encre, constitue positivement le guide du tapissier avec la consultation du modèle placé derrière lui; à sa droite ou au-dessus de sa tête; car ce genre de tapisserie s'exécute à l'envers, et nous savons qu'au fur et à mesure que le travail progresse, il se trouve enroulé sur l'ensouple inférieure. D'où, déjà, une difficulté dans la référence du modèle à la partie exécutée d'après celui-ci.

Pourtant, l'intelligence du calque, cernant aussi bien le dessin que les nuances, les valeurs et les masses, guide avec une certaine assurance les étapes

60 L'ART DE RECONNAÎTRE LES TAPISSERIES

FIG. 21. — L'adoration des Rois; Flandre. (XVIe siècle.)

DIVERS GENRES DE TAPISSERIE 61

d'expression du tapissier de talent dont le pressentiment d'artiste et l'expérience, au surplus, garan-

Fig. 22. — *Enée et la Sibylle*; Flandre. (xvi° siècle.)

tissent l'homogénéité de l'œuvre, la tenue générale du ton et de la facture.

Voici donc le tapissier au travail. Ses laines et ses soies sont préparées et il n'a qu'à tourner la tête pour apercevoir son modèle qui, placé devant lui, masquerait le jour. Nous avons dit que la pièce s'exécutait à l'envers, et la raison de cette autre apparente anomalie s'explique de ce fait que si l'on travaillait par devant, on serait obligé de couper chaque brin de tissu à mesure que l'on cesserait de s'en servir, d'où affaiblissement de la solidité de l'ouvrage et son allongement considérable, sans préjudice de l'avantage qu'il y a de réserver au *verso* les défectuosités du tissu et de la chaîne.

Aussi bien, les cartons sont présentés sur le métier dans leur plus grande longueur, c'est-à-dire qu'au lieu d'être droits et debout, on les couche (suivant leur sujet et leur dimension) sur le côté, cette position présentant moins de difficultés pour le dessin en général, car il est préférable de dessiner avec le tissu qu'avec la chaîne, l'un étant plus fin que l'autre, et que cette position, au surplus, permet la division du travail, suivant le genre de talent des artistes appelés à y collaborer plusieurs à la fois.

Quatre à cinq tapissiers et plus s'emploient ainsi, durant des années, à une tâche solidaire dépendant d'un concert d'exécution, d'intelligence, d'autant plus délicat, que, répétons-le, la vue d'ensemble de l'œuvre leur est interdite et qu'ils doivent se contenter d'un aperçu fragmentaire, comme d'une tâche chaque jour interrompue.

**La tapisserie de basse lice.** — Nous parlerons maintenant de la tapisserie de *basse lice*. Nous avons dit que, pour ce dernier genre, le métier ne diffère du précédent que par la position horizontale, et, quant à la distinction entre les deux résultats — de la haute à la basse lice — elle est inexistante. Du moins, n'étaient les indications portées sur certaines tapisseries des Gobelins, quelques différences d'ateliers (et aussi certaines compétences rarissimes) spécifiant le mode de haute ou de basse lice employé, il serait impossible (et d'ailleurs inutile!) de préciser.

Nous indiquerons simplement, que la manufacture nationale des Gobelins continue, comme par le passé, à produire des tapisseries de haute lice (malgré qu'elle eût aussi, au début, des ateliers de basse lice, supprimés en 1815), et Beauvais, des tapisseries de basse lice (fabrication exclusivement attribuée depuis 1826), de même qu'Aubusson et Felletin. Nous noterons, d'autre part, que les fabriques de la première de ces deux dernières villes, au nombre de vingt présentement, appartiennent à l'industrie privée (1), et de même celles de Felletin, autrefois florissantes, contrairement à l'opinion erronée qui tendrait à associer à nos manufactures d'État ces tapisseries, sœurs seulement par le résultat d'expression.

Le métier de basse lice rappelle celui du tisserand. Il se compose, en principe, de deux robustes montants en bois, dits *raines*, disposés sur les deux côtés, et qui portent les ensouples, celles-ci solidement installées sur des tréteaux reposant, au surplus, sur de solides arcs-boutants destinés à assurer au travail en commun, la stabilité, du moins quant à

---

(1) Voir au chapitre historique, le passé d'Aubusson et de Felletin.

l'ensouple de devant. Le clou et la cheville servant à serrer les ensouples, et les *wiches*, les parties où portent les deux extrémités de la chaîne. Nous nous en tiendrons à cette description sommaire.

Durant le travail, le carton à reproduire figure dessous la chaîne, des cordes transversales le soutiennent à distance. Le tapissier, muni de sa broche, de sa flûte (sorte de navette) chargée de laine de couleur, sépare du doigt les fils de la chaîne pour voir le carton, puis passe sa flûte entre ces fils, après les avoir haussés ou baissés au moyen de lames ou de lices mises en mouvement par des marches que ses pieds actionnent. De ce va-et-vient produit par les marches, résulte la montée ou la descente des deux nappes de la chaîne décrite avec la haute lice, mouvement que le haute-licier n'obtient qu'avec les mains. Comme pour la haute lice, le tapissier use d'un peigne pour serrer la laine (ou la soie) qu'il a passée, et son travail d'après le carton, s'exécute à l'envers. Avec cette différence désavantageuse, que le calque du dessin se trouve renversé sur le tissu, tandis que le modèle est contemplé à l'endroit. Au surplus, le modèle, ainsi qu'il est placé sous la chaîne, se détériore rapidement sous l'action du peigne, et, la difficulté de vérification de la tâche avant qu'elle ne soit terminée, ajoute aux inconvénients du travail en basse lice dont on ne peut vérifier les étapes qu'en faisant basculer le métier.

Il y a lieu de rappeler ici, que le carton du tapissier de haute lice se trouve placé derrière lui (alors que le calque du basse-licier, ainsi que nous venons de le voir, se trouve sous la chaîne) et que, s'il tisse,

DIVERS GENRES DE TAPISSERIE 65

dos au modèle, un miroir disposé devant la chaîne le renseigne déjà sur la marche du travail, sans préjudice de la faculté qui lui est donnée d'aller

Fig. 23. — *Fête de Henri II et de Catherine de Médicis*; Flandre. (Seconde moitié du xvi° siècle.)

examiner, de temps en temps, la marche de son travail, en se plaçant devant le métier. Condition supérieure de vérification sur laquelle nous aurons l'occasion de revenir, qui n'est point sans ajouter parfois à la valeur artistique de la technique (1). En revanche, les mains du basse-licier sont libres.

Ainsi que nous l'avons constaté au début de ce chapitre, en dépit du progrès le métier traditionnel persiste, et il y a quelque beauté dans cette coutume, au nom des chefs-d'œuvre du passé qu'il s'agit d'abord d'égaler par les mêmes voies arides ou pittoresques.

**La tapisserie de haute laine dite autrefois de la Savonnerie.** — Nous parlerons maintenant de la Savonnerie, dont les procédés d'expression se rapprochaient de ceux de haute lice et utilisaient les mêmes métiers, mais d'une dimension beaucoup plus grande.

Au reste, la manufacture dite de la Savonnerie, où se fabriquait le tapis de pied, façon de Perse, ayant été réunie aux Gobelins, en 1826, dès lors les artistes de la célèbre Maison y poursuivirent l'exemple fameux de la fabrication du tapis de *haute laine* (2).

Autrefois, une mise aux carreaux tenait lieu de calque au tapissier, des fils colorés limitaient les carreaux, se répétant à intervalles réguliers avec des

---

(1) A Beauvais, on use depuis 1750, environ, de métiers de basse lice perfectionnés par Neilson et Vaucanson. Un nouveau métier de haute lice a été aussi essayé aux Gobelins, mais on semble y avoir renoncé. L'ingéniosité de Neilson et de Vaucanson n'a néanmoins pas mis à même le tapissier de voir le résultat de son travail aussi souvent qu'il le veut. Ce sérieux inconvénient, il est vrai, n'a pas contrarié la gloire des tapisseries de basse lice en question.

(2) On fabriqua aussi à la manufacture de Beauvais, vers la fin du XVIIIe siècle, une sorte de " Savonnerie " très appréciée, dont Mérou avait été l'initiateur.

lignes horizontales tracées en noir. On ourdissait par portée de dix fils, le dixième fil ayant une couleur différente des neuf autres et répondant à des points noirs marqués sur le carton ou modèle, distancés et disposés de manière à former ensemble des carrés ayant la largeur de dix fils. Aujourd'hui, sans avoir renoncé à ce moyen de repérage, on a préféré appliquer des morceaux de calques sur la chaîne, le trait des dits calques s'ajustant mathématiquement sur le modèle considéré dans son ensemble.

*Nota bene.* — Le modèle, ici, se présente visible à l'endroit, et le tapissier se trouve placé au-dessous du modèle.

Quant au point, il est celui du tapis. L'artiste, après avoir exécuté au bas de la chaîne une lisière unie, empruntée à la tapisserie ordinaire, amène, de la main gauche, le fil sur lequel le travail commence, et il passe ensuite, avec la main droite, le fil qu'il doit employer, derrière celui de la monture. A l'aide de la lice, ensuite, il amène à lui le fil suivant, sur lequel il serre fortement un nœud avec la broche de laine. Entre ces deux passées, la laine s'enroule sur le tranchefil (instrument dont l'une des extrémités est terminée par une lame tranchante) qui, embrassant la laine, forme des anneaux coupés lorsqu'on le tire. A chaque point correspond une boucle qui charge successivement le tranchefil, dont l'action invariablement se répète.

Le velouté (propre au tapis, la tapisserie étant rase) s'achève au moyen de ciseaux recourbés qui ébarbent, égalisent les boucles de la haute laine.

Pour assurer davantage de solidité aux points exécutés sur la largeur, l'artiste prend soin de passer un solide fil de chanvre d'un bout à l'autre du tapis, il procède ensuite, de même, pour les fils ramenés de derrière en avant au moyen des lices. De telle sorte que les points sont comme enchâssés, et, lorsque points et fils de chanvre sont tassés avec le peigne, ils s'incorporent, invisibles, au tissu.

En abandonnant ici, l'art des tapis, et pour remonter à la tapisserie, il nous faut avant de poursuivre, jeter un dernier coup d'œil sur la tâche de l'artiste au métier de haute et de basse lice. L'ingéniosité de ses combinaisons de duites, de ses mariages et liaisons de tons ; sa sûreté de s'y reconnaître parmi tant de fuseaux ; sa volonté de dessiner avec de la laine à travers le réseau mouvant des fils ; son aptitude à différencier les matières entre elles, de l'étoffe à la chair, confinent à un métier d'élite. De l'éclat d'une couleur à sa sobriété, d'une vibration à une grisaille, du respect d'une valeur, d'un ton local à un passage, de la traduction de l'extrême clair à l'expression d'un « noir », de la justesse de rendu d'un modelé à la réalisation d'un plan rigide, autant d'écueils dont triomphe l'artiste rompu, non seulement à son propre art, mais encore à celui qu'il interprète.

D'ailleurs, indépendamment des apprentis et débutants à qui l'on mesure et proportionne la tâche, à côté donc de ces jeunes élèves auxquels incombe la responsabilité traductive amoindrie des fonds et remplissages, il est des maîtres spécialistes préposés — comme ceux chargés des carnations — aux parties délicates. Il faut enfin, au travail en commun, exécuté sur la même pièce, un chef d'orchestre, un comptable du résultat harmonieux, et c'est le chef d'atelier qui s'avère essentiellement maître de l'œuvre.

# DIVERS GENRES DE TAPISSERIE 69

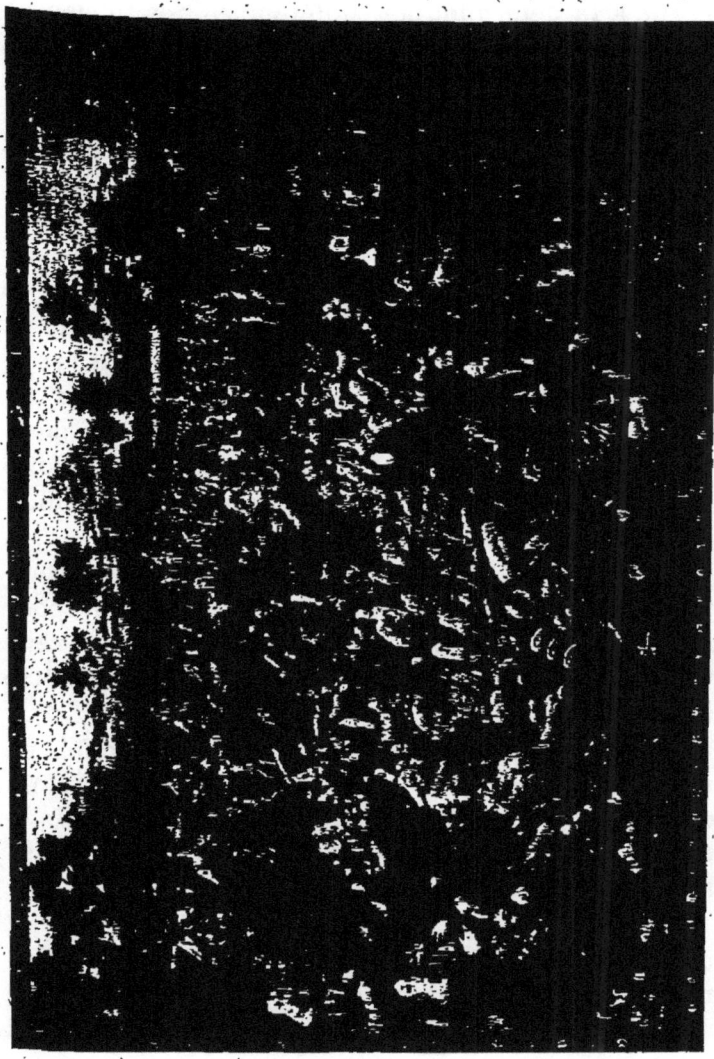

Fig. 2. — *Fête de Henri II et de Catherine de Médicis* ; Flandre.
(Seconde moitié du xvi⁰ siècle.)

Ici prend fin notre aperçu technique, strictement borné à la détermination différenciée des modes de tapisseries entre elles. Car il n'entre pas dans notre plan de rivaliser avec quelque manuel professionnel, et nous désirons nous en tenir à l'instruction d'ensemble, à l'édification rationnelle et pratique du connaisseur primaire, pour qui les signes matériels sont d'abord nécessaires et précèdent la qualité du savoir éclairé fait de subtilités et d'expérience. Au reste, nous demeurons fidèle à cette conviction que le néophyte doit être entraîné laborieusement vers la Beauté au point de lui en imposer initialement le respect. La difficulté d'un art, ses arides étapes de conception étant à peser avant le prononcé d'un jugement sur le résultat final; la prudence bienveillante des maîtres d'un art l'atteste autant que le verdict, aussi bref qu'impitoyable, des ignorants.

Poursuivons donc notre étude technique sommaire en abordant la palette du tapissier et, pour l'esprit même, et l'art de cette technique, nous renverrons le lecteur aux premiers chapitres de notre travail.

Répéter que les grandes tapisseries d'autrefois ne réclamaient qu'une quarantaine de couleurs, alors que les Gobelins, actuellement, en comptent de vingt-cinq à vingt-six mille, nous ramène à l'art du tapissier égaré dans celui du peintre.

« Aux belles époques, aux xiv$^e$ xv$^e$, xvi$^e$ siècles, qui furent l'âge d'or de la tapisserie, écrit M. A.-Marius Martin (1), l'ouvrier n'avait à sa disposition qu'un nombre de nuances très réduit. Du ton le plus haut

---

(1) *De la tapisserie de haute et de basse lisse.*

en valeur au plus faible, chaque couleur ne comptait que trois ou quatre nuances. Trois (ou quatre) bleus, jaunes, rouges, verts, bistres, telles étaient les ressources du tapissier. Lorsqu'il avait à tisser — par exemple — un vêtement rouge, le ton moyen rouge lui fournissait le ton local, le rouge clair lui donnait les brillants ou les luisants, et les deux tons foncés lui permettaient de faire tourner et de mettre les accents. Et ainsi de même pour toutes les parties du morceau. Les battages de tons restaient donc très écrits, ainsi que le montre l'examen le plus superficiel d'une ancienne tapisserie.

« Cette belle et pure technique fut suivie jusqu'au milieu du xviii$^e$ siècle. A cette époque, Oudry, voulant employer les ressources nouvelles de la teinture, exigea du tapissier le tissage en fac-similé du modèle peint. Et celui-ci, qui avait à sa disposition un bien plus grand nombre de nuances que son ancêtre du xiv$^e$ siècle, inventa une technique nouvelle : entre deux tons qu'il s'agissait de relier, il ne fit pas seulement travail de battages, mais il glissa une, deux, cinq nuances intermédiaires.

« Pendant tout le xix$^e$ siècle, la technique s'abâtardit encore : le tapissier actuel, qui dispose de toutes les ressources de la chimie, utilise un nombre illimité de couleurs dégradées à quinze nuances... »

D'après Darcel, la *Présentation au Temple*, du musée des Gobelins, a été tissée avec dix-neuf couleurs ; l'*Apocalypse* d'Angers, avec vingt-quatre ; pour la *Vierge glorieuse*, de la collection Davillier, il faut déjà quarante et une couleurs, l'or compris ; pour l'*Histoire de Vulcain*, cinquante ; pour les *Chasses de Maximilien*, quatre-vingt-trois...

Nous ajouterons que les vingt-deux figures de l'*Assemblée des dieux*, d'après Raphaël, presque toutes d'un ton différent — admire A. L. Lacordaire — n'ont pas réclamé moins de vingt-huit gammes de vingt-quatre tons chacune ; les carnations seules ayant employé vingt-deux gammes ou cinq cent vingt-huit tons simultanément préparés à la teinturerie !

Ce qui nous ramène à regretter la facture des anciens tapissiers, bornée à des hachures d'une seule nuance, aux trois couleurs normales d'autrefois appelées (pour les chairs) : *la couleur d'homme, la couleur de femme, la couleur d'enfant,* dégradées chacune en vingt tons tout au plus.

D'ailleurs, s'il faut s'incliner devant le génie de Chevreul, on ne doit point le séparer de l'erreur de la diffusion des tons en matière de tapisserie. Le cercle chromatique imaginé par le savant et dédié par lui à l'expression qui nous occupe, alors qu'il régnait sur la direction des teintureries de la manufacture des Gobelins, en dit long à cet égard. Le dit cercle chromatique comprenait : 10 cercles de couleurs franches, subdivisés en 72 gammes équidistantes, de 20 tons chacune ; soit un total de 14.400 tons !

M. le sénateur Guillaume Chastenet ne déplorera pas moins que nous le débordement excessif de cette palette :

« Aux époques où l'art de la tapisserie fleurissait dans les Flandres, les ateliers avaient un nombre restreint de fils ou couleurs différents, 30 ou 40 fils, ce qui nous permet aujourd'hui d'identifier presque à coup sûr l'origine de telle ou telle tapisserie, de même qu'on reconnaît les faïences de Rouen à leur rouge

## DIVERS GENRES DE TAPISSERIE

Fig. 25. — *Vue de Bruxelles* (Les chasses de Maximilien), fragment, Bruxelles (XVIᵉ siècle).

de fer intense, les moustiers à leur bleus souples et profonds.

« Aujourd'hui, ce n'est plus 30, 40 ou 50 fils dont disposent les tapissiers. A Beauvais, il y a plus de 20.000 fils de couleur différente, et cette richesse contribue pour beaucoup à la décadence de cet art. (1) »

Certes, le tapissier n'est point contraint à user de toutes ces nuances, mais elles sont néanmoins à son service et, comme les modèles non adaptés à la matière qu'on lui offre, le plus souvent débordent la sobriété exigible du ton approprié, la palette démesurée des laines est bien tentante !

L'auteur du modèle, d'ailleurs, tient à la fidélité du traducteur, mettant ainsi le comble à son erreur initiale, et voici le tapissier fatalement entraîné dans la profusion des couleurs.

Et quelles couleurs ! Des couleurs à l'aniline et à l'alizarine, dont la fragilité prépare pour plus tard, à nos tapisseries d'aujourd'hui, les déboires les plus cruels ! Nous verrons d'ailleurs, à la rentraiture, le sort des belles tapisseries anciennes réparées avec les couleurs actuelles ! Qui dira les méfaits du soleil rongeant ces couleurs sans solidité, du lavage où elles déteignent ! Quand enfin, la tapisserie retournera-t-elle à sa sobriété exemplaire et essentielle ?

Le caractère de préciosité de la tapisserie nous ramènera ensuite à l'estimation de sa durée d'exécution.

Cette estimation, nécessairement bornée à la curiosité matérielle d'un travail que l'on ne saurait

---

(1) Rapport du *Budget des Beaux-Arts de 1926.*

apprécier vulgairement, et dont les conditions d'expression varient, logiquement, vis-à-vis du coût de la vie, des mœurs nouvelles, etc...

Sous Louis XIV, on exécutait annuellement environ quatre mètres de tapisserie.

Au milieu du xix$^e$ siècle, un mètre carré représentait une année de travail : il revenait à 3.000 francs.

Eug. Müntz indique, ensuite, que sous Alfred Darcel, administrateur de la célèbre manufacture (vers 1875), un haute-licier ne produisait guère que 28 centimètres carrés par jour, soit un peu plus de 8/10 de mètre carré par année de 300 jours de travail, chaque mètre carré coûtant à l'État, en moyenne, un peu plus de 2.000 francs pour la main-d'œuvre seule.

Avec Henry Havard, nous apprenons que le mètre de tapisserie, sous Guiffrey, demandait un an et demi de travail ; pour en arriver à nos jours, après la grande guerre, où l'on estime le prix de revient d'un mètre de tapisserie à 20 ou 25.000 francs.

Ces renseignements, qui pourraient paraître oiseux ici, achèvent, à notre sens, d'accuser la matière précieuse en question, la solennité de son labeur solidaire de son prix élevé imposant le grave souci de n'immortaliser dans une matière noble que de la pure beauté décorative, préalablement choisie avec autant de dignité, de réflexion que de compétence.

## CHAPITRE V

### Quelques mots sur l'historique de la tapisserie, jusqu'au XVIe siècle, inclusivement.

Après l'exposé technique des divers genres de tapisserie, l'historique de cet art fortifiera encore l'instruction du lecteur, en même temps qu'il nous permettra d'augmenter l'intérêt documentaire des précédents chapitres.

Dans l'enchaînement des idées, dans l'entraînement des matières, le renseignement pratique se complète.

L'histoire de la tapisserie est liée à celle du confort. Revenons sur ce point. Pour lutter contre le froid et l'humidité, l'idée vint, aux premiers hommes, des litières de feuilles sèches qui, assemblées ensuite, furent les nattes initiales. Après la terre battue, le froid dallage et la mosaïque non moins glaciale sur lesquels on s'avisa de jeter luxueusement des tissus : étoffes peintes d'abord, puis peintures en matières textiles.

Les murs, à la suite, connurent les tentures faisant office de cloisons ; c'était l'extension du tapis doux au pas, chaud aux pieds et réjouissant aux yeux, de la beauté propagée sous les auspices de quelque intimité

LA TAPISSERIE AU XVIᵉ SIÈCLE 77

réalisée et des rigueurs de la température combattues. Dès les temps les plus reculés, les nomades embel-

Fig. 26. — *Mai*; Flandre. (XVIᵉ siècle.)

lissent leurs tentes avec des tapisseries, et, des tentures historiées, brodées d'or et d'argent, ornent les temples des dieux et les palais des rois, à Babylone et en Assyrie. L'architecture, richement habillée d'étoffes, inspire l'enveloppe du corps humain ; l'art textile se répand, concurremment avec la peinture murale ; unanimement l'habitation et les êtres se décorent. Des navettes et des métiers à tisser se lisent sur quelques monuments égyptiens, et Homère fait allusion à la tapisserie, tandis que la Fable montre Minerve y consacrant, et d'autre part, Arachné et Minerve dans les *Métamorphoses* d'Ovide.

Pénélope entretint sa fidélité conjugale grâce aux précieux points, malicieusement contrariés, alors qu'une tapisserie de l'histoire de la guerre de Troie serait née sous les doigts de la volage Hélène, épouse de Ménélas.

La Grèce et Rome se disputent, d'ailleurs, l'habileté des Phéniciens, des Perses et des Mèdes, à fabriquer les riches tissus éclatants de couleurs; Alexandrie, encore, y excelle ainsi que la Chine.

La magnificence de l'art, aux âges les plus reculés, se rencontre, en somme, dans l'éloquence de la matière tissée, embellie, décorée, et, le plus grand sculpteur de l'Hellade, Phidias, ne manqua pas de convier la tapisserie à la décoration du Parthénon.

Toutefois, les débris qui représentent ces prémices, ne nous renseignent qu'imparfaitement sur leur valeur textile et artistique; la fiction de leur emploi, le symbole de leur beauté, la vérification de leur rôle, se bornant à les auréoler dans notre pensée.

Après donc, un regard au musée d'Art et d'Industrie de Lyon, qui s'impose non moins qu'à la manufacture des Gobelins (pour les tapisseries coptes), il nous faudra pratiquement examiner la tapisserie de

Bayeux (en propre : une broderie sur toile) et des tapisseries (sur canevas) précieusement conservées aux musées de Cluny et du Louvre, notamment. Nous rejoindrons ensuite, au musée des Gobelins, une tapisserie de haute lice qui date de la première moitié du xiv$^e$ siècle, pour admirer le plus vénérable spécimen de cette expression franco-flamande. Car auparavant, du moins d'après les spécimens qui sont demeurés à travers la ruine des temps, les disparitions et les incendies, il ne s'agit guère ici que de tapisseries au canevas, d'étoffes tissées de laine, de soie et de fils métalliques, dues le plus souvent à des mains féminines. Nous avons vu que la tapisserie dite de Bayeux serait l'œuvre de la reine Mathilde (épouse de Guillaume le Conquérant).

Nous passerons ainsi, sur les premiers siècles du moyen âge, sur les tapisseries exécutées pour les églises, et auxquelles les villes de Poitiers, Troyes, Reims, etc., sacrifièrent, sans qu'il nous en soit demeuré de témoignage palpable. Nous abandonnerons ensuite les précieux tissus aux châteaux où, après le retour des Croisades, ils s'introduisirent, ornant plus tard, aux xiii$^e$ et xiv$^e$ siècles, les fêtes royales et seigneuriales, de la rue au tournois, jusqu'au caparaçon du cheval, des rideaux de lit aux *courtines*, aux couvertures des sièges ou *banquiers*, etc.

Bref, au xiv$^e$ siècle les nuages se dissipent un peu, et nous pouvons, à la cathédrale d'Angers, apprécier dans un fragment de l'*Apocalypse*, un chef-d'œuvre commencé en 1376, et de même à l'église de La Chaise-Dieu (fig. 12), en Haute-Loire, des tapisseries fabriquées, croit-on, à cette époque à Arras, dues aux cartons du peintre florentin Taddeo Gaddi, à moins que,

Fig. 27. — Tapisserie des Flandres; XVIᵉ siècle. (Collection Schutz.)

plus vraisemblablement, elles ne remontent au
xv° siècle ou à la première moitié du xvi°.

Fig. 28. — *Le sanglier de Calydon*; xvi° siècle. (Collection Schutz.)

L'intérêt de la matière que nous célébrons se concentrera alors à Paris, à Arras, à Bruxelles, où la réalisation la plus tangible s'avère dans une émulation industrielle particulièrement captivante. Jean de Bruges, peintre ordinaire de Charles V, Colart de Laon, entre autres artistes, procurèrent des cartons au xiv° siècle.

Les tapisseries les plus renommées nous viennent, à ce moment, des Flandres, d'Arras notamment, d'où le nom d'*arrazzi* donné par les Italiens à toutes les tapisseries fabriquées dans les Flandres.

Le grand-duc Côme de Médicis, à Florence, au xv° siècle, ainsi que les ducs Frederico (à Mantoue) et Francesco Maria (à Urbin), établirent des fabriques d'*arrazzi* grâce à des tapissiers parisiens ou flamands qu'ils avaient attirés à prix d'or.

Avant d'atteindre le xv° siècle, qui représente l'essor le plus puissant de la tapisserie, nous noterons que la tapisserie allemande n'égalait point l'esprit ni la légèreté de nos propres productions, malgré l'intérêt d'un style gothique ramassé, concret, tellement favorable à l'éclat spécial de la matière que nous célébrons.

Au xv° siècle, Arras (fig. 8 et 19) prendra victorieusement l'avantage sur Paris, pour succomber elle-même, à Bruxelles (fig. 16, 25, etc.).

Mais l'activité de Bourges, Troyes, Rennes, etc., n'était pas moins captivante : ces villes contribuèrent à apporter à la fabrication franco-flamande sa plus haute perfection.

Parmi les tapisseries artésiennes du xv° siècle qui nous sont parvenues, citons : l'*Histoire de Clovis*, suite remarquable, visible à la cathédrale de Reims ; d'autres au Musée de Berne (la *Justice de Trajan*, notamment), à Notre-Dame de Beaune, au musée de Nancy, au palais de Justice d'Issoire, à la cathédrale de Beauvais, etc., etc. Joyaux incomparables, en ce qu'ils constituent, en propre, la tapisserie dans tout son éclat et sa plus pure expression; c'est-à-dire qu'ils ne confinent point au tableau. Différence dont le lecteur se pénétrera lorsque nous verrons l'art de la tapisserie bouleversé par celui du peintre de la Renaissance, en Italie. Aussi bien, il suffit de comparer la naïveté de l'image, avant le xvi° siècle, pour en dégager la suavité faite de cette ignorance où le sentiment dominait la science de la perspective, de l'anatomie, qui exaltée au contraire sous la Renaissance, devait nous convaincre d'une vérité moins idéale.

Même observation relative au vitrail, dont quelque ingénuité, source de hardiesse souvent, nous séduisit d'impromptu, d'autant qu'à la sincérité innocente, au caprice du dessin purement ornemental, répondaient cette sobriété des verres (comme des laines, en tapisserie), cette coloration juste et mesurée, ressortissant en propre à la beauté essentielle du vitrail et de la tapisserie.

Toutefois, il ne faudrait point inférer de ces observations, que la Renaissance démérita, alors qu'elle transforma seulement l'essor de la tapisserie pour des joies différentes.

Au lecteur, cependant, d'observer la nuance entre les cartons de Mantegna (xv° siècle), de Raphaël (fin du xv° siècle et début du xvi°) et de Jules Romain (première moitié du xvi° siècle). Combien, depuis Sanzio et son élève, déjà, s'accuse l'objectif du tableau, qui au xvii° siècle, et davantage au xviii°, s'affirmera en dehors du type-tapisserie du xv°, essentiellement imaginatif et décoratif.

84    L'ART DE RECONNAÎTRE LES TAPISSERIES

FIG. 29. — Le Verzo (Les Mois Grotesques); Flandres (XVIe siècle.)

A partir de Raphaël, et surtout avec Jules Romain, la fresque aux représentations précises, l'histoire, la mythologie, empiètent sur le domaine fictif et fan-

taisiste de l'art décoratif qui se réfugie dans la bordure de la tapisserie, davantage encore au XVIIe siècle.
Pour revenir à la fin du XVe siècle, où les Pays-Bas accélèrent leur somptueuse fabrication, avec d'autre

FIG. 30. — *Les Chasses de Maximilien*; Bruxelles. (XVe siècle.)

part, Munich, Dresde, Florence, Madrid et Londres, voici que la Renaissance italienne maintenant, va suggestionner les ateliers flamands. C'en est fait de l'interprétation ingénue (purement décorative) des scènes sacrées, de la somptueuse complication des banderoles explicatives d'un sujet touffu où le tohu-bohu délicieux des plans et des valeurs ne recherchait que coloris et richesse de détails, selon l'esprit du moyen âge.

« On comprend, écrit Henry Havard (*La Tapisserie*), à propos de la façon singulière dont on entendait alors la représentation des épisodes sacrés, que l'intelligence affinée des nobles seigneurs et des belles dames de la Renaissance devait mal s'accommoder de ces extravagances, et que ce style traditionnel, qui ne convenait plus à une société distinguée, polie, teintée d'érudition classique et de philosophie ancienne, ait reçu une forte atteinte de la contemplation de ces œuvres si différentes comme esprit et comme esthétique. »

On retiendra ici l'avènement consécutif d'une technique appropriée au tableau; la palette du peintre obligeant celle du tapissier à sortir de sa réserve précédente.

A vrai dire, le progrès (?) salué chez un Jules Romain, après le style transitif d'un Mantegna, ne nous convertit point catégoriquement, et nous renvoyons le lecteur à sa comparaison fort instructive, avec l'art de la tapisserie — inséparable de celui de la peinture — des $xv^e$ et $xvi^e$ siècles.

Pour notre étude particulière, notre but pratique s'affirme là, à cet instant où la tapisserie est en voie d'abandonner son strict caractère décoratif pour varier la joie de notre vision sous les dehors du tableau savant et véridique; à cet instant où les personnages, remis à leur plan et à leur valeur par les lois de la perspective que l'on venait de découvrir, abdiquaient leur précédente raideur pour plus de vie, dans une architecture moins lourde et une atmosphère moins compassée.

L'histoire de l'art en somme, dans ses progrès (?) en matière d'expression plastique, se présente dans la tapisserie et toutes autres manifestations esthétiques, d'accord avec la littérature et ses développements d'idées. Le lecteur s'y reportera, en retenant cependant, que cette heure de « perfectionnement » est justiciable de la décadence de la glorieuse tapisserie flamande.

Nous avons indiqué que la décoration, élément vital de la peinture en matières textiles, se manifestait dans le cadre ou bordure de la tapisserie ou tableau, nous la contemplerons au surplus, dans quelques tentures ornées de ces *grotesques* (fig. 29 et 34) que l'école du Primatice avait introduits en France et où Du Cerceau et Étienne de Laulne, au XVIe siècle, excellèrent ainsi que les Bérain, Loir, Claude Audran, aux XVIIe et XVIIIe, avec d'autres artistes comme Salambier, particulièrement sous Louis XVI.

Raphaël fut aussi un maître dans l'*arabesque* (seconde dénomination des grotesques) qui constitua un élément important du style Louis XVI (après l'invasion des Arabes et l'exemple des Indiens et de la Grèce) pour végéter dans les styles successeurs, jusqu'à Napoléon III, inclusivement.

De telle sorte que Raphaël, ne serait-ce que par l'ampleur et la richesse de son dessin, atteint à l'art décoratif grâce à l'esprit de ces « grotesques » qui, jusqu'à la fin du XVIe siècle n'abandonnèrent point la tapisserie, non moins que les ornements savoureux d'un Bérain (fig. 66 et 67) et la forme superbe d'un Le Brun, au XVIIe siècle.

Pareillement, Jules Romain (malgré tous ses défauts) et tant d'autres maîtres de la Renaissance, servirent la décoration de toute l'envergure de leur art, inséparable de ce luxe imaginatif dont la tapisserie est si friande, et, d'autre part, les Italiens *Bachiacca* (Francesco d'Albertino, dit le), F. Salviati, renchérirent avec leurs « grotesques ».

« De combien de merveilles ne sommes-nous pas redevables à l'initiative de Sanzio ! s'écrie Eug. Müntz (*La Tapisserie*). Les grotesques introduits dans la tapisserie, mais c'est le domaine de cet art accru du double ; la bordure livrée à la fantaisie du peintre, mais c'est l'élément décoratif rétabli dans ses droits, que la peinture d'histoire tend trop souvent à lui disputer. Sans l'exemple de Raphaël, les admirables tapisseries décoratives de l'École de Fontainebleau, les tapisseries à arabesques, non moins belles, des Andran et des Bérain, ces ornementistes hors ligne, n'auraient peut-être jamais pris naissance... »

Il est vrai, constate le même auteur, que le nombre des fresques ou des tableaux transportés purement et simplement sur le métier, s'accroît de jour en jour, au XVIe siècle, et Raphaël, moins que Jules Romain, entre autres, ne se fit pas faute de traiter ses compositions comme de simples fresques, en dépit de l'importance accordée à l'élément décoratif dans leurs bordures.

Mais encore, répéterons-nous que la forme magnifique d'un Raphaël et la largeur de sa composition, décorative et opulente, dont ses élèves, à la suite, s'inspirèrent plus ou moins heureusement, demeure étrangère aux mièvreries et autres attentions d'exécution étroite réservées au tableau de chevalet. Eug. Müntz en tout cas, nous apparaît confondre exagérément dans l'erreur du tableau reproduit en tapis-

LA TAPISSERIE AU XVIᵉ SIÈCLE 89

Fig. 31. — *Repas de Cléopâtre et de Marc Antoine*,
fragment ; Flandre. (xvıᵉ siècle.)

serie, une œuvre de Raphaël (fig. 16), avec une œuvre de Jean de Maubeuge ou de Bernard van Orley (fig. 14); ces maîtres flamands précisément amoureux du détail et du fini essentiellement voués à la préciosité de la tapisserie.

Lorsque l'on compare les *Chasses de Maximilien* (fig. 25, 30 et 40), dues à Van Orley, aux *Chasses de Louis XV*, d'Oudry, on excuse, en vérité, certaines erreurs de composition et de perspective, notamment chez le premier, en faveur d'une expression plus rigoureusement tapissière que chez le second. Mais, en somme, pourquoi départager les chefs-d'œuvre dans des juxtapositions quintessencielles ?

Pour retourner en France, à l'heure où, dans l'irradiation de la Renaissance italienne s'éteint la verve des glorieux tapissiers flamands, brusqués dans leur placidité nordique et leur intimité par la somptuosité et l'éclat d'importation méridionale, voici naître des ateliers parisiens dans lesquels on demeure étonné de compter peu d'émigrés flamands que les guerres religieuses, d'autre part, avaient éloignés de leur patrie.

Mais n'anticipons pas, et après une initiative plutôt exclusive du cardinal d'Amboise, à Gaillon, et en attendant le règne de François I$^{er}$ dont le luxe établira une fabrique à Fontainebleau (vers 1535) (*en-tête* du chap. I$^{er}$), c'est l'Italie qui ramasse le flambeau que les Flandres ont laissé choir.

Des artistes flamands qu'elle s'est attachés se mêlent à ses nationaux pour tisser d'après des cartons que toute l'Europe lui procure : Ferrare, Venise (où l'on fabriquait des tapis travaillés de soie et d'or),

Gênes, notamment, produisent à l'envi, et le Bronzino, en tête des peintres italiens, donne aussi, aux métiers, des œuvres remarquables.

Puis, c'est l'essor de Fontainebleau, où des tapissiers venus de Flandre et d'Italie, exécutent des tapisseries de haute lice sous la direction de Philibert Babon et de Sébastien Serlio, peintre ordinaire de François I$^{er}$. Ce monarque fastueux encouragea concurremment les fabriques de Paris et celles, périclitantes, avons-nous dit, de Flandre; ensuite, Henri II en confiant à Philibert Delorme la succession de Babon et de Serlio, non seulement conserva l'établissement de Fontainebleau mais encore créa à l'hôpital de la Trinité (à Paris) une florissante manufacture.

La contribution à la tapisserie des villes de Tours, d'Orléans, Bayeux, Bordeaux, Felletin, etc., serait aussi à noter; toutefois, en l'absence de documents probants, après l'Italie (fig. 34) qui hérita de la gloire des Flandres, les ateliers de Fontainebleau et de l'hôpital de la Trinité, à Paris, se sont vraisemblablement distingués particulièrement, en France, dans cette fin du xvi$^e$ siècle, et la Trinité même garda quelque prestige jusqu'au milieu du xvii$^e$ siècle.

Tandis qu'en Allemagne (fig. 36, 37 et 38) la production qui nous intéresse demeure médiocre, en Angleterre, vers la fin du règne de Henri VIII, l'art des tapisseries de haute lice, importé par William Sheldon, brille de quelque lustre. A Mortlake (fig. 65 et 66), encore, dans le comté de Surrey, on enregistre une manufacture assez brillante sous le règne de Jacques I$^{er}$; son fondateur, le peintre flamand Cleen ou Cleyn de Rostock en inspectait les travaux sous la direction de sir Francis Crane, et l'exécution en tapisserie des fameux cartons de Raphaël (conservés à Hampton-Court) ajoutent au prestige de Charles I$^{er}$.

A l'aurore du xvii$^e$ siècle, enfin, Henri IV installera des tapisseries de haute lice, à Paris, dans l'ex-maison professe des Jésuites, rue Saint-Antoine, aujourd'hui le lycée Charlemagne. Mais nous parlerons du xvii$^e$ siècle au chapitre suivant, et, pour documenter directement le lecteur, nous le renverrons à nos gravures qui se rattachent le plus typiquement possible aux périodes que nous venons de parcourir. Il importe de se faire une vision synthétique d'après les modèles du passé. Chacun offre une physionomie particulière, et, instinctivement, l'expérience amène à reconnaître ces physionomies qui se classent dans l'esprit, deviennent familières dans le cadre où elles s'animent.

## CHAPITRE VI

### Quelques mots sur l'histoire de la tapisserie, en France, du XVIIe siècle à nos jours.

Avec Louis XIII s'étend le régime de la tapisserie, mais d'accord avec une pensée charitable. Ce roi accorde à Pierre du Pont et à Simon Lourdet (tout en conservant aux fils de Marc Comans et François La Planche, les privilèges concédés par son père, à ces fabricants) le droit d'exécuter toutes sortes de tapis et autres ameublements et ouvrages du Levant, en or, argent, soie, laine, à la condition que « dans toutes les villes du royaume où s'établiront les entrepreneurs, ils seront tenus d'instruire dans leur art un certain nombre d'enfants pauvres à eux confiés par les administrateurs des hôpitaux ». De là date la manufacture installée dans la maison de la Savonnerie (dirigée par Simon Lourdet), près de Chaillot, où nous voyons à cette époque, travailler un contingent d'enfants, fixé à 100, pour la ville de Paris.

Du Pont, lui, administre la fabrique de tapis du Louvre.

Si l'on possède encore des tapisseries exécutées sous Henri IV par Comans et La Planche, des ateliers de la Trinité sortirent des pièces dont on parle avec estime, représentant la vie et les miracles de saint Crépin et saint Crépinien, sous le règne de Louis XIII. Quant aux travaux exécutés par un certain Pierre Lefèvre, venu de Florence pour s'employer à l'atelier du Louvre, on n'en a point conservé traces, tandis qu'il importe, plus précisément, de retenir celui de son fils Jean, auteur notamment, d'une *Toilette de Flore* qui demeure un témoin précieux des ouvrages exécutés dans l'atelier du Louvre, précurseur des Gobelins, à la fondation desquels le même Jean Lefèvre dirigera, avec Jans, des ateliers de haute lice.

Avant d'en arriver à la date mémorable de la fondation de la *Manufacture Royale des Meubles de la Couronne* ou *Manufacture des Gobelins*, il faut reconnaître l'imprécision des auteurs, faute de témoignages nombreux ou avérés. Au surplus, les différents ateliers royaux se fondent dans l'anonymat des tapisseries dites de Paris (fig. 41, 45 et 51), et l'on se raccroche à la manufacture de Maincy, fondée par Fouquet et placée sous la haute direction de Le Brun.

En somme, les Lourdet, les Lenfant, les Lefèvre, les Jans (de Bruges), c'est-à-dire les meilleurs artistes des ateliers du Louvre et de partout ailleurs en France, furent réunis par Colbert sous le pavillon des Gobelins. De telle sorte que se vidèrent les ateliers provinciaux de Lyon, de Reims, etc., au profit de celui de la capitale ; à l'exclusion cependant de ceux de Beauvais, d'Aubusson et de Felletin.

Il faut donc attendre la direction de Colbert, ministre légué à Louis XIV par Mazarin, et l'administration de Le Brun, pour approfondir en toute sécurité l'histoire de la grandeur et de la prospérité des Gobelins.

C'est dans l'ancienne maison de la famille Gobelin que Louis XIV, en 1662, réunit la plupart de ses ouvriers tapissiers auxquels il adjoignit des teinturiers, des orfèvres, des peintres, des sculpteurs, des graveurs, des ébénistes, des fondeurs, etc.

Quant à la famille Gobelin, originaire de Reims, toute sa gloire remontait au xv<sup>e</sup> siècle, époque où elle avait établi une industrie de teinture dans le faubourg Saint-Marceau (Saint-Marcel) ; de telle sorte qu'elle était « arrivée à l'immortalité par la tapisserie, sans jamais avoir fabriqué un mètre de tenture ».

Gilles Gobelin, premier du nom, après s'être enrichi dans son industrie, donna son nom à la Bièvre, petite rivière sur laquelle il avait acquis de vastes terrains, et son fils Philibert, ainsi que ses descendants et successeurs, accrurent sa fortune en poursuivant sa tâche. Puis, la famille se dispersa, laissant son nom non seulement au quartier, à tout l'arrondissement, mais encore à l'expression d'un art fameux pour lequel ils ne sont rien…

Pourtant, on prétend que les plus anciens Gobelins s'étaient rendus célèbres par l'invention de la vibrante couleur écarlate que l'on appela, par la suite, écarlate des Gobelins… même, une fable grossière propagea quelque temps cette sottise que la dite écarlate était due à la nourriture d'un certain nombre d'hommes avec du rôti arrosé de vin de Bordeaux, afin d'obtenir des eaux d'une vertu colorante toute particulière… Mais, d'autre part, n'attribuait-on pas aux seules vertus des eaux de la bourbeuse Bièvre, la belle teinture des laines ?

Bref, voici Colbert, animateur de l'art décoratif

96    L'ART DE RECONNAÎTRE LES TAPISSERIES

FIG. 32. — Verdure. (Seconde moitié du XVIᵉ siècle.)

sous toutes ses formes, dirigeant aux Gobelins l'essor du meuble, du vase, de la tapisserie, etc., vers cette

FIG. 33. — *Tapisserie des Flandres: fin du XVIe siècle.* (Collection Schutz.)

expression grandiose dont s'imprègne l'orgueil unanime du grand Roi.

Et, pour nous en tenir à la tapisserie, celle-ci,

désormais, cessera d'emprunter à la perspective son point de vue haut placé qui permettait à l'œil du spectateur d'envisager les plans les plus éloignés et de multiplier personnages et accessoires dans cet entassement favorable dont l'ère la plus glorieuse de la tapisserie témoigne. Déjà nous avons vu les fresques de Raphaël et de Jules Romain reproduites en matières textiles, et maintenant l'art de Charles Le Brun semblera fait pour représenter avec majesté non seulement la *Visite du Roi aux Gobelins*, où s'animent les artistes autour de Louis XIV à qui ils font hommage de leurs chefs-d'œuvre, mais encore l'*Histoire du Roi* (fig. 42 et 52), somptueuses peintures consacrées aux faits et gestes du monarque.

D'ailleurs, à cette époque de magnificence et de geste solennel, on remet sur le métier des modèles anciens, et Raphaël comme Jules Romain ne pouvaient que se trouver à l'aise pour l'opulence de leurs formes, la richesse de leur composition et l'éclat de leur couleur, parmi les artistes disciplinés sous la rude férule de Le Brun : les Monnoyer (fig. 64), les Van der Meulen, les Anguier, etc.

Le tableau en tapisserie nous revient donc... mais avec quelle noblesse décorative !

Nous avons vu Jean Lefèvre et Jans diriger les premiers métiers de haute lice, et, concurremment, d'autres entrepreneurs commandèrent aux métiers de basse lice. Des ouvriers venus des Flandres engendrant bientôt d'excellents élèves, la gloire de la tapisserie ne tarda pas à s'installer triomphalement en France. Jamais il n'apparut qu'une expression d'art pouvait si parfaitement s'identifier à la soif de luxe intégral d'un monarque dont un Le Brun, d'ailleurs, reflétait toute la pompe avec une ampleur et une docilité sans pareilles.

De cette époque datent : *Le grand Condé dans les Flandres* (école de Le Brun); le *Mariage de Louis XIV* (série de l'*Histoire du Roi*, d'après Le Brun); *Le Passage du Rhin* (même série, d'après le même artiste); *Le Maréchal de Turenne* (d'après Van der Meulen); la *Terre* (série des *Éléments*, d'après Le Brun); les *Mois*; l'*Histoire d'Alexandre* (fig. 55); l'*Histoire de Constantin*, de Le Brun et son école, etc.

Malgré donc, que dans ses cartons Le Brun se soit rapproché du tableau, ce maître et les dignes élèves qu'il enrégimenta gardèrent néanmoins à la tapisserie ses prérogatives essentiellement décoratives. Le sujet souvent s'effaçant au second plan pour que la fantaisie dominât; le prétexte spirituellement fourni à l'éclat de la matière textile; la richesse enfin, des bordures, réalisant un cadre sans rigidité, un accompagnement plutôt, au pittoresque de la scène principale, lorsqu'il ne s'agissait point, parfois même, d'un simple raccordement.

Quand Louvois prit la suite de Colbert, Le Brun connut la haine du nouveau surintendant qui lui donna pour successeur son implacable ennemi, Pierre Mignard. De cette époque date la suppression des fils d'or et d'argent dans la tapisserie; mesure d'économie dont il faut retenir les effets pour établir au besoin la distinction entre les tentures tissées sous l'un ou l'autre ministère.

Mignard dessina une *Galerie de Saint-Cloud* destinée au château de ce nom, et Houasse, Monnoyer, Bonnemer avec Yvart, s'inspirèrent des tableaux offerts à Louis XIV par le prince J. M. de Nassau, dans

100 L'ART DE RECONNAÎTRE LES TAPISSERIES

une suite superbe dite : *Tenture des Indes* (fig. 96).
Entre Mignard et Mansart se place la fermeture

FIG. 34. — *Neptune*; tapisserie italienne. (XVIᵉ siècle.)

des Gobelins (1694) que Louis XIV rouvrit après la
paix de Ryswick, en 1697. L'époque de Mansart

Fig. 35. — *Le Triomphe de la Prudence*, fragment;
Flandre. (xviᵉ siècle.)

rendit à la manufacture quelque peu de sa prospérité. On vit, pourtant, sur le passé ; les cartons d'hier sont ressassés ; les *Mois Grotesques*, d'Audran, témoignent néanmoins d'une réaction originale, à ce moment où les finances sont basses dans une administration désorganisée, aux métiers quasi-désertés.

Le duc d'Antin succède, ensuite, à Mansart, non sans succès ; puis c'est Robert de Cotte dont la direction se prolonge jusqu'en 1736, aussi digne d'intérêt.

Notons que les Gobelins, maintenant, sont affectés exclusivement à la tapisserie, et, avant d'entamer le règne de Louis XV, disons quelques mots sur la réorganisation de la Savonnerie, la fondation de la Manufacture Royale de Beauvais ainsi que sur l'intérêt que le grand Roi témoigna aux fabriques de la Marche.

Colbert, en même temps qu'il créait les Gobelins, réorganisa la Savonnerie, ancienne manufacture royale de tapis qui devait son nom à une fabrique de savons autrefois installée dans le même local, à Chaillot, à proximité de la Seine.

Marie de Médicis, en 1615, avait confié les destinées de cette manufacture des ouvrages de la couronne, à Simon Lourdet et à Pierre Dupont. Puis, demeuré seul directeur avec un peintre de l'Académie royale, Lourdet et ses héritiers, ensuite, continuèrent sous Louis XIV à imprimer à la Savonnerie une somptueuse impulsion, presque exclusivement consacrée à son objet : la restitution des tapis façon de Perse et du Levant.

On ne cite guère qu'un tableau d'histoire réalisé dans cette fabrication plutôt vouée aux motifs décoratifs, peinture de fleurs et de fruits (où alors excellait Baptiste Monnoyer) (fig. 64), paysages et figures en camaïeu.

Après Colbert, la Savonnerie, dont nous reparlerons au chapitre VII, jouit encore, vers 1711, de quelque prospérité, avec le duc d'Antin, pour péricliter au XVIIIe siècle, devant le luxe réduit des résidences royales. Nous atteindrons, ensuite, Beauvais, dans notre course à travers l'histoire.

La ville de Beauvais, dont les tapisseries, dès le XVIe siècle avaient excité l'admiration, conquit surtout sa faveur exceptionnelle sous l'inspiration de Colbert qui, réunissant des éléments locaux dispersés et attirant d'autre part des ouvriers flamands sous un même toit, sacra Manufacture royale un ferment de beauté, aux prémices vouées, de même que les Gobelins, à l'agrément de la couronne.

Louis Hynart fut le premier directeur des ateliers de Beauvais et Philippe Behagle lui succéda. Toutefois, en dépit des résultats distingués obtenus, surtout par ce dernier, au XVIIe siècle, Beauvais dut s'incliner devant la gloire des Gobelins, pour ne devenir leur rivale qu'au XVIIIe siècle.

En examinant la finesse, le plus souvent particulière, du point de Beauvais, en goûtant le charme spécial des gracieuses ou galantes compositions destinées à ses métiers pour autant de destinations mesurées, fauteuils et bergères (fig. 89 et 97), écrans (fig. 81), etc., comment ne point être frappé par l'harmonie des chefs-d'œuvre provenant de la célèbre Manufacture, avec le style même de l'époque de leur gloire !

Lorsqu'elle est serrée et fine, la tapisserie en basse lice de Beauvais semble plus essentiellement née pour traduire les bergeries et les pastorales. Outre que la matière commande, le geste de coquetterie,

104   L'ART DE RECONNAÎTRE LES TAPISSERIES

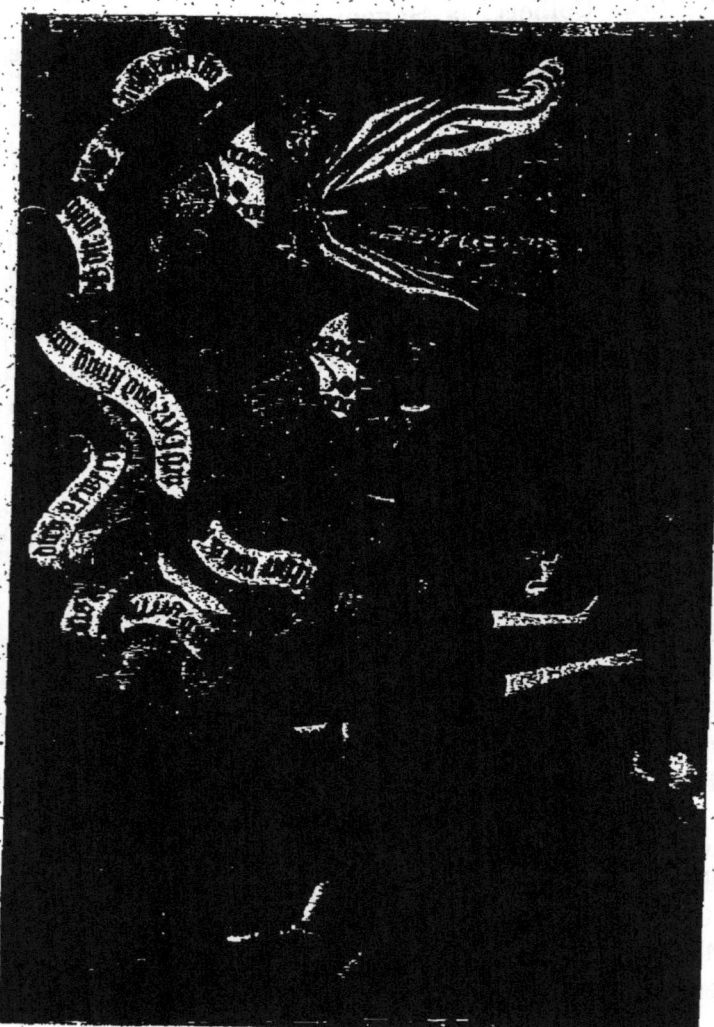

Fig. 36. — *Tapisserie allemande.* (XVIe siècle.)

propre au règne de la femme, qui anime des scènes amenuisées, ne pouvait logiquement se mesurer avec l'envergure d'un Le Brun, aux vastes compositions d'histoire, à cette heure tournée vers la magnificence masculine.

Sans donc préjuger des moyens dont Beauvais

Fig. 37. — *Tapisserie allemande.* (xvi<sup>e</sup> siècle.)

disposa, plus ou moins efficacement (car l'on peut toujours enfler sa voix), et, en nous en tenant à l'évidence de sa plus réelle prospérité, au xviii<sup>e</sup> siècle, nous constatons l'harmonie favorable d'un art, d'une technique, avec une époque différente d'objectif comme de mœurs; une éloquence charmante s'indiquant originalement à côté d'une ampleur vigoureuse sans déchoir, bien au contraire, dans notre pensée admirative.

D'ailleurs, il ne faut pas oublier que lors la formation des Gobelins, en 1694, la manufacture de Beauvais ouvrit ses ateliers aux ouvriers congédiés qui exécutèrent, encore, sous l'égide du roi Soleil, notamment les *Conquêtes de Louis le Grand*, les *Actes des Apôtres*, suites où se prolonge avec grandeur l'autorité de la célèbre manufacture parisienne.

Cependant, malgré les fameuses *Chasses de Louis XV*, il importe surtout de contempler la tapisserie de Beauvais, au xviii$^e$ siècle, dans son application originale aux délices de l'ameublement. Là remonte son essor le plus florissant, qui assura la fortune d'un Oudry et d'un Besnier, parmi des alternatives où les frères Filleul (après la mort de Behagle) et Mérou n'avaient guère connu que des déboires.

Mais, d'avoir abandonné le tissage des scènes religieuses et les compositions réputées grandioses ou solennelles, quelques auteurs n'ont-ils point inféré que Beauvais, dans son époque la plus radieuse, avait failli au grand art? Voilà-t-il pas que la matière noble s'avilissait à couvrir des sièges, à tendre des écrans? On opposait ainsi, dans ce préjugé erroné, des grands maîtres à des petits maîtres : Le Brun à Watteau, L. David à F. Boucher; tout comme si l'on décrétait dédaigneusement *art mineur*, celui d'un Riesener, d'un Claude Ballin par exemple, comparé à celui d'un Ingres!...

Nos temps modernes, fort heureusement, ont mis un terme à ce fâcheux esprit et rendu justice à la tapisserie de Beauvais, digne de celle des Gobelins, bien qu'elle fût parfois à l'honneur différemment qu'elle.

Par ailleurs, la preuve est faite qu'une tapisserie des Gobelins, détournée de la surface murale qu'elle réclame, plus ou moins vaste, c'est-à-dire adaptée à un dossier de meuble, ne séduit point comme une tapisserie de Beauvais. Celle-ci pliée d'avance à sa destination, non seulement par la volonté de sa forme initiale mais encore par la finesse de son point, plus seyante à la représentation des scènes à échelle réduite.

D'ailleurs, les Gobelins, lorsqu'ils sacrifièrent à la tenture du meuble (avant que Beauvais n'en fût chargé spécialement), usèrent d'une chaîne plus fine, se rendant parfaitement compte, ainsi, des nécessités d'une tapisserie adéquate, et ce ne sont guère que les amateurs (?) qui firent subir à la garniture d'un fauteuil des morceaux de tapisserie murale. Cet ajustement « au petit bonheur », marche de pair avec tant d'autres adaptations malencontreuses qui, notamment, convertirent une table de nuit normande en bibliothèque ou une chaise à porteurs en vitrine!...

Si l'on admet que des grandes verdures n'attentent guère, parfois, à la proportion réduite d'un meuble, on ne saurait en dire autant des figures, le plus souvent hors mesure sur leur cadre.

Toujours est-il que la tapisserie du meuble exige, fondamentalement, une tenture appropriée. Après un rapide regard jeté maintenant sur les manufactures d'Aubusson et de Felletin, qui représentent les anciennes productions de la Marche, se fermera la parenthèse qui nous permettra de retourner aux Gobelins, après Louis XIV.

Situées dans le département de la Creuse, voici maintenant les tapisseries d'Aubusson et de Felletin dont l'expression en basse lice est dirigée maintenant par l'industrie privée.

Du moins, pour ce qui concerne Aubusson, et

Fig. 38. — *Tapisserie allemande.* (xvi⁰ siècle.)

malgré l'autorisation de Louis XIV, la fabrication de cette dernière ville ne reçut pas, en 1665, la consécration de manufacture royale que Colbert avait l'intention de lui donner.

Les origines tapissières d'Aubusson sont au surplus obscures. On les fait remonter au xv⁰ siècle, et l'on

LA TAPISSERIE AU XVIIᵉ SIÈCLE 109

s'accorde à ne leur attacher quelque crédit qu'à partir du xvIIᵉ siècle pour ne les apprécier réellement qu'au xvIIIᵉ. C'est seulement en 1731 que, promue

Fig. 39. — *Tapisserie des Flandres*, début du xvIIᵉ siècle.
(Collection Schutz.)

officiellement manufacture royale, des artistes comme Ranson et Huet lui ayant procuré, à la faveur de l'État, des cartons, Aubusson dépossédé, lors de l'édit de Nantes, de ses meilleurs ouvriers, reprit haleine. Dans la suite, ce centre de fabrication continua de vivre ou de prospérer, suivant la qualité du goût qui la dirigeait.

Aujourd'hui, la tapisserie d'Aubusson persévère, avec un millier d'ouvriers environ d'effectif pour vingt fabriques relevant de l'industrie privée. Concurremment avec la tapisserie de lice, on y tisse des tapisseries de haute laine et des moquettes inspirées parfois des cartons modernes, mais malheureusement trop souvent encore à la remorque de répliques et autres démarquages du passé qui comblent les désirs de l'antiquaire et illusionnent suffisamment certaine clientèle.

Si Aubusson, néanmoins, s'attache encore à défendre le beau métier de jadis, malgré sa tendance industrielle et conservatrice, il n'en va pas de même de Felletin, sa voisine, qui a périclité de nos jours sans avoir été honorée d'un agrément royal, ni même, à ce qu'il semble, de la grande estime du passé.

La plus lointaine renommée de Felletin se perd dans les conjectures; l'histoire se raccroche au xvi° siècle pour y célébrer une activité fertile en attributions plus ou moins flatteuses. Au xvii° siècle, Felletin, de qui les verdures (fig. 5) le plus souvent de laine grossière ont été plutôt retenues précédemment, donna aussi des figures; toutefois, cette fabrication n'a point égalé la valeur souvent précieuse d'Aubusson. Toujours est-il que, dans notre mémoire, nous garderons à Felletin la gratitude de sa contribution à l'art qui nous occupe, et nous solidariserons équitablement, de même, dans notre lointaine admiration, les meilleures productions d'Aubusson — parfois — avec celles des Gobelins et de Beauvais.

La vénération du passé concède quelque faiblesse, et, les chefs-d'œuvre de la peinture en matières textiles — d'une provenance souvent indéchiffrable — autorise notre prudence. D'aucuns attribuent bien la somptueuse *Danse à la licorne* (fig. 1), du musée de Cluny (xv<sup>e</sup> siècle), aux métiers de Felletin! Et voici de quoi troubler les plus savants comme les plus sévères arrêts... Après quoi, nous effectuerons un saut en arrière pour reprendre la tapisserie des Gobelins demeurée au xvii<sup>e</sup> siècle. Aux admirables tapisseries exaltées sous Louis XIV par Le Brun et son école magnifique, s'ajoutèrent vers la fin du règne, celles d'un Coypel, d'une conception moins ample et plus spirituelle, parmi lesquelles une suite remarquable : l'*Histoire de Don Quichotte*. De Troy (fig. 83), d'autre part, illustrera brillamment la matière noble avec une *Histoire d'Esther*, mais ces œuvres déjà chevauchent le xviii<sup>e</sup> siècle, et, avant de quitter le régime du grand Roi nous jetterons encore, dans la glorieuse mêlée, le nom de quelques peintres immortalisés dans le tissu précieux : Jouvenet, de La Fosse, Lemoine, Bérain, Boulogne, etc.

Le xviii<sup>e</sup> siècle, inséparable de la conception tapissière d'Oudry, rompra nettement avec la majesté précédente, pour un intérêt différent. Du moins, au point de vue essentiellement technique, devons-nous rendre responsable Oudry (surtout) et Coypel (fig. 84) d'avoir détourné la tapisserie de son interprétation spéciale. Plus de hachures, plus de battages, mais un fondu se rapprochant de la peinture, tel était l'ordre donné aux Gobelins par le célèbre peintre animalier, lorsqu'il fut appelé à la manufacture en qualité d'inspecteur. Mais, nous avons examiné l'erreur de conception de celui qui, à partir de 1734, devait cumuler ses fonctions avec celles de directeur artistique de la manufacture de Beauvais, et nous y renvoyons, non sans avoir préalablement rappelé que ce fut la tapisserie qui apporta aux cartons de Le Brun l'éclat de la couleur absente.

Cependant, en faisant abstraction du reproche de la traduction littérale du tableau fondé sur les chefs-d'œuvre qui avaient précédé et dont la beauté spéciale et caractéristique implique l'exemple de principe, on ne saurait dire que les Gobelins aient démérité à ce moment où le style de l'art, simplement, se modifiait pour une autre séduction. Nous avons admiré Beauvais dans sa plus pure gloire à cette heure d'élégance et de geste précieux. Pour avoir sacrifié à un genre moins prétentieux que celui du xvii$^e$ siècle, pour s'être « abaissée » à fleurir des petites dimensions — de même que les Gobelins, parfois, d'ailleurs — ne voilà-t-il pas que la tapisserie de Beauvais jouirait d'une réputation inférieure ? Demandez plutôt à l'amateur, s'il envisage avec tant de sévérité l' « aberration » d'un Oudry (1).

Et pourtant, la similitude de tableau avec la tapisserie des Gobelins et de Beauvais s'exagère, alors, de cet encadrement en bois sculpté et doré (fig. 69, 73, 83, etc.) — où quelques portraits, surtout, royaux et autres, se figent picturalement — qui choque,

---

(1) On en trouvera la preuve au chapitre XI où nous donnons, entre autres, quelques prix récemment atteints par Beauvais, dont les grandes pièces (car Beauvais n'a point renoncé aux tapisseries murales) correspondent à des fortunes. (*L'Opérateur* ou *la Curiosité*, par F. Boucher, mesurant 3 m. 30×5 m. 35, notamment, dépassa largement le million et demi!)

Fig. 40. — *Les Chasses de Maximilien*, d'après Van Orley; fragment. (Série exécutée en Flandre au XVIIe siècle.)

en vérité, le goût et le bon sens, comparativement aux opulentes bordures appelées auparavant à sertir les compositions tapissées.

Et, après avoir froncé les sourcils au nom de la technique violée, nous nous abandonnerons délicieusement à la contemplation des pièces ravissantes exécutées d'après F. Boucher (fig. 79 et 80), Natoire, Deshayes (fig. 75), Restout, et tant d'autres délicieux maîtres qui reflètent leur temps avec non moins d'attrait que ceux qui les avaient précédés.

Heureuses sont les époques dont l'art se renouvelle à l'exemple des saisons !

A M$^{me}$ de Pompadour échoit de planer sur ces délicatesses, dans l'ombre de son oncle, Lenormant de Tournehem, et de son frère, le marquis de Marigny, qui avaient eux-mêmes succédé à Orry, avant le règne de J.-B. Oudry, dont le nom devança, sous notre plume, l'ordre chronologique, en raison de son action plus frappante.

Le lecteur retiendra, en effet, la technique en simili-peinture instaurée par Oudry, pour déterminer son joug caractéristique qui nous valut, néanmoins, le modèle fastueux des *Chasses de Louis XV*. *L'Histoire d'Esther*, *l'Histoire de Thésée*, par C. van Loo et celle de *Jason* (fig. 83) par de Troy, en raison de leur rapprochement avec la peinture ne mériteraient point davantage la défaveur, n'était la fragilité à la lumière de leurs tons excessivement prodigués.

Entre la tapisserie du xv$^e$ siècle et celle du xviii$^e$, il y a toute la différence d'une technique vouée pour plus ou moins de temps à l'admiration. On ne peut nier l'esprit éminemment décoratif du xviii$^e$ siècle qui, vis-à-vis de celui du xv⁰ ne déchoit pas, mais, en matière de tapisserie, le xv⁰ siècle l'emporte, parce que sa manière essentiellement simple limitait les laines de couleurs à une stricte et prudente expression, que la tapisserie du xvii⁰ négligea en visant au tableau. D'où ici, un résultat d'une fixité parfaite à la lumière, là une fragilité des tons. Bien qu'il soit difficile d'admettre que l'excellence d'un art date de la naïveté d'où résultèrent des moyens de couleurs aussi restreints et primaires que ceux du dessin, du modelé et de la composition, il s'avère que la tapisserie démérita techniquement après le xv⁰ siècle, parce que l'art des points progressait.

Pourtant, il ne s'agit pas encore, avec Boucher, de chercher un remède à une décadence, d'ailleurs plutôt matérielle; de porter secours à un art en péril en remontant à la technique rigoureuse, comme on rappelle aux intransigeances de la syntaxe, un style désemparé. Non point; mais après le peintre des Amours et son école, le tableau d'histoire apparut dans toute sa morgue réactive, s'imposant au tissu sans la moindre vertu décorative, en manière de protestation.

Au surplus, aux couleurs éclatantes d'hier succédèrent des tonalités mornes, déconcertantes pour la traduction tapissière. Ce fut la monotonie classique réprimant, à la façon de croquemitaine, la précédente fantaisie qu'elle lui faisait cruellement expier!

Malgré les efforts de Louis XVI et de Marie-Antoinette, accrus de ceux de d'Angiviller, la manufacture dut sacrifier aux poncifs qui s'appelaient alors : Vincent, Pierre Barthélemy, Brenet, Ménageot, Rameau, etc. Tandis qu'un Chardin, qu'un

Vernet, qu'un Greuze eussent pu poursuivre la tradition, sinon essentiellement décorative, du moins fraîche et spirituelle, purement nationale, on mettait sur le métier une *Mort de Coligny* (au musée du Louvre), d'après Suvée. — autre fade peintre d'histoire — au nom du grand art qu'il appartenait à L. David de restaurer, gréco-romain.

On continuait ainsi à tisser de la peinture, en s'éloignant toujours plus de la couleur et de l'éclat essentiels dans la tapisserie.

Après un arrêt sanglant marqué par la Révolution, époque où le démon de la politique l'emporte sur le respect de l'art, arrachant aux précieuses bordures de l'ancien régime les écussons et blasons, les fleurs de lys ; après donc la mort de Louis XVI et sous Napoléon, le « petit caporal » commande à L. David, à l'exemple de Louis XIV, l'histoire de sa gloire. Girodet, Debret, Carle Vernet, Gros, entre autres lieutenants du peintre de Brutus, illustrent alors dans la tapisserie : la *Reddition de Vienne*; *Napoléon donnant la croix à un soldat russe*; le *Matin de la bataille d'Austerlitz*; *Napoléon distribuant des épées d'honneur*. Autant de tableaux négatifs en matière tissée, poursuivant l'erreur d'un Oudry, dont, heureusement, plusieurs n'aboutirent pas.

Sous la Restauration et Louis-Philippe, même fabrication erronée, malgré que l'*Histoire de Marie de Médicis*, d'après Rubens, représente un retour à la magnificence décorative, malencontreusement balancée, il est vrai, par un *Massacre des Mamelucks* œuvre de Horace Vernet, dont la ressemblance avec la peinture était criante et, au surplus, nullement ornementale.

LA TAPISSERIE AU XVIIᵉ SIÈCLE 117

FIG. 41. — *Armide, sur le point de poignarder Renaud, est arrêtée par l'Amour*; Paris. (XVIIᵉ siècle.)

La manufacture de Beauvais, aussi bien, subit à peu près les mêmes hauts et bas que les Gobelins, tant aux caprices des régimes successifs, de leur richesse, que de leur fortune artistique. Pourtant, sa spécialité décorative semble avoir été mieux servie dans la préciosité où elle se renfermait, et, sous le second Empire, la technique de la tapisserie tend à se relever quelque peu, du moins quant à la reproduction littérale du tableau qui, d'autre part, remonte à la source d'inspiration des anciens (les *Portières des dieux*, par Audran), lorsqu'on ne se borne pas à reprendre les compositions de Raphaël et du Titien.

Puis, nous en arrivons à notre temps, qui nous valut des œuvres plus ou moins à retenir, tissées d'après Mazerolles, Lechevallier-Chevignard, Paul Baudry, E. Toudouze, A. Willette, Raffaëlli, P. V. Galland, Joseph Blanc, Félix Braquemond, etc., et à nos jours, où l'on fit appel à J. Chéret, Gustave Moreau, O. Redon, J.-C. Cazin, L.-O. Merson, Jean Véber, Louis Anquetin, A. F. Gorguet, etc.

Mais, notre aperçu historique se bornant au passé, nous avons déjà franchi la limite que nous nous étions assignée, et nous craindrions de nous répéter dans les critiques générales formulées aux premiers chapitres, relativement à l'expression moderne.

## CHAPITRE VII

## Quelques mots sur l'historique de la manufacture de la Savonnerie et sur la tapisserie à l'Étranger, du XVII° siècle à nos jours.

Si les manufactures nationales des Gobelins et de Beauvais sont inséparables de la tapisserie, la manufacture de la Savonnerie ne l'est pas moins du tapis velouté. Et, malgré qu'il n'entre point dans nos vues de traiter de l'historique de cette fabrication, il nous est impossible de ne pas évoquer à chaque pas son exemple splendide.

Nous avons indiqué précédemment les origines de la Savonnerie et son genre de fabrication, il nous reste à parler maintenant, de la manière décorative instaurée par son fondateur Pierre Du Pont. Celui-ci rompit avec les ornements géométriques des Orientaux et leur substitua des motifs décoratifs vivants, fleurs et guirlandes, bouquets, figures, etc. C'était toute une révolution dans le tapis qui, dès lors, recevait des compositions modelées (1).

---

(1) Nous avons, précédemment, déterminé la logique du tapis, au point de vue décoratif, d'après l'exemple de l'Orient poursuivi, en opposition catégorique avec le décor modelé.

120 L'ART DE RECONNAÎTRE LES TAPISSERIES

FIG. 42. — Frise de Dôle, d'après Le Brun; fragment, Gobelins. (XVIIᵉ siècle.)

Fig. 43. — *Chasse de Méléagre*, d'après Le Brun; fragment. France. (xviie siècle.)

Principales étapes de la direction de la manufacture de la Savonnerie : Pierre du Pont, tout d'abord seul (début du xviie siècle), prend ensuite, comme associé, son élève Simon Lourdet; ce dernier se débarrasse de son maître en 1643, et Philippe Lourdet, fils de Simon, succède à son père, en 1662. A la mort de Philippe, sa femme, Jeanne Haffrey, prend le titre de « tapissier directeur » de la manufacture, et s'adjoint, l'année suivante, Louis Du Pont, fils de Pierre, qui devient seul directeur à la mort de la veuve Lourdet (1713). Plus tard, Duvivier, Soufflot, etc., sont conviés aux destinées de la Savonnerie, finalement réunie aux Gobelins, en 1826. Nous nous bornerons maintenant, pour l'intérêt qui nous concerne, aux notes qui suivent.

A Philippe Lourdet revient l'honneur d'avoir commencé le célèbre tapis de la grande galerie du Louvre, sur les cartons de Baudrin Yvart et Francart. A cette pièce, la plus importante que l'on connaisse, succédèrent, au début du xviiie siècle, des couvertures de sièges et de meubles dont Ch. Coypel, Audran, Desportes (fig. 28), entre autres, donnèrent les modèles.

Ces tapisseries veloutées sont presque exclusivement destinées à orner les châteaux et demeures royales : Versailles, Choisy, Trianon, Fontainebleau, etc. Leur fabrication de luxe traverse les crises inévitables des régimes, de fortune diverse. Et, l'initiative économique de Soufflot demandant secours à la basse lice et grossissant la chaîne, ralentit seulement la marche à l'abîme que précipita la Révolution.

Puis, sous l'Empire, la nécessité d'orner différemment les palais impériaux, donne à la Savonnerie une heureuse impulsion, et la Restauration accusera encore ce mouvement de prospérité, jusqu'à la réunion de la Savonnerie aux Gobelins.

Après, au second Empire, on commença à s'apercevoir que, réellement, la pauvreté des modèles ne justifiait point l'emploi d'une riche matière foulée aux pieds, et les débuts de la troisième République n'amendèrent point cette opinion. Ce fut ainsi que les métiers consacrés aux tapis, dérivés de la « façon de Turquie » se tournèrent désormais vers la fabrication des tentures décoratives.

Soulignons ici l'erreur d'un velouté détourné de son chatoiement à l'œil comme de la faculté de sa caresse aux doigts, du fait de sa position verticale.

Le contresens d'adaptation d'une matière dont le moelleux et la douceur aux pieds n'ont plus leur raison d'être contre le mur.

Qu'un plat de faïence ancien soit, par vénération de rareté, décorativement fixé à la façon d'un tableau, cela constitue déjà l'erreur du bibelot détourné de sa destination, mais on exagèrerait l'illogisme en fabriquant de nos jours un plat directement voué à l'ornementation du mur.

Pourquoi, au surplus, emprunter à la riche matière, si, à distance, ses qualités précieuses importent peu, disparaissent ou pourraient être remplacées sans dommage, par d'autres ?

Quant au reproche adressé au velouté de manquer à la fermeté et à la netteté du dessin des figures, en principe nous ne le retiendrons guère, car il ne s'agit point, pour le tapis, de s'égaler à la tapisserie, et qu'au surplus, la matière suggérant le décor, c'est au décor qu'il importe de profiter des ressources du fondu, du chatoiement, du flou, offerts par la matière.

Fig. 44. — *Allégorie*; Bruxelles. (vers 1650.)

L'erreur la plus évidente ne résiderait-elle point, lorsqu'il s'agit de la reproduction des figures, en la contradiction du modelé par le rebrousse-poil ? Toutefois, la tradition d'État demeure, et le tapis

HISTORIQUE DE LA TAPISSERIE A L'ÉTRANGER 125

FIG. 45. — *Niobé retrouve le corps d'un de ses enfants*: fragment, Paris. (XVIIᵉ siècle.)

de haute laine reste aujourd'hui, aux Gobelins, en exemple de la grandeur séculaire de la Savonnerie, refrénée mais toujours vaillante bien que démocratique, dans notre République dont les demeures officielles n'écrasent plus de leur luxe égoïste. D'où fabrication ralentie ; le Garde-Meuble assurant, d'autre part, grâce au reliquat du passé, la plus grande partie de son office d'embellissement.

Aussi bien le tapis au point noué, confectionné de nos jours par l'industrie privée (à Aubusson notamment), répond dans des conditions économiques, à l'utilité du tapis — si beau soit-il — sur lequel on doit, avant tout, marcher.

René Binet, Louis Anquetin, Rason, Hannotin, notamment, ont succédé, dans le goût moderne, comme peintres de cartons pour les tapis de haute laine des Gobelins, à un Chabal-Dussurgey périmé, après les précurseurs sacrés merveilleux, des XVII$^e$ et XVIII$^e$ siècles. D'autres modernes suivront, emportés comme les précédents, sans doute, dans le souffle de la mode, jusqu'à la cristallisation d'un résultat dont les temps sont seuls bons juges, et seuls maîtres de rapporter des arrêts ou de les confirmer, lorsque la roue des caprices a tourné.

Nous parcourerons, maintenant, la production tapissière à l'étranger, dans ce seul but, toujours, de documenter légèrement le lecteur et d'entretenir son jugement en une atmosphère favorable à l'art qui l'intéresse, ici, plutôt matériellement.

Au XVII$^e$ siècle, l'éclatante renommée de Bruxelles pâlira. Le bon marché aidant, qui précipita ses métiers de haute lice en basse lice dans une production intensive et altéra une qualité souveraine. On a imputé aussi cette déchéance des ateliers de Bruxelles à la valeur des cartons qu'ils eurent alors à leur disposition.

Charles Blanc a exactement critiqué la valeur des œuvres de Teniers (fig. 100), enflées du petit tableau de chevalet aux proportions vastes d'une tapisserie. Ces « paysanneries dont tout le sel est dans la touche, spirituellement exquise, de l'artiste qui les a peintes en petit, paraissent révoltantes quand on les reporte en grand sur les tapisseries... »

Cette double erreur d'un carton malencontreusement choisi (parce que des scènes familières manquent d'étoffe et de la solennité indispensable à la riche matière) et d'une dimension fâcheusement transposée, s'ajoute à celles que nous avons notées précédemment. Au surplus, la préciosité de l'art d'un Teniers fait double emploi inutilement avec celle de la tapisserie, et il s'agit bien là d'un pléonasme aggravant l'écueil d'un tableau détourné de sa signification directe et spéciale.

« Combien ils juraient avec l'austère magnificence d'un palais tout plein du terrible souvenir de Philippe II, ces rustres et ces maritornes taillés à coup de serpe, ces magots qui lèvent si haut leur verre quand ils boivent, leur pied quand ils dansent, et combien était affligeant pour l'œil le grossissement malencontreux de leurs formes difformes ! »

Combien le palais de l'Escurial, où Charles Blanc aperçut désagréablement ces tentures flamandes, fut encore mal inspiré, en effet, du choix de ces compositions rustiques, mal en rapport avec leur cadre, majestueux, sévère et noble ! En admettant déjà, que, en dépit des chefs-d'œuvre d'un Velasquez, d'un Goya, l'art accepte avec quelque malaise des représentations disgracieuses, comment n'être pas particulièrement offensé lorsque celles-ci s'adressent à la matière textile !

Mais passons, les Teniers avaient au moins le mérite d'être de leur temps, et l'aubaine de quelques œuvres de Rubens racheta tant de copies d'après des peintres flamands obscurs ! lorsque l'on ne se contentait point, alors, de retourner à Raphaël et autres maîtres du xvi° siècle.

Les Raes, les Van den Hecke, les de Vos, comptent parmi les meilleurs tapissiers du xvii° siècle dans la capitale des Flandres, mais la superbe technique, répétons-le, a fléchi ; l'intérêt de sa finesse, de sa couleur, s'est alourdi. Il semble qu'elle a gaspillé sa gloire.

Ce déclin ne s'enregistre pas moins en Italie ; Rome, Venise, Florence, surtout cette dernière ville, témoignent cependant de quelque brillante activité, grâce à la valeur d'un Français : Pierre Fèvre, aux côtés de qui Bernardin van Hasselt se fit encore remarquer.

Sous le règne de Ferdinand II, auparavant, la tapisserie florentine avait manifesté beaucoup de brio d'après Raphaël, Andrea del Sarto, Cigoli, etc., mais dans un goût contestable, et l'on retrouve pareil essor à Rome, dès le premier quart du xvii° siècle, sous l'influence du cardinal François Barberini. *L'Histoire d'Urbain VIII* (oncle de Barberini), notamment, au palais Barberini, atteste une grandeur technique digne de la meilleure époque.

Jean-François Romanelli se distingue alors parmi les peintres de cartons issus de la manufacture romaine, avec les élèves du Cortone.

Les rois et les papes demeurent les animateurs de

# HISTORIQUE DE LA TAPISSERIE A L'ÉTRANGER 129

FIG. 46. — *Tapisserie au petit point*, France. (XVIIe siècle.)

l'art en Italie. Leur magnificence entraîne les fastes de la tapisserie que leurs libéralités soutiennent et encouragent à la hauteur de leurs inclinations plus ou moins heureuses. La disparition de la célèbre manufacture de Florence (fig. 58), fondée par le premier des Médicis, concorde ainsi avec la fin du dernier des Médicis, et, d'autre part, nous enregistrons l'aurore de trois manufactures considérables, « dans les capitales des trois principaux souverains de la Péninsule, le pape, le roi des deux Siciles, le roi de Sardaigne ».

Nous sommes au xviiie siècle ; ce sont les héritiers des Jean Ros, des Nicolas Karcher qui clôtureront en beauté, par une superbe tenture : *les Quatre parties du monde*, les chefs-d'œuvre nés sous la protection du dernier des Médicis, à Florence, tandis que le pape Clément XI inaugurera, sous les auspices d'un Français nommé Simonet, le modeste atelier qu'un Pierre Ferloni exaltera jusque vers 1770 et dont le retentissement se prolongera dans la seconde moitié du xviiie siècle.

Les *Scènes de l'histoire de Rome*, autrefois au Capitole, représentent entre autres superbement cette hautaine fabrication qui connut, malheureusement, une richesse souvent désordonnée, hors les bornes de cette délicatesse dont les Français eurent plutôt le tact.

Autres étapes de prospérité, à Rome, sous Grégoire XVI, après la Révolution, avec Pierre Gentili, et sous Emmanuel III, (vers 1738), à Turin, avec Victor Demignot et A. Dini, alimentés de cartons dus à Beaumont, etc.

A Venise comme à Naples (cette dernière manufacture où nombre d'anciens tapissiers de Florence et de Turin s'étaient employés après la fermeture des établissements de ces villes), on note, entre temps, une activité intéressante malgré que surtout attachée à imiter les Gobelins.

En Italie, au résumé, les tapisseries des XVII$^e$ et XVIII$^e$ siècles ont perdu leurs rares qualités techniques précédentes, par défaut d'originalité et faillite de la couleur qui fit leur haute valeur aux XV$^e$ et XVI$^e$ siècles.

D'autre part, nous avons souligné la vogue des riches tentures, dans les palais surtout; il semble que le goût public s'éloigna aussi des splendeurs d'antan pour se tourner de préférence vers le tableau, alors que la fresque, au XV$^e$ siècle, avait, avec tant de faveur, juxtaposé ses beautés à celles de la peinture en matières textiles.

L'exemple hallucinant venu de Bruxelles et des Gobelins, enfin, apparaît avoir sinon découragé la *furia* italienne, du moins l'avoir refrénée; le ralentissement aidant des fabriques prospères du passé.

En Espagne, ce fut surtout au XVIII$^e$ siècle que son industrie tapissière s'anima, après un arrêt singulier aux XVI$^e$ et XVII$^e$ siècles. Philippe V, petit-fils de Louis XIV, se devait d'installer à Santa Barbara, de Madrid, un centre important. Ce furent deux tapissiers étrangers, l'un Anversois, l'autre Français, qui le dirigèrent successivement. Puis Séville et Madrid encore (à Santa Isabel) ne montrèrent pas moins d'activité. Principales œuvres d'après Procaccini (*Histoire de Don Quichotte*), Goya, etc.

En Angleterre, après la somptueuse manufacture de Mortlake (fig. 65 et 66), Soho, au milieu du XVIII$^e$ siècle, ne brilla guère, et point davantage

Londres où P. Saunders dirigeait une fabrication sans caractère locale. A Fulham et à Exeter (où des artistes des Gobelins exécutaient des tapis dans le genre de la Savonnerie), d'autres industries produisirent sans plus de caractère.

L'Allemagne fait preuve d'une initiative plus hardie ; il est vrai que ce sont des Français qui assurent la marche des travaux à Munich (vers 1718), à Dresde, Berlin, Heidelberg (1786), etc.

La Russie, au XVIII$^e$ siècle, clôt ce rapide résumé. Des œuvres tissées par des artistes français et flamands, sous les auspices de Pierre-le-Grand, à Saint-Pétersbourg, y sont particulièrement remarquables.

Conformément à notre programme, nous n'irons pas plus loin dans ce dernier chapitre de la tapisserie à l'Étranger.

Le lecteur devant plutôt retenir, en cet exposé, la grandeur et la supériorité des arts flamand et français qui firent la loi au monde entier. Sans méconnaître cependant, la beauté inventive de l'Italie, sa fantaisie, la liberté de son ornementation dans une richesse et un brio maintenant atténués (aux XVII$^e$ et XVIII$^e$ siècles) ; sans sous-estimer les tonalités franches et un peu dures de l'Espagne, les conceptions lourdes mais puissantes de l'Allemagne, les froides et précises expressions de l'Angleterre, d'une noblesse saisissante, ainsi que les attachantes singularités de la Russie.

Quant à la qualité du tissu, nous avons dit sa décadence plutôt, bien que relative, tant de superbes tentures se réclamant encore, pour la technique, de la meilleure époque. Aussi bien, nous vîmes des artistes flamands et français des Gobelins travailler

HISTORIQUE DE LA TAPISSERIE A L'ÉTRANGER 133

à l'Étranger, et il apparaît ainsi impossible de dégager une réelle personnalité nationale de ces tapisse-

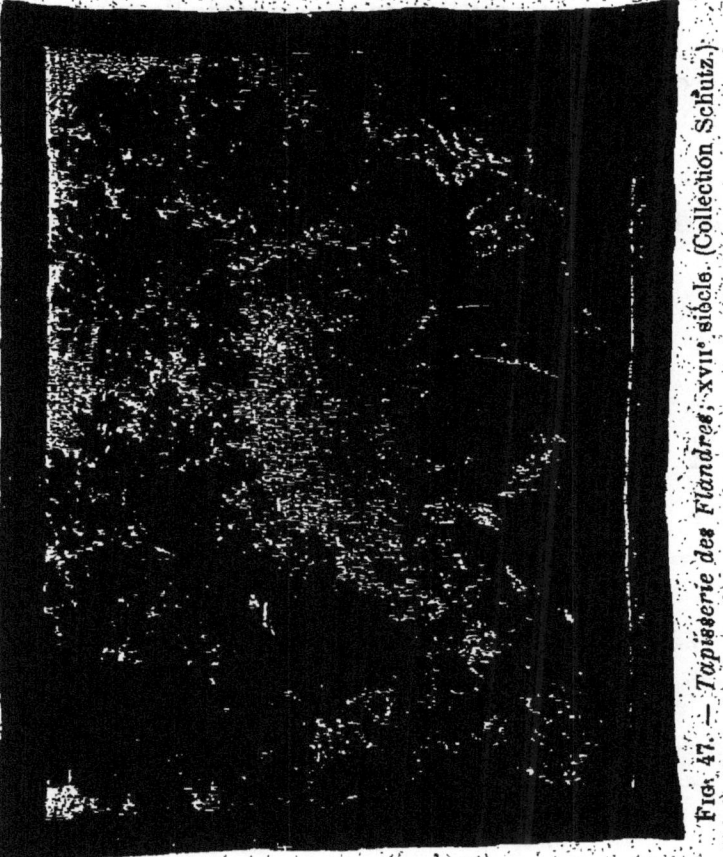

Fig. 47. — *Tapisserie des Flandres*, XVIIe siècle. (Collection Schütz.)

ries en rupture de caractère local, le plus souvent, tant dans la main-d'œuvre que dans le choix des cartons empruntés à l'Italie et à la France, de préférence. Il est enfin, à noter, que c'est à leur manque d'originalité que les époques doivent premièrement leur décadence. Et la tapisserie étrangère ne pouvait échapper à la loi générale, précipitée dans l'économie mauvaise conseillère de la beauté de l'œuvre par des crises politiques, par des guerres ; au surplus sujette comme partout ailleurs, aux caprices de la mode qui tour à tour, crée, favorise ou annihile les industries.

## CHAPITRE VIII

### De la rentraiture.

Les mystères de la rentraiture confinent singulièrement à la fraude, en dehors de l'honorabilité incontestable et du talent d'une rentraiture officielle pratiquée notamment aux Gobelins. La restauration s'imposant parfois jusqu'à la résurrection, et toutes supercheries naissant sous le couvert d'une réparation nécessaire et délicate. Avant d'aborder les pratiques fallacieuses et coupables, nous indiquerons la tâche loyale et difficultueuse incombant à la rentraiture. Nous pénétrerons ainsi, dans les ateliers de ce nom, aux Gobelins (1), qui réparent non seulement « des ans l'irréparable outrage » survenu aux tapisseries anciennes, mais exécutent à l'aide d'un point spécial, les coutures dites « de rentraiture ».

Passons rapidement sur les dites coutures destinées, soit à ramifier une bordure au sujet qui n'a point été tissé en même temps que lui, ou à joindre tous autres morceaux dans le même cas, soit à réaliser les « relais » qui assurent la solution de conti-

---

(1) Il existe également des ateliers de rentraiture officielle à Beauvais et au Garde-Meuble National. L'autonomie récente des Gobelins et de Beauvais a rendu ces ateliers accessibles au public.

nuité du travail interrompue par les « enlevages » ou parties d'une tapisserie en avance dans l'essor du tissage général, et abordons la restauration et autres pratiques de la rentraiture, plus directement intéressantes ici.

Nous soulignerons cependant, pour le lecteur, avant de poursuivre, le rôle des « relais » corrigeant des vides, égalisant et rattrapant le niveau de la ligne horizontale que les tapissiers, dans leur tâche en commun, suivant la difficulté plus ou moins grande des parties qu'ils traitent (chairs, draperies ou fonds) ou selon leur diverse habileté, n'atteignent pas en même temps.

On saisit qu'il ne s'agit ici que de terminer en beauté, et logiquement, une tapisserie ; cette pratique de la rentraiture étant intimement liée à la technique qui nous occupe. Mais, avec la restauration, nous toucherons un point plus délicat.

Il s'agit d'ailleurs de s'entendre sur le mot restauration. Il est bien évident que les mites, l'humidité, les poussières, les déplacements fréquents, etc., portent le plus grand préjudice aux tapisseries anciennes, fort disposées déjà, par leur vétusté, à faillir à la solidité de leur trame comme à la vivacité de leurs couleurs. Mais où commence et où finit une restauration ? D'aucuns confondront cette tâche avec une réfection sinon totale, du moins tellement étendue, qu'il ne subsistera bientôt plus rien de l'original ! Entre consolider, appuyer un délabrement, empêcher qu'il ne s'accuse, et refaire la partie chancelante, il y a toute la nuance qui sépare le bon du mauvais rentrayeur, ce dernier penchant nettement en faveur « du vieux neuf ».

FIG. 48. — Un Triomphe. Flandre. (XVIIᵉ siècle.)

La cathédrale de Reims eût été « soignée » avec trop de générosité, qu'il ne fût rien demeuré de la radieuse cible des Allemands !

Qui dit réfection totale sous-entend substitution, et voici à ce propos, comment s'énonce un recueil publié en 1756, sur les statuts et règlements du corps et communauté des tapissiers :

« Il a été fait et il se fait encore des chefs-d'œuvre de cet art (celui de la rentraiture) comme de celui de la haute lice proprement dite. Quelquefois on coupe dans la même pièce de tapisserie un ou plusieurs morceaux considérables, parce qu'il sont défectueux ou qu'ils déplaisent, et on les refait autrement ; quelquefois même on y substitue des choses très différentes de celles qu'on a ôtées, sans que l'on puisse ensuite retrouver les endroits où l'on a travaillé. On a vu des portraits de personnes vivantes emportés en tout ou partie dans des tapisseries neuves, et refaits à l'aiguille avec tant d'art et de justesse qu'on les y reconnaissoit comme auparavant. On a vu de grands morceaux de tapis de Savonnerie et autres à fond d'or ou de soie, d'autres seulement rehaussés d'or, dévorés par les flammes ou des animaux destructeurs, si parfaitement rétablis en leur premier état, que le velours, les fleurs, les fruits, les animaux ni les ornements ne différoient en rien de ceux du corps de la pièce... »

En vérité, « ces statuts » et « règlements » autorisèrent de bien graves déprédations ! Que penser de ces morceaux défectueux ou déplaisants refaits *autrement* et « de ces substitutions de choses très différentes de celles qu'on a ôtées » ? Il est vrai qu'en revanche, la rentraiture s'absolvait de panser seulement des blessures, rentrant ainsi dans le domaine de la réparation désespérée.

Et combien innombrables ces blessures, en dehors même de la décrépitude ! Voyez plutôt la Révolution arrachant aux tapisseries les écussons nobiliaires ! Les lys de la royauté faisant place aux abeilles impériales. Mᵐᵉ de Maintenon réclamant des voiles pour masquer la nudité des Amours du *Mariage d'Alexandre et de Campaspe*, sous prétexte que ces chérubins offusquaient la chasteté du grand Roi !

Afin de remplacer, dans une tapisserie représentant les *Douze Pairs de France*, l'image du comte de Flandre qu'il estimait trop simplement et trop modestement parée, Philippe-le-Hardi n'hésitant pas à s'adresser à un rentrayeur de choix qui exécuta la substitution demandée...

Que d'autres mutilations nous cachent l'art de la rentraiture, à travers les caprices et les aberrations des temps ! Que de profits pour le truquage, dont les compilations savantes ne manquèrent pas de donner de la valeur à des fonds désespérément nus pour la vente, à de rudimentaires *chancelleries* ! (fig. 61). Imagine-t-on la facilité de substituer un visage princier à celui de quelque vague personnalité ainsi que d'ennoblir, sur la foi d'une armoirie rajoutée, le moindre morceau de tapisserie ?

Il nous a été donné de voir, récemment, des motifs de la Restauration hardiment substitués dans une bordure du début du xviiᵉ siècle, à ceux qui manquaient vraisemblablement. L'habileté de la rentraiture évoquait une réparation officielle, et, le fait de n'avoir point réassorti la bordure dans son style, ne manque point de saveur, à vrai dire, tant il est touchant qu'une époque se révèle par un apport de son temps, en dépit de son désir du réassor-

Fig. 49. — *Diane et trois de ses suivantes au repos;* Flandre. (xviiᵉ siècle.)

timent exact. Car il fallait apporter quelque attention pour discerner, dans la bordure à laquelle nous faisons allusion (1), des rinceaux Restauration mêlés,

---

(1) Il s'agit d'une pièce de la Tenture d'Artémise.

comme innocemment, à des rinceaux de la fin de la Renaissance.

Au reste, ces rencontres sont assez fréquentes, et

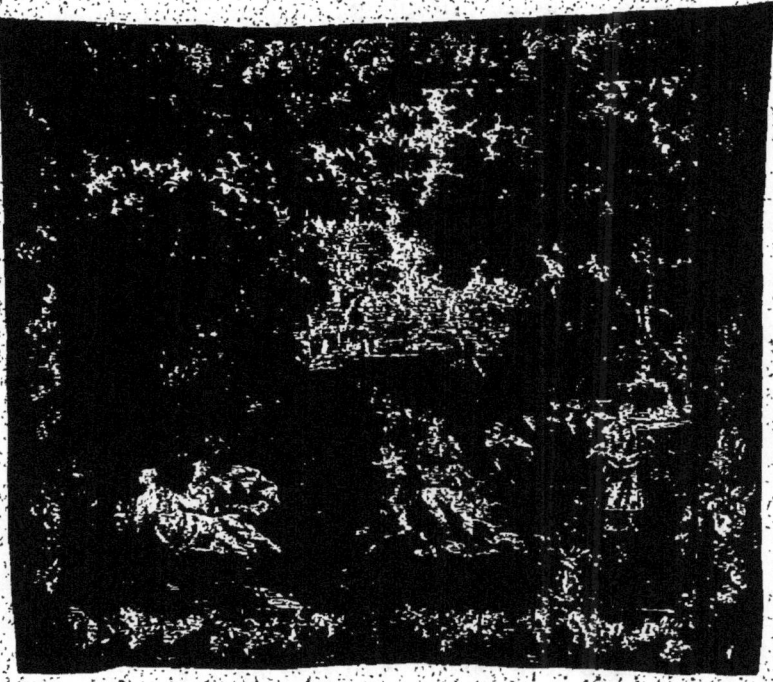

Fig. 50. — *L'enlèvement d'Europe*; Bruxelles (XVIIe siècle).
(Collection Schutz.)

l'art d'un temps, pourvu qu'il soit sincère et précieux, ne saurait en principe choquer lorsqu'il se mêle harmonieusement à un autre, non moins de qualité. Il est rare, ainsi, qu'un ensemble de belle architecture se réclame d'un style unique, et, de même que tous les sommets se valent, un rythme naît, splendide, d'un accord de chefs-d'œuvre. Nous n'en prendrons pour exemple que le palais du Louvre.

Certes, il ne faudrait point pousser trop loin, en ce qui concerne notre matière, ce chapitre de la porte ouverte à l'échantillonnage, toujours suspect. Mais nous n'en sommes point encore au rafistolage, qu'il ne faut point confondre avec une rentraiture loyale et nécessaire, confiée, au surplus, à des compétences.

Quels sont encore les devoirs et tâches de la rentraiture ? La transformation et la revivification des couleurs.

La transformation consiste, ni plus ni moins, en l'ajustement de certaines tentures à des proportions données. C'est-à-dire qu'une grande tapisserie sera, s'il est nécessaire, ramenée à une dimension moindre, et une petite tapisserie, augmentée, suivant la place que toutes deux devront occuper.

Besogne à la fois aride et périlleuse !

Jugez avec quel tact la rentraiture doit alors agir, à moins que, confiée à des mains profanes ou douteuses, elle ne commette des profanations !

On voit d'ici le coupage et le rafistolage auxquels se livrera, dans l'ombre, l'indigne commerçant; tout le sabotage et le *puzzle* résultant de ces opérations fallacieuses !

Mais nous n'en sommes point encore à flétrir la fraude, et, pour l'instant, nous nous bornerons à regretter cette transformation, même confiée aux plus valeureux soins, à cause des remaniements qu'elle implique, toujours au détriment de l'original et de la volonté initiale de sa dimension.

On ne peut néanmoins, empêcher un amateur (?) de faire ramener au format d'une portière quelque vaste tenture murale. C'est un moyen, parfois, de sauver l'intérêt d'une tapisserie abîmée, que de la réduire, comme pour en concentrer la beauté survivante. Mais les méchantes langues vous diront, que les vastes tapisseries se vendent relativement moins cher que celles de dimension moyenne. Tout comme les armoires gigantesques de nos aïeules qui ne sauraient prendre place dans nos appartements modernes, dans tant d'hôtels particuliers même, un *Mariage de Louis XIV* ne pourrait développer son ample envergure. Une puissante automobile, du fait de sa coûteuse consommation d'essence, des impôts onéreux qu'elle entraîne, etc., est d'un prix moins élevé, comparativement, qu'une voiturette brûlant moins. D'où un objectif, imprévu en art, ramenant le marchand à des réalités de bon ou de mauvais marché, et ne voilà-t-il pas l'occasion de supposer que certaines coupes sombres, dont la tapisserie paie les frais, ne sont point, en certains cas, tout à fait désintéressées?

Ce n'est donc qu'en principe, et dans certaines circonstances désespérées, que l'opération d'un « ajustement », d'une diminution, se justifie, mais l'action contraire d'agrandissement, apparaît moins acceptable. Comment ajouter, logiquement, à une œuvre, en dehors d'un cadre, d'une bordure? Il ne faudrait tout de même point s'imaginer que le fouillis superbe des tapisseries les plus admirables, celles qui ne visent point au tableau, autorise des adjonctions où un œil averti n'y verrait goutte! Sur ce chapitre des ingénieux morceaux rajoutés, le truquage s'épanouit d'aise, et nous en reparlerons; mais ici, en matière de rentraiture compétente, nous laissons à

144    L'ART DE RECONNAÎTRE LES TAPISSERIES

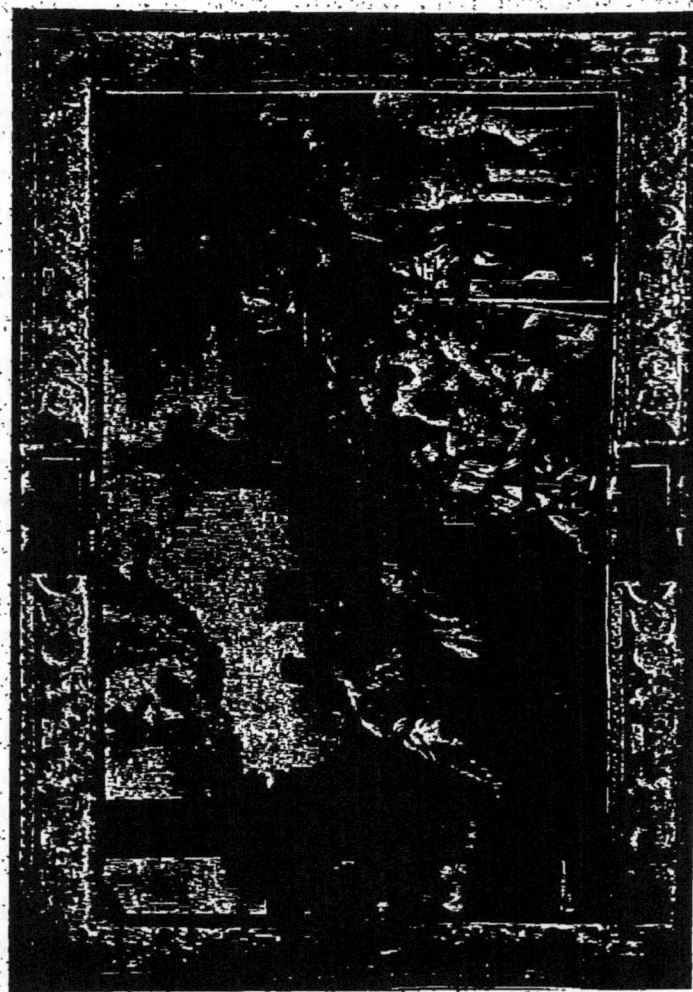

Fig. 51. — *La décollation des saints Gervais et Protais*; Paris. (XVIIᵉ siècle.)

penser au lecteur que l'agrandissement parfois tenté ne se borne qu'à des assemblages habiles aussi rigoureusement artistiques que possible.

DE LA RENTRAITURE 145

Fig. 52. — *Entrée de Louis XIV à Dunkerque*, d'après Ch. Le Brun; Gobelins. (XVIIᵉ siècle.)

D'augustes précédents, d'ailleurs, sont à invoquer dans cet ordre d'idées, mais ont-ils force de loi et ne peut-on les critiquer? Inclinons-nous plutôt devant le fait accompli, et voici que Colart d'Inchy multipliera cinq pièces intitulées le *Roi Arthus*, la *Reine de Flandre*, *Judas Macchabée*, le *Doon de Mayence* et le *Miroir de Rome*, en vingt-deux ! Sans compter que le même rentrayeur, célèbre au xv$^e$ siècle, « augmentera » trois pièces de la tenture figurant la *Bataille de Rosebecque* « avec tant d'habileté, qu'on ne pouvait distinguer les parties rajoutées des autres ».

Nous ne demandons qu'à y croire, mais, tout de même, que penser de cette liberté prise avec la composition de l'auteur du carton ? Comment ces « béquets » pouvaient-ils ne point rompre l'équilibre ordonné par le peintre ?

Mais les avatars de la *Bataille de Rosebecque* ne s'arrêtent point là. Ils tendent, sinon à démontrer la souplesse de son caractère interchangeable, du moins à provoquer l'attendrissement sur la série de profanations dont elle fut victime. Il paraît qu'initialement, cette tapisserie avait été tissée d'une seule pièce et que Philippe le Hardi l'aurait fait diviser en trois morceaux (ceux que Colart augmenta) qui plus tard, à leur tour, furent partagés en deux !...

Bref, au-dessus de la responsabilité du rentrayeur qualifié, plane celle du client dont les exigences et les fantaisies souvent, doivent être découragées par la probité de l'homme de l'art, à moins qu'il n'y satisfasse la mort dans l'âme...

Jamais, en tout cas, un digne rentrayeur n'entreprendra une tâche sacrilège, et cela constitue déjà une sauvegarde. Mieux vaut laisser une tapisserie en mauvais état que de lui faire subir un odieux sabotage, alors qu'il importe de venir en aide, dans l'intérêt même de sa préservation, à sa décrépitude.

Ne touchez pas aux monuments anciens, disait Ruskin. La première raison c'est qu'ils ne sont pas à vous, ils appartiennent à leurs auteurs. Laissez-les donc tels que ceux-ci les ont faits ; conservez-les seulement.

C'est à la rentraiture officielle des Gobelins que l'on doit la réparation magistrale de l'*Entrée de Louis XIV à Dunkerque* qu'un vandale, il y a quelques années, déroba au palais de Versailles et découpa en morceaux. Les tapisseries de Reims, abimées par le bombardement, lors de la grande guerre, confiées aux mêmes mains, n'ont pas été moins heureusement sauvées que tant d'autres superbes pièces.

Combien il est regrettable, enfin, que l'on sollicite si tardivement les secours de la rentraiture ! Plus on attend pour venir en aide au mauvais état d'une tapisserie, plus la réparation s'impose difficultueuse et coûteuse.

Nous donnerons maintenant, quelques renseignements sur le mode de restauration des tapisseries.

Il est indispensable de connaître, en la matière, la qualité des remèdes apportés et les moyens normaux employés pour séparer l'ivraie du bon grain, pour dégager les soins qualifiés de l'empirisme éhonté.

Lorsqu'il s'agit de reconstituer un fragment détruit, le rentrayeur s'occupe, tout d'abord, de restituer le chaînage disparu. Des fils de chaîne neufs sont, à cet effet, raccordés aux anciens, et tendus comme eux. Ensuite, non plus avec une broche mais avec une aiguille, et sur un métier posé à plat, on refait entièrement la trame disparue, à l'aide de fil de laine ou de soie entourant les fils de la chaîne. L'opération du *repiquage*, elle, n'intervient que pour renforcer le tissu en voie de désagrégation; elle s'effectue aussi à l'aiguille.

En principe, soigneusement réassortis au ton des parties qu'ils reconstituent, ces rentrayages sont invisibles sur l'ensemble du travail ; la réparation à l'aiguille et l'exécution à la navette se fondant harmonieusement.

Lorsque le fragment détérioré est de certaine dimension, on recourt alors à un carton reconstituant la partie manquante, et, à l'aiguille toujours, on tisse. En cas d'un morceau à réintégrer dans une partie vide, de soigneux raccords et coutures parviennent au résultat.

On saisit l'art qui préside à ce travail exécuté notamment aux Gobelins, par des femmes fort expertes, sous la direction d'un artiste dont nous célébrerons l'érudition tapissière ainsi que les qualités de dessinateur et de peintre.

La connaissance des styles s'ajoute aux précédentes, ainsi qu'une science des techniques employées dans le passé ; tout un ensemble de métiers, enfin, dont la probité garantit le plus sûr résultat de beauté.

Interdiction absolue, dans les ateliers de rentraiture des Gobelins (au nombre de trois), de Beauvais et du Garde-Meuble, d'introduire des morceaux n'appartenant pas à la tapisserie à réparer ; les seules matières permises sont : la chaîne de coton, la laine, la soie, et le métal d'or et d'argent s'il y a lieu.

Avant de parler, ensuite, de la résurrection des couleurs, chez le rentrayeur, c'est-à-dire des moyens de faire revivre, au lavage, les tonalités d'une tapis-

Fig. 53. — *Tapisserie de Bruxelles*, fragment. (XVIIe siècle.)

serie ancienne, enfouies sous la poussière ou altérées par les vapeurs et les fumées séculaires, nous indiquerons, comme prélude à l'opération de la restauration précédente, un bain initial, non moins salutaire.

Le premier soin, en effet, avant la mise sur le métier d'une tapisserie à réparer, consiste en son nettoiement. On la plonge, durant quarante huit heures, dans une eau courante, si possible, mais toujours très propre. Après quoi on la retire ; on l'étend sur une surface plane et on la frotte, à l'endroit comme à l'envers, avec de la saponaire bien cuite. Elle est suspendue ensuite, et un rinçage abondant, à la lance de préférence, ravive *normalement* les couleurs et débarrasse la tapisserie de toutes ses impuretés.

Mais il va s'agir, maintenant, de donner une nouvelle vie chromatique à nos tapisseries, celles-ci non seulement enfumées mais encore déteintes ou passées. Pour faire disparaître, tout d'abord, le *roux* qui ternit les colorations, on procède à une succession de lavages constituant le *déroussi* et qui, progressivement, sans toutefois rendre à la tapisserie son éclat primitif, exaltent ses nuances et les mettent en valeur.

Jusqu'ici l'opération est logique et normale ; elle nécessite, toutefois, un tact dans le nettoyage subordonné à la nature du *roux* à enlever, et un maximum de précautions vis-à-vis du tissu même, fragile et susceptible de céder aux ablutions intempestives.

Mais, à côté du *déroussi*, se dresse l'épouvantail des pratiques empiriques destinées à obtenir des couleurs encore plus franches! Nous allons, alors, toucher au maquillage, car, aux Gobelins (que nous continuons à prendre comme exemple), on s'en tient au lessivage, et l'emploi des couleurs y est complètement prohibé.

Au reste, les couleurs ne sont pas les plus redoutables, à moins qu'inutilement fallacieuses, et, après avoir noté les artifices du maquillage, il nous tarde d'enregistrer un procédé meurtrier dont certains rentrayeurs ne se font point faute, au grand dam de nos vénérables tapisseries.

Toutefois, nous tenons essentiellement à quitter l'atelier de rentraiture loyale avant de franchir l'officine, c'est-à-dire que nous remettrons au chapitre qui suit, la rentraiture de mauvais aloi. Nous y repasserons souvent, en réalité, les pratiques présentes, mais avec quel raffinement et quelles ruses elles se convertiront pour des buts moins nobles!

Ainsi, n'allez point croire qu'en dehors des lavages et des nettoyages précédemment décrits, les réparateurs disposent de moyens *naturels* supérieurs, pour rendre aux laines et aux soies du passé leur éclat. Ce mensonge est à la base de leurs subterfuges, que nous dévoilerons plus loin, contigus à la fraude.

Le « boniment », si parfait soit-il, implique une méfiance en rapport, et les adjonctions de couleurs, dont nous parlerons avec d'autres pratiques d'une prétendue revivification, encore plus dangereuses, sont méprisables en matière de tapisserie. Chaque technique comporte sa dignité, mais pas au point, cependant, que l'on s'entête dans la routine. Cela n'est pas frauder que de s'adresser, dans certains cas, au machinisme. On doit en effet, admettre parfois, un machinisme bien dirigé, susceptible de ne point dénaturer l'expression d'une pensée, d'en hâter sans dommage le résultat et l'économie.

Si l'idée d'une fabrication tapissière, d'un tissage mécanique... artistique, ne peut un seul instant se défendre, parce que la preuve est faite que les deux mots *machine* et *art* sont ici incompatibles, on n'en saurait dire de même, par exemple, de la soudure autogène vis-à-vis de la ferronnerie artistique. La soudure autogène, choquant, certes, la pure doctrine du « tout par le marteau sur l'enclume » de nos ancêtres, mais, en somme se substituant, quasi-invisiblement, à un effort, à une peine onéreuse et inutile.

Mais nous voici loin de la tapisserie dont les progrès sont d'autant d'ordre cérébral qu'ils vivent d'apathie dans notre civilisation trépidante ; le machinisme étant seulement dévolu à ses imitations impuissantes comme pour donner raison à sa fière lenteur d'expression, à ses coûteux résultats.

En terminant ce chapitre, nous indiquerons, à titre de curiosité, l'exception des tapisseries anciennes du xviie siècle, dont les têtes avaient été peintes sur la laine. Fantaisie, caprices, confirmant, au reste, purement et simplement, la règle de l'anomalie et de la rareté sans intérêt, de l'effet rebelle au surplus, qu'il faudrait plutôt rapprocher d'une infraction, parmi tant d'autres, aux décrets du xvie siècle notamment, dont nous parlons plus loin. Néanmoins, cette peinture nettement à l'huile, offrait le mérite de sa franchise, et l'on doit encore à un Jean Andrieszon Bœsbeke, de Delft, au début du xviie siècle, des tapisseries dites *de Bergame* comportant des figures peintes et imprimées. Bien qu'inopportunes, elles ne cherchaient point à tromper, et, dans l'ordre de la rentraiture et de ses pratiques générales, la franchise seule des moyens confinant à la tapisserie, absout ses mérites et son résultat.

DE LA RENTRAITURE

Fig. 54. — *Tapisserie des Flandres*; XVIIᵉ siècle.
(Collection Schutz.)

## CHAPITRE IX

### Pour s'y connaître en tapisserie; la fraude.

La culture générale s'avère indispensable à l'appréciation artistique. L'expérience de voir dépend du degré d'acuité visuelle acquis par comparaison et déduction aux divers contacts de l'esthétique envisagée. Un autre facteur intervient, au cours de l'étude d'un art : la sensibilité, souvent le pressentiment de la beauté, en tout cas une prédisposition à la comprendre, à se l'assimiler. L'expérience visuelle résulte de l'habitude exercée, progressivement entraînée, et la sensibilité s'acquiert, plus ou moins aiguë suivant les dons que l'on a. Moins positivement et non moins inné est le flair ou vertu singulière de discernement susceptible, parfois, de suppléer les connaissances acquises ou de les égaler. Au gré des arts et du goût qui nous attire particulièrement vers certains d'entre eux, l'amateur se spécialise fréquemment. C'est la méthode la plus sûre d'aboutir à la compétence que de ne point disperser ses recherches et ses acquisitions. Néanmoins, à la base de toute capacité artistique, impérativement s'impose l'histoire générale de l'art, et ce sont les diverses techniques qui, ensuite, sélectionneront l'étude et la spécialiseront.

Souvent, des antiquaires totalement ignorants, n'obéissent qu'à leur flair ; mais celui-ci apparaît plutôt d'ordre commercial ; il rentre dans l'habitude et s'accompagne généralement de l'action du toucher (à défaut de celui de voir et de juger la qualité de la beauté) qui correspond encore, matériellement, au flair.

Chaque matière offre sa caresse propre ; il faut se familiariser avec chacune de ces caresses, et celles-ci seront d'autant précieuses et probantes, que le regard sera plus aiguisé par la culture de l'art et son intelligence. Entre la routine commerciale et vulgaire, et le savoir profondément établi, il y a toute la différence de la joie et de la délicatesse de s'y connaître, d'apprécier en beauté, que nous souhaitons au lecteur.

L'action du toucher prenant alors, chez le connaisseur érudit, une signification plus idéale, faite d'émotion souvent, et particulièrement instinctive. Quant au flair de l'amateur éclairé, il ne sera pas moins subtil d'être renseigné et conscient ; la plus réelle sensibilité ne s'éveillant guère, enfin, en dehors de la distinction du savoir.

Abandonnons donc la routine pour nous en tenir à l'expérience avertie, sans toutefois méconnaître l'intérêt des «trucs» qui tiennent lieu de compétence et appuient, certaines fois utilement, les renseignements les plus doctes.

L'histoire de l'art doit dominer la culture de tout amateur sérieux, avec une connaissance absolue des styles et du costume à travers les âges, tant en France qu'à l'Étranger. Pour nous borner à la tapisserie, si l'on ignore les écoles de peinture, leur

Fig. 55. — *Le Triomphe* (Histoire d'Alexandre), d'après Le Brun; fragment, Gobelins. (XVIIe siècle.)

Fig. 56. — *Persée délivrant Andromède*, fragment. Flandre. (XVIIᵉ siècle.)

ordre chronologique comme leurs diverses caractéristiques, il est impossible de déterminer l'époque des cartons auxquelles elle se réfèrent. Pareillement, l'histoire de France, avec une teinture des histoires étrangères, ainsi que la Bible, l'histoire sainte et la mythologie, doivent meubler, indispensablement, la mémoire du néophyte.

Dans l'examen d'une tapisserie intervient, tout d'abord, l'analyse de la valeur artistique. Celle-ci repose sur la qualité du coloris, la composition, l'effet et le sentiment du sujet, sur les mérites du dessin et du modelé.

Les progrès de la perspective, qui détermine les plans, l'acheminement des lois du dessin et du modelé vers la vérité naturelle, etc., marquent des étapes dont les tapisseries sont logiquement le reflet.

On peut ainsi conclure de la barbarie des premières tentures, de la laideur caractéristique des types du moyen âge à l'élégance libre, gaie, à la nudité vraie des figures de la Renaissance, à la démarcation des deux époques. Le xvii$^e$ siècle avec son emphase, son opulence décorative, avec le geste large de ses personnages aux musculatures étoffées, ne saurait être confondu avec les formes étirées précédentes, aux préciosités d'un charme très particulier. Non plus que le xvii$^e$ siècle, massif, ne pourrait être pris pour le xviii$^e$, qui est la légèreté même, à la fois dans le sujet et la touche.

Quelque singularité dans le décor, telle que l'ornementation exagérée des rinceaux et volutes, d'un tour massif à laquelle de rares figures sont sacrifiées, risque d'annoncer une pièce espagnole; mais, attention! il ne faut point oublier qu'avant le xviii$^e$ siècle il n'exista point, en propre, de manufacture de tapisseries purement espagnole. Ce renseignement éliminatoire a son prix; il appuie, au surplus, cette logique que les chefs-d'œuvre de la tenture, à la fois artistique et protectrice, aient été pratiquement réservés aux pays septentrionaux.

L'hiératisme gothique, la puissance compacte de sa composition, encore, peut nous amener à conclure à une pièce allemande... à moins que Suisse, comme la raideur concentrée, la frigidité du coloris, la volonté monotone du travail, évoqueraient plutôt une pièce anglaise. L'élégance, la préciosité italienne, n'apparaissant pas moins suggestives que la distinction et le goût français. L'art réaliste flamand et sa richesse d'exécution achevant de nous conduire sinon sûrement à la vérité d'origine, du moins à la plus vraisemblable attribution.

« Tandis que l'Italien emploie la peinture textile à la traduction des scènes pompeuses et théâtrales pour lesquelles il a montré le goût le plus vif (c'est Jules Guiffrey qui parle) l'Anglais, commerçant, voyageur et pratique, veut y voir des plans et des cartes géographiques, et l'Allemand, infatué d'idées féodales et aristocratiques, fait répéter dans toutes les salles de son vieux manoir la filiation de sa noble race. »

Autre précieux guide que ce reflet des mœurs et préférences propres à chaque peuple, si tant est que l'art extériorise une pensée, un idéal où se trahit la personnalité intellectuelle et vivante des influences ethniques dissemblables.

Ainsi les divers styles de la peinture doivent-ils retenir notre attention. Une madone de Raphaël ne pouvant être prise pour une vierge de Memling, pas

160　L'ART DE RECONNAÎTRE LES TAPISSERIES

Fig. 57. — *Tapisserie de Bruxelles*, XVII$^e$ siècle. (Collection Schulz.)

Fig. 58. — *La Défaite de Porus*, d'après Le Brun; fragment, Gobelins. (XVIIe siècle.)

davantage qu'un chevalier du xiv⁰ siècle pour un lansquenet du xvi⁰ siècle ou un mousquetaire du xviii⁰ siècle. N'allez point, encore, confondre un hallebardier français avec un hallebardier allemand, une armure allemande avec une armure italienne ou espagnole ! Afin d'éviter cette méprise, d'où peut jaillir un trait de lumière si l'on est averti, on saisit l'éducation visuelle qui s'impose d'après des ouvrages spéciaux sur le costume.

D'autre part, le style décoratif possède sa propre éloquence à travers l'imagination humaine. Si les grotesques (fig. 29 et 34) ont été introduits par Raphaël, il serait grave de confondre les siens avec ceux des Audran et des Bérain, car, malgré que répandus par Sanzio, ces maîtres leur ont imprimé un cachet personnel. Le Primatice, pareillement, qui mit les grotesques à la mode, en France.

Les ornements, au surplus, d'essence orientale ou occidentale, de tel ou tel autre pays, dans tel ou tel siècle, sont inséparables de l'architecture. Il faut en suivre l'esprit pour qu'une époque se révèle ou se trahisse. Du costume à la coiffure, du moindre bibelot à la garde d'une épée, de l'hiératisme d'un pli à sa liberté, autant de questions à poser à une œuvre pour la déchiffrer.

Non moins éloquentes sont les inscriptions et banderoles, dont il faut démêler les caractères français, latins, gothiques ou italiques, autant que la langue en laquelle ils s'expriment.

Savoir que les tapisseries du moyen âge sont presque toutes agrémentées d'une légende en vers, explicative du sujet, et les personnages qui les composent, souvent accompagnés de leur nom, peut être un trait de lumière, non moins que la présence de « prétentieux distiques » révélateurs de la Renaissance.

« Le français, observe Jules Guiffrey (*Histoire de la Tapisserie*), semble avoir été beaucoup plus employé que le latin pour les légendes des tentures, durant le moyen âge, tandis que, pendant la Renaissance, l'érudition envahit le monde de la tapisserie lui-même, et nos bonnes vieilles légendes en vers de huit pieds sont désormais remplacées par de prétentieux distiques. » Néanmoins, on retiendra que les Flamands ont préféré le latin au français, pour leurs inscriptions, sous la Renaissance même.

L'esprit de la banderole, des écussons et armoiries à travers les divers pays, s'accorde avec leur décor, de la légèreté à la pesanteur. On ne perdra point de vue, au surplus, que l'écriture gothique succéda, vers la fin du XII° siècle, en Europe, à l'écriture romane qui, elle-même, fut remplacée, au XV°, par l'italique.

Sachons donc lire dans les banderoles, tout au moins en suivant ces étapes primaires, susceptibles d'apporter quelque clarté dans nos recherches, encore fortifiées par la connaissance du vieux « françois », des caractères romains et des divers dialectes flamands. Ne négligeons pas, enfin, les formes de chaque lettre dans les écritures gothiques, « nationales » et modernes, variant à chaque siècle, majuscules, minuscules, capitales, onciales, cursives, anglaises, rondes, bâtardes.

Des alphabets (de même que des recueils d'armoiries) existent qui, au besoin, serviraient de référence immédiate à défaut d'érudition personnelle. Que de meubles encore déterminent une époque ! Et les imitations sont souvent prises en flagrant délit de mensonge, grâce à la présence erronée d'un fauteuil Louis XIII dans une scène... Renaissance! Depuis le pied d'une table jusqu'à la moulure la plus

Fig. 59. — *Tapisserie des Flandres*; xvii<sup>e</sup> siècle.
(Collection Schutz.)

humble, que de verges données au marchand pour se battre! Ah! la providence des styles du mobilier!

Une œuvre d'art vit moralement et physiquement, c'est-à-dire matériellement. Il importe de la poursuivre dans les derniers retranchements de son mystère, et, après sa valeur d'art, sa situation

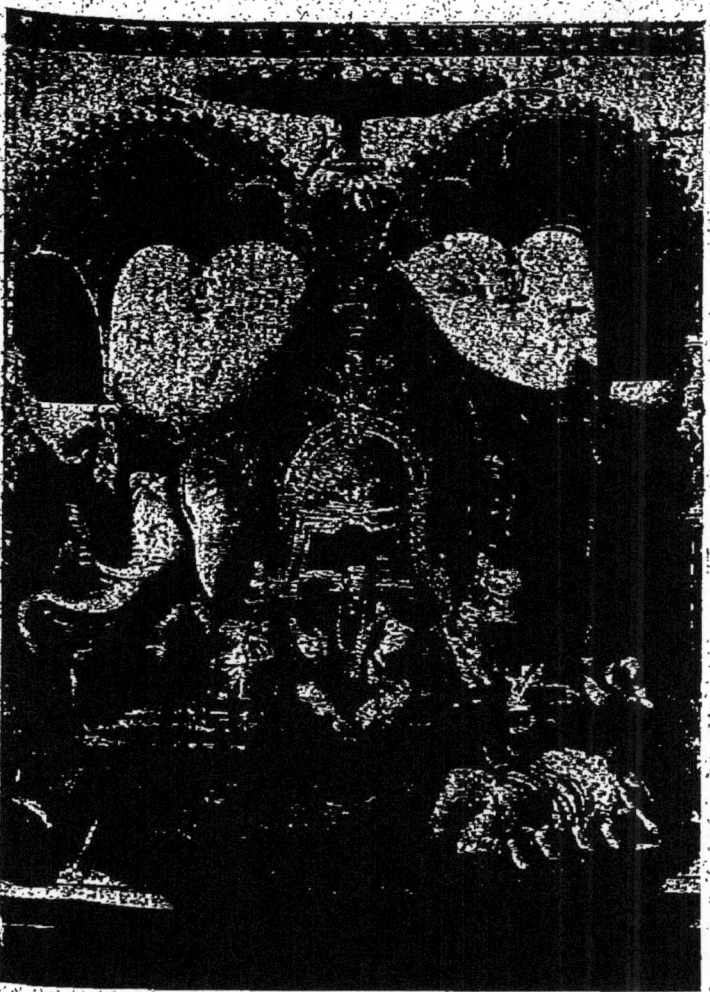

Fig. 60. — *L'Audience (de la Tenture des Chinois*; fragment. Beauvais. (xviie siècle.)

d'époque, on en arrive à vérifier son tissu, à interroger sa substance, sa technique.

L'observation de la technique tapissière répond donc, ensuite, à l'investigation, à la recherche de provenance et d'époque. Pour l'origine de fabrication, certaines fois les marques éclairent; au delà, le sujet (s'il s'agit d'une image historique) rappelle un événement souvent éloquent, et le costume, répétons-le, lorsqu'il est d'époque, évoque non moins fréquemment un temps.

Mais il y a l'écueil des cartons d'un siècle retissés à un autre; les répliques et leur transposition d'époque apportent aussi le trouble, non moins qu'un épisode flamand ou espagnol, italien ou allemand traduit en France, en Angleterre, etc., et *vice versa*. La ressemblance entre les tapisseries allemandes et suisses, au moyen âge, n'est pas sans ajouter au désarroi; le goût allemand, ainsi que le fait justement remarquer J. Guiffrey étant, au surplus, fort en retard sur celui des pays voisins..., et la Suisse ancienne à la remorque de l'esprit germain. De là aux fausses attributions françaises ou étrangères, il n'y a qu'un pas, et, d'autre part, il peut parfaitement s'agir d'un « Gobelins » exécuté en dehors de Paris! Pour Beauvais, pareillement, et Aubusson, Felletin, etc., achèvent, par leurs points si empruntés et tant répandus, de déconcerter la meilleure expérience.

Ne perdons pas cependant toute assurance, et déjà nous récapitulerons les indices à ne point dédaigner, en même temps que nous en ajouterons d'autres.

Avec la Renaissance, le style traditionnel de la tapisserie, particulièrement admirable au moyen âge, se transforme. Le xv° siècle représente l'époque la

plus florissante (fig. de 2 à 13), et ce fut l'esprit de
la Renaissance italienne qui en imposa aux Flamands
et aux Français, au XVIe siècle.

Si les grandes compositions religieuses en tapisserie, a-t-on remarqué, sont en faveur dès les XIIIe et
XIVe siècles, cet art précieux et comme un peu plus
féminin (que la fresque) ne devient à la mode — ne
se laïcise — qu'à la Renaissance où les sujets profanes sont admis pour la décoration des châteaux.
*Distinguo* à retenir.

Un changement, non seulement d'aspect, se manifeste donc, du moyen âge à la Renaissance, de l'hiératisme à la vie, mais encore la technique se différencie. En prenant le XVe siècle comme type, on
remarque premièrement la valeur toujours claire
du coloris afin qu'aucun détail ne soit laissé dans
l'ombre, c'est le cas de le dire. Secondement, la
méthode flamande de modeler, aux grandes époques,
est spéciale.

N'oublions pas que la véritable technique tapissière remonte à cette sobriété des tons et à leur
franchise qui ne les égalaient jamais au tableau. Les
couleurs, à la façon d'un vitrail, se juxtaposaient
mais ne se fondaient pas comme les nôtres. En un
mot, l'art spécial de la tapisserie correspondait alors
à un carton spécial pour un effet et un but spéciaux.
Nous ajouterons, d'ailleurs, que l'état de la peinture,
au moyen âge, ne permettait que cette sobriété de
tons et ces modelés rudimentaires au service du
dessin d'autant bref qu'il ignorait d'autres ressources. Aussi bien, c'est l'ignorance de la perspective qui vaut, à leurs plans étagés, cet encombrement
particulièrement précieux des personnages et du

168  L'ART DE RECONNAÎTRE LES TAPISSERIES

décor tout entier (fig. 2, 3, 8, 9, etc.). D'où il ressort que la technique typique de la tapisserie (et du

FIG. 61. — "*Chancellerie*"; Gobelins. (XVIIe siècle.)

vitrail) relève des apports de cette naïveté, qui, malgré et à cause des progrès quasi-photographiques que nous avons réalisés progressivement depuis, demeure exemplaire à travers tous les temps.

Fig. 62. — *La trahison de Judas*, d'après A. Allori ; Florence. (XVIIe siècle.)

Familiarisons-nous, en conséquence, avec cet aspect du vitrail, pour la synthèse des couleurs et la simplification des modelés, tellement caractéristiques avant le xvi⁰ siècle, et grâce auxquelles nous discernerons l'école flamande des grandes époques, avec ces battages foncés (hachés les uns dans les autres) mordant sur le clair, en manière de dents de peigne ou de scie, déjà signalés. Répétons, d'autre part, que les tapisseries du moyen âge comportent peu ou point de bordures. Du moins, lorsqu'elles existaient, elles étaient fort étroites jusqu'à la fin du xv⁰ siècle et se composaient de fruits divers, pommes, poires, raisins blancs ou noirs, liés par des rubans à des fleurs; le tout se détachant sur un fond de feuillage.

Des anges porteurs d'instruments de musique dans des nuages composant, en haut, une étroite bande, avec des animaux et des fleurs figurant celle du bas, sont aussi à remarquer au moyen âge, ainsi que des répétitions de blasons ou d'écussons (au xv⁰ siècle) alternant avec une devise. On opposera fructueusement ce mode d'entourage à la bordure d'un grand nombre de pièces bruxelloises du xvi⁰ siècle, où les guirlandes de fleurs et de fruits sont gracieusement coupées de termes allégoriques.

Il est à remarquer que jusqu'à la fin du xv⁰ siècle, encore, les motifs de la bordure n'ont aucun rapport avec le sujet.

Quant à dire que la facture bruxelloise est plus décidée, plus hardie que celle des ateliers de Paris, cette formule vague ne vaut guère mieux comme renseignement, que cette opinion autorisée déclarant que les Flamands étaient peu aptes aux sujets historiques.

La vertu des mots ne saurait éclairer excessivement notre lanterne, mais déjà la mauvaise qualité de certaines couleurs modernes nous fournit un moyen pratique de vérifier une tapisserie ancienne. On observera, en effet, que dans les tapisseries anciennes qui, toutes, furent initialement montées de ton au tissage (examiner plutôt leur verso qu'une doublure souvent protège), les couleurs ont atténué leur coloris uniformément, tous les tons ont baissé ensemble, harmonieusement, tandis qu'aujourd'hui les couleurs passent par place. Nous reviendrons sur cette particularité lorsque nous parlerons de la fraude, et nous retiendrons aussi l'intérêt de vérification qui s'attache au verso d'une tapisserie, pour consulter sa chaîne sous la doublure.

Que le moyen âge se soit complu à ne tisser que peu de personnages et que le xv$^e$ siècle eût un goût vif pour le paysage et la fleur, cela nous édifie moins que la qualité du fil de la chaîne s'affinant à cette dernière époque, tandis que la proportion des fils d'or et de soie augmentait, chassant de jour en jour davantage, la grossièreté du début.

Ne concluons pas, d'autre part, de la présence des fils de soie dans une tenture du xv$^e$ siècle à une origine italienne, et malgré que la Flandre d'alors ait manifesté le plus ardent enthousiasme à l'égard de la nature et de la poésie, cette flamme délicieuse n'a point uniquement brûlé qu'en Flandre... Néanmoins, étant donné que la soie est un produit méridional employé jusque dans la confection du costume, que les pays septentrionaux acquéraient coûteusement, on peut logiquement en déduire qu'une tapisserie mélangée de soie est plutôt originaire du Midi.

D'où un indice non négligeable, tandis que lorsqu'un auteur érudit estime que les tapisseries antérieures à la fondation des Gobelins se distinguent par les qualités de coloris et de sobriété qui manquaient aux tapisseries flamandes à partir de la fin du xvie siècle, nous voilà bien avancés ! Mais, qu'un œil quelque peu exercé puisse reconnaître facilement, à leur coloration, les œuvres flamandes de la première moitié du xvie siècle, voici de quoi nous allécher, et nous sommes suspendus aux lèvres de J. Guiffrey. « Elles affectent toutes, dit l'érudit écrivain de l'*Histoire de la Tapisserie*, un ton jaune verdâtre d'une certaine monotonie, appliqué indistinctement à tous les sujets. On dirait un fond de verdure historié de grands personnages. » Et, le même auteur, en indiquant encore que les tapissiers de Louis XV n'ont jamais employé les fils d'or ou d'argent dans leurs ouvrages, nous donne un renseignement pratique non moins précieux. Aussi bien, cette suppression de fils métalliques remonte, aux Gobelins, à la succession de Pierre Mignard à Le Brun. Que l'on risque d'errer, d'autre part, en prétendant que *toutes* les tapisseries aux champs recouverts, à profusion, de fleurettes (dites « mille fleurs » fig. 7 et 10), se réclament du xve siècle, quelques exceptions, au xvie, confirment plutôt la règle, et, dans l'ordre des verdures caractéristiques, les « choux » ne révèlent pas moins l'époque gothique dans la tapisserie que dans l'architecture.

L'ensemble de ces remarques précises ou relatives n'offrerait-il qu'un intérêt secondaire que nous tendons, néanmoins, toujours davantage, à saisir dans la matière les indices propres à nous aiguiller vers l'esprit même, quasi-insaisissable, de notre objet.

Auparavant, sans toutefois envisager une classifi-

Fig. 63. — *Les chasses*, d'après Snyders ; Beauvais.
(XVIIᵉ siècle.)

cation des tapisseries par ordre de valeur, nous dirons que les fabriques d'Aubusson et surtout de Felletin sont inférieures à celles des Flandres, de Paris, des Gobelins et de Beauvais. Gardons-nous bien, au reste, de donner le pas, théoriquement, aux Gobelins sur Beauvais, non plus qu'aux Flandres sur l'Italie, etc. Les chefs-d'œuvre ayant cette vertu commune de contrarier par leur beauté les plus subtiles déterminations. La question d'art exceptionnel interdisant de ne point admettre qu'Aubusson ou Felletin même, se soit parfois surpassé (voir page 11), et, en Angleterre comme en Espagne et en Allemagne, on compte aussi des chefs-d'œuvre de premier ordre. Tenons-nous en donc à la beauté d'une tapisserie d'où qu'elle provienne et, parallèlement à cette beauté, apprécions la valeur marchande de son état de conservation. Un haillon n'est point une tapisserie, et la vénération, la vétusté excessive d'une tenture, ne sauraient nous en imposer à la façon d'un drapeau glorieusement mutilé. Un tableau tellement noirci, craquelé ou détruit qu'on ne peut en lire le sujet ou en déchiffrer la nature, est pareillement dénué d'intérêt. Pourtant, de même que ce défunt tableau risquera d'illusionner grâce à des retouches savantes qui feront naître, sous les ténèbres dissipées, les espoirs les plus avantageux..., pour le marchand malhonnête, nous verrons des louches officines de rentraiture tirer un parti très appréciable (pour elles) de la moindre loque dont tous les morceaux sont bons quand on sait les accommoder.

Lorsqu'il s'agit d'acheter une tapisserie, il importe donc, après avoir subi le charme de sa composition, de sa couleur, de son ensemble enfin, de l'examiner soigneusement, et de près. Mais hélas! cet examen est rendu le plus souvent difficile dans les ventes publiques où l'on accroche volontiers très haut les tapisseries comme pour défier à l'envi votre droit d'investigation. Les marchands, aussi bien, disposent fréquemment leurs précieux tissus assez loin du regard ou dans un encombrement que votre délicatesse vous interdit de franchir...

Rien ne ressemble à de la confiance souvent, — chez le client — comme sa résignation, et pourtant, tout bonheur que la main n'atteint pas n'est qu'un rêve...

Admettons néanmoins, qu'il vous soit loisible d'aborder la pièce, « en tête à tête ». Regardez son envers (généralement préservé par une doublure d'une précaution parfois suspecte, nous nous expliquerons plus loin à cet égard) et comparez les couleurs de cet envers avec celles de l'endroit. Elles devront être plus vives à l'envers et, tandis qu'un tissu manufacturé, quelque Jacquard, comporte à la fois un endroit et un envers, le tissu créé par l'artiste ne présente en somme point d'envers, n'était du moins la présence, au *verso* de la tapisserie véritable, des fils arrêtés et coupés, hérissant le tissu, plane ainsi seulement au *recto*. Impossible donc de confondre un tissu artistique avec un tissu machinal, en dépit d'une doublure friponne qui tendrait à s'opposer à cette vérification.

Après quoi, envers et endroit ayant été confrontés, vous tiendrez grand compte de la finesse du tissu. Ceci relève de l'examen de la chaîne, qu'une doublure, encore fallacieuse, s'offre à dissimuler dans les cas suivants. Tout d'abord, la doublure ajoute à la consistance, au poids d'une étoffe quelconque. Une peinture en imitation de tapisseries, exécutée avec des couleurs liquides sur un tissu mécanique à côtes — quelque reps — peut donner le change au néophyte. On conserve — entre parenthèses — d'augustes exemples de tapisseries anciennes peintes sur gros de Tours, (étoffe de soie dont le grain faisait curieusement illusion), mais les répétitions des scènes de l'*Histoire du Roi* (xvii$^e$ siècle), notamment ainsi traitées, et certaines pièces auxquelles un Français, Bonnemer, attacha son nom, à la même époque, sortent au moins du domaine de la vraie tapisserie avec franchise.

Mais reprenons notre étoffe factice, notre reps, et voici qu'au lieu des fils de chaîne d'une lice véritable, réunis par des laines ou des soies au jeu souple, nous voyons que les fils de la chaîne sont seulement simulés, soudés dans le tissu mécanique. Au surplus, en dépit des stries qui gaufrent ce dernier, il est impossible de se tromper sur la qualité d'application et d'effet d'une couleur liquide; le toucher, au surplus, démasquant aisément (le tissu de la tapisserie véritable étant rêche, accidenté, l'autre monotone, en raison de sa fabrication mécanique) la fraude. Sans compter que les fils qui contournent la chaîne de la matière précieuse sont séparables, les autres pas, naturellement.

Enfance de l'art du truquage, en vérité! Mais nous écrivons ici pour le profane et admettons que la grâce ne l'a nullement touché. Sans quoi son mépris eût fait immédiatement justice de l'indignité. La vitrauphanie rejoint dans le mauvais goût ce genre de peinture jouant la tapisserie pour les ignorants, et

Fig. 64. — *Un vase de fleurs*, d'après J.-B. Monnoyer ; Beauvais. (XVIIe siècle.)

dont les aveugles eux-mêmes éventeraient aussitôt, du bout du doigt, la supercherie.

Mais hélas!... tout le monde ne saurait être averti, et nous savons, dans un musée, une verdure avec quelques personnages, au verso à peu près identique à l'endroit, sans consistance, c'est-à-dire invertébrée, sans chaîne, qui a réussi à tromper les compétences les plus qualifiées...

Les experts se sont contredits, les marchands entendus entre eux vis-à-vis du client, l'*œuvre* ainsi a profité du doute et le public admire de bonne foi...

C'est tout juste si, au XIII$^e$ siècle, on ne confond point, d'ailleurs, les brocarts, damas, bergames, velours, etc., avec les tapisseries proprement dites, et... si l'on voulait distinguer (aux premiers temps) l'œuvre du métier de celle du peintre à l'aiguille, a dit Francisque Michel, on trouverait peut-être des obstacles insurmontables d'établir une pareille distinction.

Ne faut-il point déjà « être du métier » pour retrouver les parties exécutées à l'aiguille par la rentraiture habile sur une tapisserie de haute ou basse lice?

On pourrait néanmoins indiquer que la rentraiture à l'aiguille donne des points plats, comparés à ceux de la broche. La nuance s'établit autant au doigt qu'à la vue, pour un œil exercé, mais, que de perfidie, souvent, dans la préciosité d'un point menu et que de franchise, souvent aussi, dans la largeur d'un point!

L'art du rentrayage lutte de pair, somme toute, avec celui de la tapisserie, et la beauté rétablie seule triomphe.

Certes, la grossièreté d'un travail de tapisserie peut être, en principe, imputable au plus lointain passé, mais on peut aussi, de nos jours, imiter le travail rudimentaire pour illusionner sur les siècles les plus éloignés. Cela nous ramène à la finesse du tissu qui n'est point toujours un critérium, ni une preuve de beauté.

Nous reviendrons à ce propos, sur la chaîne, en comparant le tissu des Gobelins et celui de Beauvais.

Les manufactures nationales des Gobelins et de Beauvais ont utilisé la même chaîne pour les grandes pièces et, toutes deux, elles usèrent d'une chaîne plus fine suivant appréciation du modèle à reproduire ou selon sa dimension.

Toutefois, la tapisserie de Beauvais, particulièrement vouée à l'ameublement depuis Oudry et Besnier, dans son essor le plus florissant, traita cette spécialité avec une trame serrée (et de même l'Aubusson royal) que les Gobelins, plutôt essentiellement consacrés aux vastes tentures, n'avaient pratiquée que rarement.

On notera que, vers 1850, la chaîne des Gobelins fut économiquement (d'aucuns prétendent à cause des vers susceptibles de ruiner la laine) conçue en coton, et que, sous la Restauration, des essais de chaîne en soie (1) furent un instant tentés! De là à rattacher à ces époques, des tentures à chaîne de coton ou de soie, il n'y a qu'un pas... bien chancelant,

---

(1) Il y a l'exemple d'une tapisserie en soie exécutée sur métier de haute lice, aux Gobelins; elle appartenait à la tenture en six pièces : *Le Prince en voyage* (fig. 78), d'après les cartons de Vernansaal, Blin de Fontenay et du Mons. Cette dérogation somptueuse date de 1724.

aussi chancelant que l'indice d'une grosse chaîne, économiquement tentée en 1763, aux Gobelins, par Soufflot, concurremment avec une sorte de basse lice diminuant le travail du tapissier.

Non moins fragile est le témoignage de la chaîne et de la trame, toutes deux en laine, qui, selon une ancienne tradition aubussonnaise, différencierait ses œuvres de celles de la Flandre dont la chaîne se composait de lin ou de chanvre.

La différence entre l'expression des Gobelins et de Beauvais (en dehors de l'observation relative à cette dernière, sur les pièces de dimension réduite) réside d'abord dans le contraste des sujets traités.

Il y a donc lieu d'en référer au genre de peinture des deux époques ainsi qu'aux maîtres qui les célébrèrent aux XVIIe et XVIIIe siècles, et dont on retiendra les noms.

L'art héroïque et viril du XVIIe siècle s'oppose, initialement, à l'art galant et gracieux du XVIIIe, pour deux aspects différents; l'un sévère, l'autre aimable, non sans influence, naturellement, sur la facture tapissière.

Or, Le Brun incarne les Gobelins comme F. Boucher, Beauvais.

D'où, à Beauvais, un coloris plus frais, des tons fondus plus délicats, davantage de charme qu'aux Gobelins mais moins de grandeur.

Une facture plus monotone, à Beauvais, résultant sans doute de la fadeur exprimée. Une force, une profondeur et une originalité supérieures, aux Gobelins, avec une austérité prééminente, même au XVIIIe siècle.

Quant à déterminer la facture, en haute lice de

LA FRAUDE EN TAPISSERIE 181

Fig. 65. — *Tapisserie de l'Histoire de Vulcain* ; tapisserie anglaise de Mortlake.
(Première moitié du XVIIe siècle.)

l'une, et en basse lice de l'autre, cela est en principe impossible et d'ailleurs inutile. Pourquoi s'inquiéter d'une différence de métier, vertical ou horizontal, pour un résultat identique ? La rapidité relative de la main-d'œuvre, certes, s'avère au bénéfice de la basse lice qui coûte, de ce fait, moins cher que la haute lice, mais seuls les subtils connaisseurs prétendent discerner un style supérieur dans la haute lice. On pourrait, à la grande rigueur, découvrir une tare légère dans la traduction du modèle proposé à la basse lice, du fait que l'artiste ne juge qu'imparfaitement de sa tâche dont il ne peut guère, au surplus, apprécier l'ensemble au cours du travail, au contraire du haute-licier qui interprète son tableau comme à vue.

Pourtant, encore une fois, le résultat vaut tout, et ce n'est point la découverte d'une inscription renversée (preuve d'une exécution en basse lice) ni une interversion du modèle (autre indice, à condition de pouvoir comparer avec le modèle!) qui diminueront la qualité ou l'intérêt (1) d'une tapisserie. Darcel, enfin, affirmant que les hommes du métier retrouvent parfois, à l'envers d'une pièce, quelques légères différences dans la « liure » des fils de couleurs, qui attestent encore une fabrication

---

(1) Des auteurs ont prétendu cependant, que le succès d'Arras, puis de Bruxelles sur Paris au xvi° siècle, vient de ce que ces centres restèrent fidèles à la haute lice pour les tapisseries exceptionnellement soignées, tandis que Paris plus généralement s'abandonnait à la fabrication en basse lice de toutes les tentures courantes. Qui oserait pourtant opposer défavorablement les basses lices d'un Jean de la Croix, d'un Mozin, aux hautes lices d'un Jans, d'un Lefebvre ? Car les Gobelins pratiquèrent au début les deux genres d'expression.

en basse lice, confond l'entendement de la pure beauté.

Pour revenir aux consultations utiles de la matière qui nous occupe, nous envisagerons ensuite l'importance de la lisière dans une tapisserie. Une lisière intacte confirme la dimension totale d'une tapisserie. On sait que la lisière traditionnelle (dans laquelle s'inscrivent noms, marques, etc., dont nous parlons au chapitre X) est bleu foncé et qu'elle sert de point de départ comme de base au travail d'art. Est-elle coupée? qu'aussitôt nous en conclueronsà une tapisserie tronquée. Ce n'est pas, au surplus, la présence d'une lisière ajoutée (le commerce la réussit fort bien) qui nous rendra confiance, mais l'absence de bordure portera à une tapisserie un dommage sérieux. Nous avons dit que la bordure correspond à la marge d'une gravure, dépréciée sans cet accompagnement. Et, en même temps que vous déplorerez ce manque de lisière ou de bordure, vous réfléchirez avec nous (voir au chapitre de la fraude, *suite*), sur l'intérêt, souvent, que l'adaptation de cette éclipse ménage au truqueur, réalisant deux tapisseries avec une seule, avantageant une médiocre tenture, etc.

Un critérium général, encore : le poids de la tapisserie. Une véritable tapisserie est très lourde, ses plis sont massifs. Aucune étoffe ne saurait lutter de pesanteur avec le tissu en question.

L'inégalité de son tissage, parfois gaufré (lorsque le tapissier use de plusieurs fils de laine à la fois), ne nous échappera point non plus. Le tissu mécanique seul, exprime cette unité dans l'aspect que l'art du tapissier dédaigne et à laquelle, d'ailleurs, il ne pourrait prétendre, était donné d'une part, la réflexion, la pensée, qui traduisent l'œuvre au bout du fil mené laborieusement par la broche au service de la duite; de l'autre, les irrégularités à la fois fatales et savoureuses des laines diversement employées.

Nous passerons ensuite à la tapisserie à l'aiguille.

Les difficultés de distinguer l'œuvre résultant de la broche de celle due à l'aiguille, dont nous avons parlé, se dissipent cependant, à l'heure où l'on usa du *canevas uni* et du *canevas Pénélope*, c'est-à-dire avant que l'on adoptât le mode de travailler à l'aiguille sur un tissu spécial, à claire-voie. La révélation de ce support sous le point à l'aiguille, ne laisse en effet aucun doute, tandis que le *canevas* d'antan, à mailles espacées, présentant une technique libre (et la simple toile encore davantage) pouvait, à la rigueur, prêter à confusion. Témoin ces riches étoffes façonnées autrefois à la main, dont la préciosité s'avère souvent troublante.

*Nota bene*. — Pour déjouer la vérification du canevas ancien ou moderne, on a simplement plongé le canevas trompeur dans un bain d'eau pure (ou additionnée de thé fort ou d'ocre) afin d'ôter l'apprêt du neuf. Pour éventer l'artifice de la teinture, en matière de travail à l'aiguille ancien, vérifier si la teinture a bien imprégné la laine dans toute son épaisseur.

Néanmoins, pour reprendre l'idée de confusion des tissus rares, de même qu'il serait impossible de prendre pour une tapisserie de haute lice (ou de basse), un tissu ras et sec, un tapis de la Savonnerie, velouté, à laine épaisse, on ne saurait se méprendre, au moins dès le règne de Louis XIV, sur une tapisserie exécutée au canevas, à l'aiguille, et une tapis-

Fig. 66. — *Tapisserie de Mortlake*; fin du XVIIe siècle. (Collection Schutz.)

serie proprement dite; et ce n'est pas un point de broderie, encore, qui donnera le change.

C'est le sort des mots génériques d'accaparer, jusqu'à fondre en un seul genre, toutes les manières similaires d'expression, et les « draps historiés » mêlèrent jadis leur beauté unanime, tout autant que les tapisseries d'Arras qui ne désignaient point celles exclusivement exécutées dans cette ville, mais bien les tapisseries reconnues comme les plus admirables, quelle qu'en soit l'origine.

Nous entendrons donc plutôt dans le sens générique la remarque de Francisque Michel; au reste, le lecteur à qui nous nous adressons, ne s'inquiète point d'archéologie, il s'en tient à la visibilité de la chaîne et à son contrôle pour séparer la tapisserie à l'aiguille sur canevas de celle de haute ou de basse lice.

D'ailleurs, on ne trouve guère sur le marché des trésors remontant au $XIII^e$ siècle, et il nous serait plus malaisé de découvrir un véritable tapis sarrazinois de cette époque, que d'en démasquer un faux rien qu'à la présence de l'étoupe (rigoureusement interdite) figurant dans sa confection, en place de pur fil de laine. Il ne suffit pas de savoir que le canevas et les bordures des dits travaux sarrazinois se composaient uniquement de fils de lin et de chanvre pour être jamais amené à dénicher l'oiseau rare !

Mais, avant de parler des moyens de reconnaître le tapis loyal, nous reviendrons à la tapisserie à l'aiguille sur canevas, en ne remontant pas au delà du $XVII^e$ siècle.

Le canevas est aussi explicite que la chaîne. La régularité de son point, la carrure de ses passages, de la silhouette du dessin, ne sauraient tromper. D'autre part, cette sorte de tapisserie à l'aiguille s'adresse plutôt à l'ameublement qu'à la tenture murale.

Il suffit de soulever la laine pour apercevoir la rigidité du canevas, et, la façon du canevas ancien, en dehors même de sa couleur bistre, n'affecte qu'une similaire ressemblance avec la régularité, la raideur, du canevas manufacturé moderne, en dépit de ses imitations distinguées. Avant de poursuivre l'intérêt de son caractère ancien, nous rendrons hommage à la valeur comme à la beauté de ce genre de tapisserie, particulièrement séduisant dans l'ameublement (fig. 46), à côté même de la concurrence redoutable de Beauvais dont les basses lices sont en quelque sorte souveraines, alors que celles d'Aubusson n'éblouissent qu'après. Mais encore l'exception se fait-elle le malin plaisir de détruire les classifications les plus émérites, suivant les goûts, et les sièges recouverts en point des Gobelins, à petite chaîne, témoignent de ce même pittoresque, de ce « croustillant » qui séduit dans ses tentures supérieures, en opposition, avec la régularité de Beauvais, confinant dans la perfection à quelque monotonie. C'est, au résumé, la beauté d'un ensemble qui décide, et l'occasion devient tellement rare d'un choix quintessencié, que ces différences n'apportent que le regret de ne pouvoir être cumulées.

Au reste, il semble reconnu par les préjugés d'habitude, que Beauvais (fig. 89) et Aubusson (fig. 70 et 72) se partagent supérieurement le meuble, tandis que les Gobelins triomphent dans la vaste tenture.

Sans nous arrêter à ces ordonnances mises en échec par le chef-d'œuvre capricieux, nous reviendrons sur la grâce particulière de la tapisserie au canevas dont les gros et les petits points mêlés charment diversement l'œil par l'esprit de la lumière qu'ils captivent différemment, autant que la préciosité qu'ils font ressortir dans des oppositions et alternances délicates, à la volonté de la composition ou des modelés.

Avec quel agrément particulier, enfin, cette lumière s'accroche sur ces points juxtaposés comme des petits grains de mosaïque, de laine ou de soie ! Ces tons non fondus, si essentiellement « tapisserie », si nets et catégoriques.

Quant à démêler l'authenticité de la tapisserie à l'aiguille, nous avons déjà indiqué les fragilités de la tâche, et les copies, répliques, etc., d'après l'ancien, ne sont pas moins redoutables pour l'expert que celles de la tapisserie à la navette. De telle sorte que si vous avez à identifier une époque, vous n'êtes que rarement sûr de rencontrer, du même coup, un tissu d'époque. Le fait de découvrir un siège de style Louis XV nanti de sa tenture, n'implique pas fatalement la sincérité et du bois et de la tenture. La fraude a si vite fait de rapporter des points frais témoignant d'une restauration ou d'une réparation, sur l'ensemble d'un travail non moins récent mais sali, « à l'ancien » ! Et voici que la modique réparation, soulignée à dessein par le marchand, authentique l'ensemble du prétendu travail ancien ! Attention donc aux reprises intéressées ! Et, si cela nous est possible, examinons plutôt la qualité de la laine sur le canevas, non moins à interroger. Pourtant, l'absence des *jares* ne plaide point fatalement en faveur de l'ancien (nous verrons pourquoi plus loin), et quant à la patine donnée aux tons clairs, un jus de tabac coupé d'eau y réussit d'autant que, passé sur

LA FRAUDE EN TAPISSERIE 189

Fig. 67. — *Tapisserie de Beauvais*, d'après
J.-B. Bérain. (Début du XVIIIe siècle.)

l'ensemble des autres couleurs, il leur confère une nuance chaude et dorée fort vraisemblable!... malgré qu'un linge mouillé dévoile bientôt le stratagème (et plusieurs autres indiqués à la suite), à condition cependant, que vous puissiez être à même de tenter l'expérience! Le marchand ne vous y autorisant pas, de crainte que vous ne gâtiez sa « marchandise » et, d'autre part, cette manifestation appuyée du doute risquant d'offenser un honnête commerçant et de confondre vos connaissances si vous perdez la partie!

On escompte tout cela dans la vente. Votre politesse, votre candeur, votre amour-propre. On sait bien que l'amateur ne se vante jamais d'avoir été dupé, et que même, si en rentrant chez lui, l'épreuve du chiffon passé sur une tapisserie nicotinée a démontré nettement la fraude, il sera le premier à défendre son achat contre l'incrédulité des autres.

Nous dirons plus loin comment on fait disparaître artificieusement les *jares* sur la laine neuve, et, pour lui arracher son âge, il reste maintenant un moyen empirique.

Nous savons que les teintures du passé sont généralement plus solides que les nôtres et qu'une exposition au soleil rend un arrêt décisif sur ce point, mais tellement désastreux, cependant, qu'il vaut encore mieux s'en tenir au doute! N'attendez pas, au reste, une garantie *écrite* du marchand. Il a acheté le meuble que vous convoitez, tel quel, sur sa bonne foi apparente, et, le rôle — innocent — du vendeur, consiste tout au plus à vous faire partager sa sincérité...

Si vous avez quelque chance de connaître l'origine exacte de votre tapisserie, de votre meuble, la garantie devient plus sérieuse. Les familles se transmettent, de génération en génération, les œuvres du passé, et en remontant à la source de celles-ci, à travers les souvenirs et témoignages désintéressés, on peut fonder quelque espoir de certitude.

D'autre part, il importe de ne point admirer, par snobisme ou aveuglement, l'ancien pour l'ancien. Nous avons dit qu'une loque n'était point une tapisserie, et, une copie fidèle, voire une belle restauration, doit être préférée à une ruine. Lorsque l'on risque de confondre un original avec sa copie, c'est que l'admiration dont on est capable suffit à la somme de joie que l'on désire. Au surplus, nous connaissons des copies littérales que les plus fins connaisseurs apprécient autant que les modèles ; la prudence, aussi bien, s'imposant à l'opinion distinguée si souvent pâmée devant des chefs-d'œuvre attribués avec plus ou moins de compétence, chefs-d'œuvre quand même, sinon authentiques. Renouvelons donc ici, nos conseils de culture générale avant l'abord des connaissances matérielles. Après le coup de foudre de la beauté, son analyse, ensuite l'examen de la substance. La beauté doit flatter la matière, répondre à sa qualité, à sa destination. La beauté, même, sanctifie, aristocratise la matière pourvu qu'elle soit sincère, et nous admettons que le lecteur, au cas présent, connaît suffisamment les tissus pour ne point confondre, par exemple, un velours épinglé avec un velours rasé, une tapisserie de haute ou de basse lice avec un tapis de la Savonnerie, une toile écrue avec une toile fine... Ces caresses digitales diverses émeuvent parallèlement à la joie des yeux, qui subissent premièrement l'intérêt du décor, puis remontent à son inspiration jusqu'aux voies de la technique où l'époque s'affirme, peu à peu, dans la pensée érudite.

Gardez-vous bien de vous imaginer que, pour avoir acheté à bon marché une tapisserie, vous avez toujours fait une bonne affaire ! Les tapisseries anciennes sont rares et coûtent fort cher ; on n'en trouve plus. Les musées et les riches collections les détiennent jalousement ainsi que les palais et châteaux. Celles qui courent les rues sont souvent dignes de ceux qui les attrapent.

Plus longues à exécuter que les tableaux, plus durables aussi, elles sont beaucoup moins nombreuses, et, les amateurs, les conservateurs de musées, possèdent tout ou partie des répertoires des plus fameuses pièces dont on connaît non seulement la retraite mais dont on s'attache à suivre la trace. Qui sait, par exemple, si quelque tapisserie à vous soumise n'appartient pas à une série connue ? Fort souvent les belles pièces déroulent leur enchantement en plusieurs tableaux, et voici que, tout à coup, votre achat acquiert une sérieuse importance ! Il a son histoire ! A la valeur propre du joyau s'ajoute l'intérêt de posséder ce dont telle galerie est dépossédée. L'orgueil du collectionneur comporte cette faiblesse, parmi tant d'autres ; lorsque le goût, même, de la spéculation, ne domine point, avec l'incompétence, sa convoitise purement vénale. Mais ceci est une autre histoire.

Bref, aux Gobelins comme à Beauvais, les chefs-d'œuvre issus de ces célèbres manufactures d'État sont généralement connus et suivis ; on possède leurs archives ; peintres et tapissiers y sont répertoriés, et

LA FRAUDE EN TAPISSERIE 193

il ne faudrait pas manquer de consulter ces centres de beauté ainsi que le Garde-Meuble, au cas d'une

Fig. 68. — *Tapisserie de Beauvais* ; d'après J.-B. Bérain.
(Début du XVIII⁰ siècle.)

trouvaille. Néanmoins, des chefs-d'œuvre français et étrangers, copiés, morcelés ; des répliques, ont pu échapper à la vigilance des siècles. Des familles ruinées, qui se dessaisissent, des vols, etc., peuvent encore alimenter des marchands, entretenir quelque roulement de bon aloi, parallèlement à des truquages plus ou moins intéressants qui tirent parti de tout, augmentent le nombre des tapisseries en les coupant, en les morcelant, en les raccommodant, etc.

Mais c'est là ouvrir une autre écluse de la fraude et, plutôt que de se livrer à ces malhonnêtes déprédations, l'antiquaire loyal, à court de tapisseries, préfère se rabattre sur la vente des tentures au petit point, moins rares et aussi d'un prix beaucoup moindre.

Après avoir souligné la confection, en grandes dimensions, de la tapisserie fine au canevas, et le secours économique qu'elle apporte à défaut de haute ou basse lice, avant encore de parler du tapis de la Savonnerie, nous indiquerons un moyen de démasquer les traitements chimiques dont la tapisserie parfois est victime, à l'envers.

Il faut que l'envers d'une tapisserie, comme celui d'un tapis, soit souple, relativement (cela va de soi) à la texture plus ou moins serrée du travail qui commande à plus ou moins de souplesse. Votre tapisserie peut avoir été « brûlée » si cet envers, au surplus, présente une surface lisse, et voici comment vous vous assurerez de ce dommage résultant notamment de bains caustiques et autres manipulations employées pour le ravivage des couleurs.

Si la tapisserie menace de se déchirer, de se casser, sous l'action de vos mains rapprochées dans l'action de froisser un pli, vous êtes immédiatement édifiés sur le traitement suspect. L'envers d'une tapisserie, aussi, convaincu de réparations, de pièces étrangères accolées, à l'aiguille, que l'endroit tend à dissimuler plus aisément.

Quant aux couleurs chimiques, elles ont le désavantage, sur les teintures végétales, de rendre les laines rudes et cassantes ; au surplus, il sera aisé de contrôler l'emploi de ces couleurs chimiques (sur un tapis) en consultant les laines à leur racine. Celles-ci seront décomposées à leur extrémité, c'est-à-dire qu'un vert, par exemple, ne sera réellement vert qu'à la racine, l'extrémité, décolorée, offrant une teinte d'un jaune verdâtre.

Dans le cas de couleurs végétales, par contre, le vert, sous l'action du soleil, aura viré simplement, du vert foncé au vert clair.

Constatation curieuse : la teinture végétale est plus solide à la lumière que les laines de couleurs naturelles.

En poursuivant ce chapitre de la couleur relative aux tapis, et sans parler des modes fallacieux de brossage à la glycérine et de cylindrage à chaud pour donner artificiellement le lustre, on remarquera que le poil du tapis peint avec des végétaux est beaucoup plus brillant que celui teint chimiquement. Les couleurs, dans ce dernier cas, ayant par surcroît le désagrément de déteindre les unes sur les autres.

Nous ferons observer à ce propos, que, contrairement à ce que l'on pourrait croire, les couleurs végétales, plus résistantes à la lumière, avons-nous dit, que les naturelles, sont, en revanche, susceptibles de déteindre. Les véritables tapis d'Orient nous en apportent la preuve. Lavés chaque année à l'eau courante, il ne s'immobilisent seulement dans leur ton réel qu'après ces ablutions, mais, au rebours des faux tapis qui, au bout d'un certain temps, sous l'action de la lumière et à l'humidité perdent leurs chaudes tonalités, les tapis d'Orient sincères fortifient dans une patine somptueuse la fixité de leurs premières couleurs, seulement dégorgées, débarrassées de l'éclat éphémère des rouges, des verts, des bleus.

Ces avatars de la couleur ne sont pas moins à méditer à l'égard de la tapisserie, si tant est que toutes les laines teintes jouent sous les mêmes influences (en écartant les points d'une tapisserie en différents endroits, avec une épingle, on se rend aisément compte des tentatives de ravivage), les couleurs employées à cet effet, n'atteignant point la profondeur du tissu.

Et nous en arrivons à discerner le tapis manufacturé.

Nous savons que le tapis de la « Savonnerie » (ou de haute laine) est exécuté à la main, au point noué. Or, il s'agit seulement de s'assurer, en rabattant en dessus, une touffe de laine, si les laines composant l'épaisseur du tissu sont nouées au fil de la chaîne.

Dans le cas contraire, nous nous trouvons en présence d'un tapis fabriqué à la machine. Au surplus, les dessins d'un tapis exécuté à la main (de même que ceux de la tapisserie de haute et basse lice) se réfléchissent fidèlement et nettement du recto au verso, ce qui n'a pas lieu dans la fabrication machinale.

On doit éventer encore, dans le faux tapis de qualité inférieure ou moderne, les carpettes « haute mèche » qui ne sont que des fabrications « Jacquard » commercialement ennoblies, autant que celles en velours de laine

LA FRAUDE EN TAPISSERIE 197

Fig. 69. — *Les Métamorphoses* (Céphale et Procris); Gobelins. (Époque de la Régence.)

et haute laine. Le velours « végétal », avec les tapis en fibre de cellulose ou végétale, malgré tout l'effort de leurs dessins orientaux, s'essoufflent non moins à une magie indigne de la vérité, ainsi que tant d'autres expressions composées de jute, de coton, de ramie et de laine. Et, de même que la lisière joue un rôle important dans la tapisserie, la bordure qui enclôt le tapis fait à la main, sur ses quatre côtés, simple surjet ou réseau formé des fils de la chaîne abattus, garantit, autant que les franges qui ornent ses extrémités, son authenticité, à condition seulement que ces franges et cette bordure n'aient point été ajoutées après coup... Le commerce débite tous ces articles et jusqu'à la fameuse lisière bleu foncé, façon tapisserie de haute ou basse lice. Vérifions, à cet effet, la relation directe de ces ornements et encadrements avec les fils de la chaîne qu'ils terminent simplement.

Ne négligeons pas davantage de contrôler l'arrêt de la lisière. Au balayage, à l'usage même, les lisières non arrêtées au tissage ne retenant plus les laines à leur extrémité, celles-ci finissent par s'effiloquer.

Ainsi que toujours, en matière artistique, c'est la beauté et sa qualité qui séduisent initialement, et, après l'évocation esthétique, les préoccupations matérielles se font seulement jour. Aux points serrés l'avantage de la solidité. Plus nos efforts échouent devant nos tentatives de donner du biais à un tapis (ou à une tapisserie), plus celui-ci affirmera de résistance. Les poils en touffes courtes et verticales garantissent davantage l'usage que les touffes longues et couchées.

Pour bien juger d'une tapisserie (ou d'un tapis), il importe de la bien voir. Répétition essentielle.

Nous avons dit le « truc » de la lumière mystérieuse

ou de la tapisserie... inabordable. L'éclairage d'un seul côté n'est pas moins trompeur, car il permet de supposer que le marchand d'un tapis velouté ne le présente à dessein que dans le sens le plus favorable, c'est-à-dire non à contre-poil. Cette dernière présentation répondant, pourtant, de son épaisseur, source de luisants plus ou moins loyaux dont il importe de se rendre compte. Il faut pouvoir manier un tapis ou une tapisserie dans tous les sens, sous toutes ses faces.

La boutique exiguë où l'on ne peut déployer tout au long une pièce, est aussi redoutable, et nous ne parlons que pour mémoire de la tapisserie enroulée, de ce bloc... enfariné, qui ne dit rien qui vaille. L'obscurité, le demi-jour, sont tendancieux et la crudité de la lumière électrique éblouit plutôt qu'elle n'éclaire, au sens figuré. Sous ses feux, les couleurs s'altèrent, et vous risquez, en cédant à son éclat, de cruels désenchantements.

Désirez-vous, maintenant, une anecdote aussi édifiante qu'authentique ? Un marchand de tapis reçoit un jour un client fort pressé. Il s'agit de « refiler » une pièce largement trouée. Notre commerçant, prenant position sur le tapis en question, obstrue ainsi, avec ses pieds, le dommage. Et, comme, à un moment, il doit se déranger pour « faire l'article », il appelle son employé. Celui-ci, très au courant du subterfuge, prend, imperturbablement, la place désertée. De telle sorte que le client n'y voit goutte et emporte le tapis... troué.

Trop de confiance nuit et, d'autre part, comme certains marchands s'entendent souvent entre eux pour tromper, mieux vaut n'accepter leur avis que sous bénéfice d'inventaire... Au reste, les belles tapisseries, comme les... douteuses, sont parfaitement connues de ceux qui en font commerce, et une solidarité déconcertante en résulte vis-à-vis du client. Pièces rares, malfaçons ingénieuses, truquages éhontés, tout cela rentre et sort de la boutique spéciale, à la recherche d'aventures... et de gogos. Tout se vend, et, quand il s'agit d'un chef-d'œuvre rendu à la circulation, ce ne sont plus les petits marchands, mais les grands spécialistes qui opèrent.

La meute des intermédiaires est lâchée sur la piste, et, traqué, le chef-d'œuvre rentrera bientôt dans le mystère de l'arrière-boutique, d'où une publicité coûteuse et savante le fera souvent sortir à des frais d'achat d'autant rémunérateurs.

Mais c'est là le sort de toutes les œuvres d'art ancien, et, il va sans dire qu'il est des marchands loyaux susceptibles, d'ailleurs, de se tromper avec la plus entière bonne foi et d'être « refaits » en toute sincérité, par leurs propres clients... Il faut concéder aux dignes marchands le mérite d'être des amateurs, alors que le plus grand nombre des trafiquants indignes ne considèrent que l'occasion de la friponnerie, sans amour du « métier » pour lui-même. On prétend bien que le grand marchand tire souvent le meilleur parti du fripon, mais encore est-il permis de supposer que le client profite de cette relation louche, sans toutefois que le commerce y perde...

Il faut, enfin, s'y connaître, cette obligation sert à la fois notre prélude et notre conclusion, et, en dehors du flair qui ne s'acquiert point ni ne se raisonne, il importe de flâner au musée, aux devantures ; de fortifier par la pratique une science livresque, à la

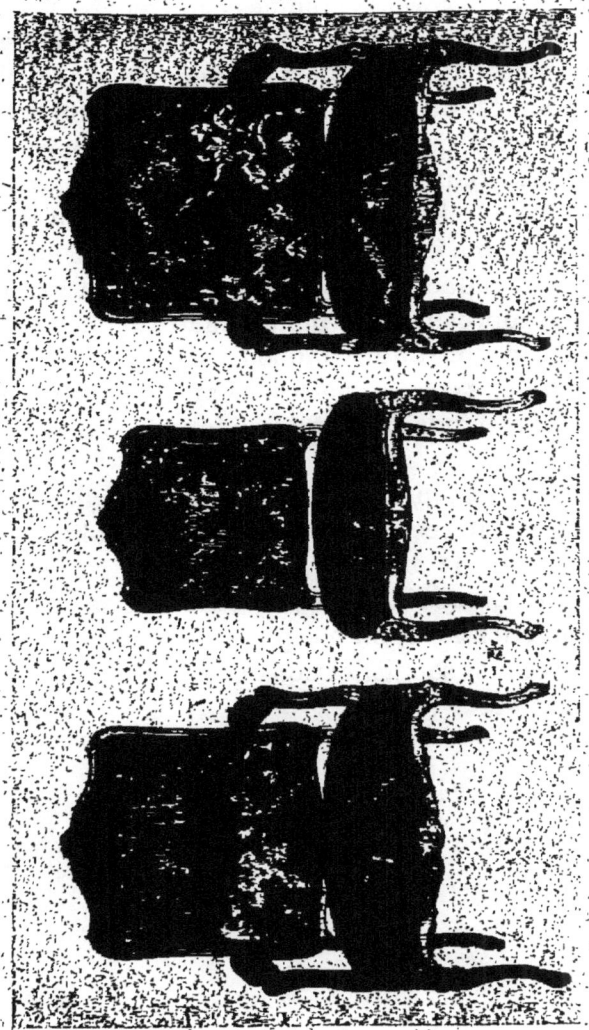

Fig. 70. — *Fauteuils et chaise Louis XV* ; tapisserie d'Aubusson.

base des fructueuses comparaisons, juxtapositions et oppositions susceptibles d'éclairer le jugement, idéalement et matériellement.

Les styles décoratifs résumés par l'œuvre des maîtres à travers les époques, leurs albums d'ornements, doivent nous être familiers si nous désirons n'être point trompés, ou du moins n'être dupés que dans la stricte mesure où notre illusion ne s'évanouira pas. Il est des faux si sympathiques et des œuvres authentiques tellement décevantes ! Hélas ! n'était la vulgaire somme d'argent qui s'attache, en principe, à la garantie d'une œuvre d'art; n'étaient la vanité et l'amour-propre liés à la bonne affaire ou au titre de connaisseur, convoité, combien parfois on mériterait d'être leurré, exploité, puisque l'on demandait autre chose à une acquisition que la joie (mêlée d'égoïsme) de la posséder.

Toutefois demeure la curiosité, pour le client intelligent et désintéressé, de connaître les détours qu'on employa pour le tromper, et, au chapitre suivant, nous continuerons à le documenter sur les mille et une sophistications embusquées à l'entour de ses désirs ingénus, sophistications que nous n'avons fait ici qu'entamer.

## CHAPITRE X

### La fraude en matière de tapisserie (*suite*).

Qu'il soit bien entendu, tout d'abord, que la fraude en matière précieuse, comme celle qui nous occupe, à moins que d'être fort grossière, coûte tellement cher qu'elle se subordonne à des détours de choix, afin de réaliser, pour le fraudeur, un bénéfice intéressant, partant presque toujours onéreux pour l'acheteur. L'habileté d'une présentation fallacieuse, lorsqu'il y entre de la matière vraie, vaut fatalement plus cher qu'une sophistication totale à l'aide de produits inférieurs. Les faux émaux contiennent malgré tout de l'or. S'ils désirent tromper « en grand », les prétendus bijoux anciens ne renferment pas moins une parcelle de vérité pour donner le change. Et, en matière de tapisserie, la préciosité des points, du ravaudage, etc., de la rentraiture, de la peinture, etc., ne saurait illusionner si elle ne s'efforçait d'être parfaite. Il importe donc que le jeu de la fraude « en vaille la chandelle »; le concours des complicités étant très rémunéré, et la crédulité du connaisseur ne pouvant être abusée que suivant la somme d'art de la supercherie employée.

Il s'ensuit que la tapisserie est, de toutes les expressions rares, la moins « truquée » peut-être, ce qui ne signifie pas, pourtant... Éliminons donc, initialement, les basses pratiques d'imitation de tapisseries à l'aide de tissus gaufrés et peints sur lesquels, en principe, le néophyte ne se trompera point, et devant quoi le connaisseur éclaterait de rire ! Du moins, lorsque ces pratiques de fraude élémentaire concerneront une pièce tout entière, sauf cas extraordinaires où les Allemands notamment excellent, et où quelquefois les plus malins n'y virent... que du feu ! — car des morceaux ingénieusement dissimulés ou disposés, cachant des trous, et encore l'artifice est plutôt rare et bien « cousu de fil blanc » — pourraient à la rigueur illusionner dans un ensemble authentique.

Ne nous lassons pas de répéter tout d'abord que, pour juger d'une tapisserie, il importe, premièrement, de la bien voir et de pouvoir la palper dans tous les sens. Souvenons-nous ensuite, que des copies et répliques *incessantes* n'attestent pas davantage un original qu'une tapisserie vieillie, salie, exposée au soleil ou à l'humidité n'apporte la preuve d'une pièce ancienne (nous dirons pourquoi, plus loin). De même une tenture fraîchement tissée et « culottée » facticement s'efforcera vainement à nous tromper, en dépit des reprises et points à l'aiguille que le marchand soulignera à dessein, comme récents, pour nous faire accroire que les dits points et reprises ont été rendus nécessaires par la restauration d'une tenture réellement ancienne. De même, enfin, une tenture composée de pièces anciennes, à la façon d'un habit d'arlequin, n'offrira-t-elle qu'une valeur et un intérêt sur lesquels vous ne sauriez être abusé.

Notez bien qu'en matière d'antiquité, il suffit d'un

Fig. 71. — *Le Marchand d'orviétans* ; Aubusson. (Époque de Louis XV.)

coin de vérité pour que [l'œuvre soit [ancienne. Le marchand vous vend une pièce « restaurée », il sauve ainsi sa bonne foi.

Avec les deux portes d'une armoire normande, on fabrique avantageusement deux bonnetières. (1) : restauration. Un seul pied authentique dans un fauteuil de style : restauration. Fabriquer deux tapisseries — et davantage — avec une seule, en y joignant des étoffes parasitaires soi-disant, pour les enchâsser dignement, mais, en réalité, pour leur donner une dimension profitable ; ajouter une bordure (ou des morceaux de bordures) à une pièce détaillée aux ciseaux ou constituée par des fragments ; lui adjoindre une lisière (grâce à laquelle, une pièce d'Aubusson sera promue des Gobelins !), etc., autant de « trucs » qui guettent la naïveté, sous les auspices de soins attendris, sous le couvert de la vénération ! On a sauvé tel vieux point ! Et vos mains tremblent en le caressant... Votre goût pour l'antiquité, souvent, sera de si vaste envergure, que la fièvre de la découverte — manie providentielle pour le marchand — vous amènera à fouiller les coins et recoins de la boutique de l'antiquaire qui vous laissera généreusement faire... Et voilà-t-il pas que, soudain ! saupoudré de poussière, parmi un innommable désordre, sous l'entassement le plus hétéroclite, vous apparaîtra... le trésor ! Le temps de vous remettre de votre émoi, vous marchanderez... le trésor, et vous n'emporterez pourtant qu'un « morceau » frelaté, à dessein dissimulé par votre vendeur, soi-disant ignorant de la valeur de votre emplette. De telle sorte que, pour avoir voulu « rouler » l'antiquaire « ignorant », c'est vous qui serez sa victime. Au surplus, vous seriez

---

(1) Voir L'*Art de reconnaitre les Meubles*, et les *Fraudes*, même auteur, même librairie.

mal venu de vous plaindre (si par hasard vous reconnaissiez votre méprise, mais les « amateurs » sont bien trop fiers pour avouer leurs erreurs !), car on ne vous a rien garanti ; on ne savait pas... et puis n'est-ce point vous qui, en l'occurrence, fûtes... le voleur ?

Que parfois des « mosaïques » nous séduisent quand même, vis-à-vis d'un prix avantageux, soit ! Il y a des « bouts » de tapisserie intéressants qui peuvent correspondre à quelques coins de votre appartement où ils brilleraient encore de quelque beauté. Que le fouillis d'une verdure composé de pièces et morceaux ne souffre point exagérément, à votre goût et selon notre bourse, dans son aspect général après tout séduisant, soit encore ! Mais l'intégralité d'une tapisserie a son prix, son prix fort, et le riche amateur-connaisseur ne se contente point si facilement. Ce n'est pas lui qui s'en laissera compter par une obscurité propice aux nébuleux marchés ; il lui faut une tapisserie pour décorer une paroi en pleine lumière, non pour figurer dans la pénombre. Une tapisserie n'est point faite pour boucher un trou (une imitation, à la rigueur, y suffirait) non plus qu'à figurer loin de la vue, mais entre les deux genres d'exposition, l'une franche, l'autre illusoire, il y a la distance du choix mesuré au poids du goût et... de l'escarcelle.

Néanmoins, étant donné la faveur toujours plus vive qui s'attache à la tapisserie ancienne, et les nécessités qu'il y a de se contenter de vétusté dans la foi qui s'attache à cette idée naïve que l'ancien à la longue s'épuise, on est tout disposé à admirer même des ruines et à les payer fort cher. La ressource de la réparation vient alors au secours des loques vénébles avec son cortège d'expédients, et l'on admet ainsi les restaurations les plus invraisemblables, au détriment même de la beauté.

Telle est la raison pour laquelle une loque trouve toujours acquéreur chez les marchands qui, au moyen d'une rentraiture traîtresse, ressuscitent une pièce ancienne, en bon état relatif, et de bonne vente. Plus une tapisserie représente de siècles plus elle vaut, et l'on ne saurait, n'est-ce pas? reprocher à une ruine sa décrépitude... naturelle!

C'est là la tâche de la rentraiture discutable, sinon déloyale ou frauduleuse. Une franche rentraiture ne doit s'employer qu'à *sauver* une tapisserie abîmée. Une tapisserie exagérément réparée équivaut à une tapisserie refaite; elle perd ainsi toute sa valeur. Une rentraiture correcte s'attachera à retrouver le dessin, l'esprit d'une draperie, d'un ornement, disparus. Moins elle agira mieux elle sera; elle se bornera plutôt à soutenir des parties défaillantes qu'à les reconstituer. Jamais une rentraiture de bon aloi n se complaira à des mosaïques destinées à tromper. Il lui suffit, hélas! de répondre à certains caprices du « client », et, même, une rentraiture confiée à des mains aussi compétentes et consciencieuses que celles des Gobelins, par exemple, s'interdit des pratiques de restauration qu'elle juge sacrilèges.

Là intervient la rentraiture d'arrière-boutique; c'est un jeu pour elle de composer des groupes, d'ajouter des personnages à une verdure, de donner, en un mot, du prix au moindre « puzzle ». De véritables artistes, désintéressés d'ailleurs personnellement, ou ignorants de ces manœuvres coupables, se livrent à ces excès et, de même que, respectueusement on pardonne beaucoup aux vieillards, on

LA FRAUDE EN TAPISSERIE 209

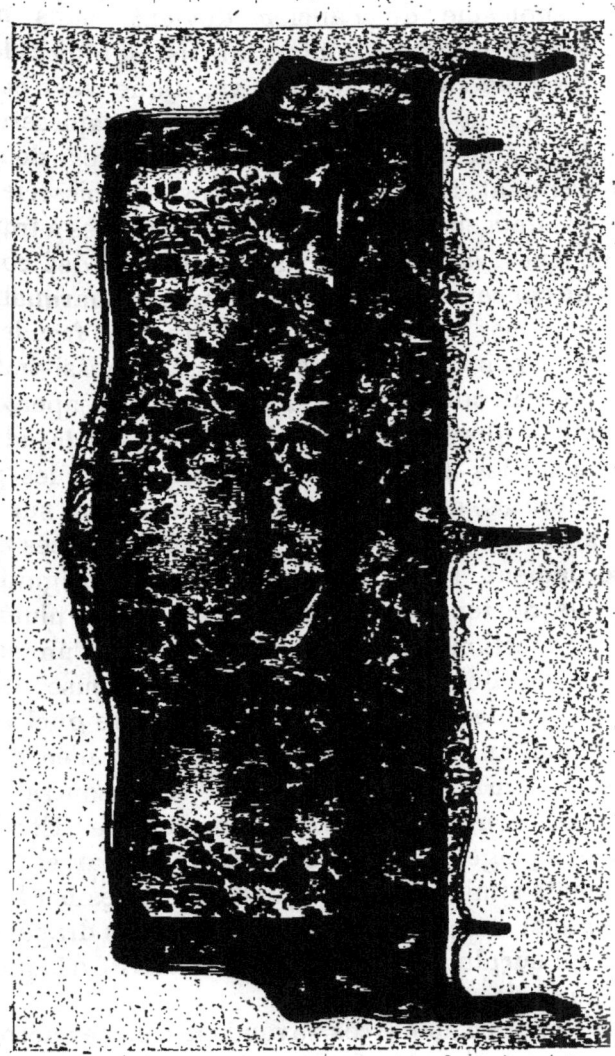

FIG. 72. — *Canapé Louis XV*; tapisserie d'Aubusson.

« avale » avec indulgence des « arrangements » si habilement conçus, que souvent on n'y voit goutte.

Le snobisme de l'ancien devient, dans notre société moderne, une source intarissable d'exploitation. Le plus souvent le goût artistique n'est pas en cause, mais la manie, au point qu'une tapisserie en excellent état inspire singulièrement des doutes ! Et cependant, les plus belles pièces de tapisserie ancienne, jalousement protégées et entretenues à travers les époques, se présentent souvent dans des conditions de conservation particulièrement remarquables.

Mais vous vous doutez bien que la fraude ne s'attaque point aux pièces consacrées, aussi impossibles à maltraiter — sans que l'on ne s'en aperçoive aussitôt — que les tableaux de maîtres. La fraude se penche sur les déchets, qu'elle rafistole, sur les parties déteintes, dont elle ravive les couleurs, sur des prétextes à raboutement. Les sujets créés par raccordement, sont le plus souvent sans signification ; ils ne tendent pas à un motif, mais plutôt à une suggestion fragmentaire. La tête d'un saint évoque certainement... une scène religieuse, celle d'un roi... une page historique. N'importe quel chef de femme auréolé après coup, figure à n'en point douter... Marie, mère de Dieu ! Tel blason rajouté révèle une source nobiliaire... indiscutable ! Et voici notre truquage à l'honneur ! Aucun embarras : des ornements similaires seront juxtaposés, des bordures approximatives poursuivies, ainsi que des draperies. Il y a au surplus, à distance, une relativité à laquelle se prête le tissu.

L'œil se perd dans ces ravaudages et ces accolements subtils, touchants même lorsqu'ils sont malhabiles. Vous pensez bien qu'au moyen âge, n'est-ce pas ?...

Gardons-nous, cependant, de confondre ces raccommodages « tendancieux » avec les coutures de rentraiture dont la loyauté ne saurait être discutée en matière de tapisserie. N'oublions pas que la couture de rentraiture ne désigne pas moins celle au moyen de laquelle on incorpore un morceau de tapisserie dans une pièce, et, au cas d'une rentraiture trop coûteuse — nécessitée par un morceau très important — on peut se contenter de déposer sur une étoffe et de border les morceaux de tapisserie rompus, afin qu'ils ne s'effiloquent pas, avec de la soie. La sincérité d'une partie vide vaut souvent mieux qu'une défectueuse rentraiture, et d'aucuns même ont simplement recours à une peinture assortie à la partie manquante.

Il n'y a fraude, en somme, que si l'on ruse vis-à-vis du prix, sur ces subterfuges de fortune. Mais poursuivons.

Du côté tissu, autre trouble. Les points fameux des Gobelins et de Beauvais se sont répandus dans le monde, et l'on conçoit que le marchand parle d'or lorsqu'il prononce ces noms magiques. Mais hélas! Beauvais et Bruxelles imitèrent les Gobelins! Et le point de l'Aubusson royal est similaire à celui du Beauvais à trame fine... Et toutes les lices, enfin, « à la manière de », sont conjurées contre vous !

Bref, nous avons indiqué par ailleurs les ressources de la rentraiture sous l'empire de fantaisies princières : le chapitre des marques et monogrammes se réservant l'appât et élargissant le cercle des substitutions malhonnêtes dont les marchands véreux tireront tout le parti que vous pensez.

Avant de quitter la « mosaïque » de tapisserie, nous

ferons observer que si celle-ci aime à se dissimuler dans des pièces de valeur, sous une rentraiture de choix, il en est une autre économique et simple, qui consiste à appuyer seulement les fragments de tapisserie ajoutés, sur des morceaux d'étoffe figurant au verso. La constatation est alors tellement aisée, qu'elle tendrait à établir la sincérité de la vente... On a préféré consolider, pensez donc... il eût été dangereux, cela eût été un crime de toucher à ce «joyau»! La meilleure rentraiture eût échoué dans sa tâche... et, la vérité, c'est que la «meilleure rentraiture» coûte cher et que notre « arlequin » n'en vaut point la peine, vu le prix relativement bas qu'on en demandait.

En admettant aussi que des morceaux d'étoffe assortie aient été glissés artificieusement dans les parties noires, ou de tons unis, manquantes d'une tapisserie; en supposant encore, qu'une patine extrêmement fumeuse tende à illusionner sur un coin de beauté remplacé, un coup d'œil attentif ou un coup de chiffon humecté, et voici la ruse déjouée.

Nous en arrivons au ravivage des tapisseries, c'est-à-dire à l'action de ranimer leur coloris. Nous savons qu'en dehors des bains qui décrassent, il n'existe point de remède, et pourtant, cela n'est point l'avis de certain commerce. Sachez plutôt en quoi consiste le *potomage*. On appelle potomage l'opération qui avive, calme un ton, dissimule une tache, etc., à l'aide de couleurs sèches ou liquides. Nous en parlons plus loin. Cette méthode encore, serait bien anodine, comparée à celle qui conduit, au moyen de grattages sur la surface du fil de laine, à découvrir la partie du dit fil, plus ardente en dessous de n'avoir subi ni le contact de la lumière ni celui de l'air. On attente, ici, à l'épaisseur de la laine, à la

Fig 73. — *Tapisserie de Bruxelles* ; xviiie siècle.
(Collection Schutz.)

solidité du point, et l'on juge que cette usure factice s'ajoutant à celle des temps, *active* la détérioration de la tapisserie. Mais les parties ainsi dépouillées sont fatalement plus transparentes que les autres et c'est ce qui les trahit.

Pour retourner à la couleur employée au remontage des tons, le lecteur a retenu qu'autrefois quelques tapissiers flamands usèrent ouvertement de cette licence, sans avoir attendu les méfaits des intempéries séculaires. Mais c'est là une exception, et en 1525, le Magistrat de Bruxelles rendit un édit interdisant aux fabricants de tapisseries « valant plus de 20 à 24 sous l'aune » d'y ajouter les têtes, nez, yeux, bouches, etc., au moyen de substances liquides. Puis, Charles Quint, en 1544, ne se montra pas moins rigoureux à cet égard. Il est vrai qu'en 1773... on livra, comme suit, le secret pour donner la couleur aux vieilles tapisseries, dont la formule revient à un tapissier d'Aubusson :

*Premièrement, pour l'eau rouge. Pour quatre bouteilles, demi-livre bois de Brezil avec un quart d'alun de Rome et un quart de garance. Voilà pour les rouges.*

*Pour les bleus, une bouteille. On met une once d'indigo avec deux onces d'alun; cuire séparément: on delie avec l'indigo. — Avec de l'eau jaune faite d'alun de genete (genêt des teinturiers), on fait de la couleur pour les verts, ou verts de choux.*

*Pour les violets, on met de l'eau rouge avec de l'eau bleue. Sur une écuelle d'eau rouge, on met un verre de teinture bleue.*

*Pour les gris de lin, il faut prendre de l'eau d'alun faite avec de l'eau noire sans pelure de vergne (aune).*

*Pour la couleur d'aurore ou orange, on mettra sur une écuelle d'eau rouge un gobelet d'eau jaune, faite avec de l'alun de Rome et de la garance. Pour faire* six bouteilles d'eau jaune, l'on met en tout un quart de garance.

Pour la couleur des chairs, vous prenez deux pleins dés d'eau rouge sur un plein gobelet d'eau d'alun. Pour donner la rougeur aux joues, l'on met trois pleins dés. Pour les sourcils, de l'eau de suie de cheminée avec de l'eau de pelure de noix verte, avec une pince d'eau rouge ou un peu de garance bouillies tout ensemble.

Pour les verts tannés, se servir d'eau de suie avec de la pelure de noix verte et de l'eau jaune.

Pour la couleur bronze, on met sur la même eau un verre d'eau rouge.

Mais que valent ces minutieux mélanges et dosages, à côté des couleurs modernes proposées si commodément à l'imitation des tapisseries ! Et avec quelle aisance on repeint entièrement, avec ces couleurs, les vieilles tentures ! Il n'est même point besoin de flamber les jares qui sont comme le velouté des laines, de façon que les couleurs pénètrent mieux ; le temps les a fait disparaître. La preuve en est que pour harmoniser les laines neuves avec les anciennes, lorsqu'on a rentrayé une pièce séculaire, on prend soin de brûler les jares à l'aide d'une mèche trempée dans l'alcool et enflammée. La flamme donne une légère teinte jaune génératrice d'une patine qui semble véritable.

Le malheur est que l'application de ces couleurs, en dépit d'un mordant, d'ailleurs nocif, ne résiste point à l'épreuve d'un linge blanc mouillé soumis à la pression d'un fer à repasser à chaud. D'autre part, s'il s'agit d'une application de crayons de couleur, le subterfuge cède au frottement du doigt, tandis

Fig. 71. — *Verdure aux oiseaux*; Beauvais (?) (XVIIIᵉ siècle.)

qu'une teinte d'aquarelle n'échappe pas à l'investigation de la salive.

Un autre contrôle, aussi décisif : la consultation de

l'envers de la tapisserie, qui doit montrer la plus
intense vigueur de la gamme des tons et donner le

Fig. 75. — *Tapisserie de Beauvais*, d'après Deshayes.
(XVIII⁰ siècle.)

diapason du fléchissement d'ensemble des couleurs.
D'ailleurs, les raccords artificieux sont toujours exécutés avec des laines (ou des soies) plus claires que le

ou les morceaux à réassortir — dans les fonds surtout — parce que les laines (ou les soies) employées pour ce réassortiment, n'ayant plus la qualité des anciennes, ont tendance à baisser de ton, et que les ravaudeurs de tapisseries préfèrent rejoindre le ton du morceau ancien, à l'aide de couleurs plus ou moins salies et patinées.

Salissures et patines réalisées par des poussières, simulant l'ancien, facilement démasquées par un coup d'éponge, en même temps que les couleurs ajoutées (parfois aussi à la détrempe, voire des gouaches et des pastels que l'épreuve de l'épingle, indiquée précédemment, confond). Pour la raison, enfin, que le soleil *mange* avec voracité, certaines teintes de laines modernes, on saisit pourquoi l'on s'attache, dans l'officine coupable, à retarder son action lumineuse sous des tons factices.

Car c'est Phébus, qui, le plus souvent, transforme, notamment, nos verts en jaunes pisseux, nos bleus en gris sales (1), et, tant de nos nuances (la gamme des nuances notamment, a varié approximativement dans la proportion de 7 %, 8 %, à 40 %) malencontreusement esclaves du fondu cher au tableau, sont si fragiles, qu'elles trahissent aussitôt nos additions et réparations d'aujourd'hui !

Il n'empêche que le soleil, encore, vengera les

---

(1) Une fabrique lyonnaise ayant fourni à Napoléon, pour l'un de ses palais, un meuble bleu dont la couleur trop éphémère l'indigna, l'empereur fit subir à ce fournisseur une forte retenue, en ordonnant que les intérêts de la dite fussent appliqués à l'entretien perpétuel de deux élèves à la teinturerie des Gobelins. Après deux ans de travail, ces élèves étaient ensuite tout désignés comme propagateurs des meilleurs procédés de teinture. Depuis...

laines que l'on veut raviver à l'aide de couleurs en imitation de tapisseries ; il les ruinera bientôt... Juste le temps de rentrer chez l'amateur après le traitement artificiel et fâcheux que nous avons dit.

Bien heureux encore quand la rentraiture déloyale n'a pas usé, — moins par économie que par paresse, — de couleurs minérales dont elle teignit elle-même les laines sans aucune garantie d'expérience, d'où de supérieures déprédations !

Souvenons-nous que, dans une tapisserie ancienne, les tons baissent à l'unisson, tandis que dans une tapisserie récente (datant d'une dizaine ou d'une vingtaine d'années, et moins !) certains tons s'altèrent par unité, faisant tache. Demeurons prévenus contre les patines illusoires, que des ocres, que des acides tiennent à la disposition de la fraude. A Constantinople, notamment, les tapis d'Orient subissaient (à moins qu'ils ne subissent encore) avant leur exode à travers le monde, le baptême de l'ancienneté procuré par des ingrédients, à base fatalement d'acides. Au point que certains fabricants de tapis se laissèrent aller jusqu'à employer des teintures susceptibles de ne prendre leur ton définitif que sous l'empire des réactions chimiques qui attendaient leur finissage...

Or, s'il ne peut en être de même pour la patine d'une tapisserie, il est bon de connaître ces pratiques, relativement à quelque tapis de la Savonnerie susceptible d'être promu vénérable, à peine... au sortir de l'enfance !

On a, au surplus tendance à donner avantageusement (pour le commerce) le nom de "Savonnerie" à tous les tapis de haute laine exécutés aux Gobelins, de nos jours même. Or, c'est là une erreur, car les

"Savonneries" authentiques sont seules celles qui, logiquement, furent fabriquées à la Savonnerie, du début du xviie siècle jusqu'à 1826, époque à laquelle la Savonnerie fut réunie aux Gobelins.

Et non moins fructueusement on baptise "Savonnerie » un tapis velouté d'Aubusson, quel qu'en soit l'âge...

Non, le truquage aura beau faire, il n'atteindra jamais à cette radieuse patine, d'ailleurs préservatrice, des tapisseries anciennes ! Cette enveloppe somptueuse et mystérieuse que le temps, avec les fumées, prodigue aux laines, en dorant leurs couleurs, en les harmonisant; cette enveloppe qui ne doit point les brûler, mais les assécher non les sécher au point de les rendre cassantes, mais les garder contre toute atteinte d'humidité, source de taches et de détériorations souvent graves. Défendons cependant nos précieuses tentures contre les « vieillissements. » excessifs, ceux qui confinent à l'enfouissement des tons de l'œuvre elle-même, jusqu'à la dissimuler presque tout entière.

Entre la patine exagérée et la non-patine, qui donne à une tapisserie l'air d'être neuve, il y a la nuance du talent de nettoyer. Mais méfions-nous des nettoyages alcalins, ils brûlent les laines et achèvent de les désagréger pour une brève satisfaction.

Au reste, nous avons flétri les mauvaises techniques, et nous rappellerons qu'aux ateliers de rentraiture officielle, le lavage à l'eau est seul permis ; interdiction absolue de se servir de couleurs liquides, etc.

Mais nous savons le code de la réparation loyale, et le lecteur se tiendra dès lors en garde contre les rafistolages et traitements empiriques, pour s'en défendre, au besoin, selon les moyens que nous venons d'indiquer.

Que le lecteur se persuade, au surplus, de cet avis

FIG. 76. — *L'Histoire romaine*; Flandre. (XVIIIᵉ siècle.)

d'expérience — *leitmotiv* — que la tapisserie est tout d'abord question de beauté et de qualité; l'érudition de cette beauté, due à des connaissances artistiques et historiques, intervenant avant la méfiance déjà rassurée par la beauté et la qualité, convertie même à la sincérité matérielle grâce à ces dernières vertus, les plus probantes.

Attention à l'anachronisme d'une collerette, d'une perruque, dans un sujet soi-disant d'époque ! Passe pour une erreur liturgique, qu'excuserait la fantaisie artistique, mais une faute dans le décor, le vêtement ou la parure, surtout si elle est grossière, trahit aussitôt une interprétation contemporaine. Il faut se méfier autant de la crédulité que de l'incrédulité ; c'est là affaire de confiance en soi-même ou dans les autres, et, en ce dernier cas, des experts (techniciens, de préférence), de même que certaines maisons, sont réputés pour leur bonne foi et leur science.

Nous connaissons un amateur qui, pour être sûr de n'être point trompé, a acquis récemment en province, chez un châtelain, des tapisseries du xviii$^e$ siècle qu'il installa jalousement dans son hôtel. D'avoir acquis sur place, des mains mêmes d'un marquis qui les tenait de sa famille, des joyaux inestimables, sa quiétude était parfaite. Et pourtant, notre « amateur » avait été joué ! Le marquis en question, fort désargenté, avait tout simplement servi de truchement à un marchand parisien qui avait déposé chez lui, pour l'occasion, des tapisseries modernes parfaitement patinées, pour ainsi les authentiquer. Le coup des deux coquins avait réussi, il est d'ailleurs classique et s'étend à toutes autres... antiquités pour duper tous autres... connaisseurs !

Aussi redoutable le coup de la lettre du fils de famille dans la gêne, désirant se débarrasser d'un joyau provenant de ses aïeux. Il recommande, surtout, de garder le secret sur l'offre faite, et, cependant... tous les marchands connaissent le « joyau » en question, qui s'est promené sans succès de boutique en boutique ! Mais un jobard ne manquera pas de profiter du mystère... et il n'en sera que mieux « roulé ».

Gare ! encore, à la galerie de tapisseries « ancestrales » dont toutes les pièces « vieillies » sont vendues comme anciennes, à moins que l'une sur deux de ces pièces soit seulement ancienne, pour mieux semer le doute. Internationalement les tapisseries se colportent, et tôt ou tard elles se casent, coûteusement acquises, même modernes.

Ne perdez point de vue qu'Aubusson (et Malines en Belgique, où est installée la succursale d'une fabrique française de cette ville), que Felletin, Neuilly (Seine) — pour la basse lice — produisent *pour les particuliers* ainsi que Champfleur, près d'Angers, qui, encore au début du xx$^e$ siècle, « restaurait » et surtout reproduisait des anciennes tapisseries en haute lice.

D'autre part, les manufactures nationales des Gobelins et de Beauvais, pourvues aujourd'hui de la personnalité civile, sont autorisées à travailler aussi pour le privé, alors que les tapissiers de ces manufactures d'État, depuis longtemps usent de ce droit, il va sans dire sous leur seule responsabilité artistique.

Par ailleurs, il y a plus de cinquante ans, la Manufacture royale de Madrid ne se fit point faute de lancer sur le marché des fausses tapisseries du xv$^e$ siècle, d'ailleurs fort réussies, et, n'était leur coloris défectueux, de prétendues précieuses tentures allemandes n'eussent pas moins trompé leur monde pour une très ancienne origine flamande, usurpée en plein xixe siècle !

Mais, en dehors de ces exemples de vétusté *ab ovo*, c'est-à-dire au sortir même de l'usine, la ressource du « vieillissement » demeure, et sans mettre en doute la loyauté des fabriques modernes, non comptables de leurs œuvres au sortir du métier, il est bien évident que la fraude s'ingénie au delà des meilleures suppositions, à crever le plafond des budgets les plus solides avec la bulle irisée des illusions !

Parer de rides la jeunesse d'un tissu pour lui donner du prix n'est qu'un jeu pour nos truqueurs.

On commande la copie d'un chef-d'œuvre (à moins *qu'on n'en fabrique* un, de toutes pièces), après quoi « on le travaille »...

Alors que, pour réassortir une partie repiquée avec des laines neuves, la rentraiture loyale en brûlait les jares, ainsi que nous l'avons vu, de manière à masquer la réparation, nos truqueurs emploient le procédé en question pour faire disparaître, conformément à l'usure ancienne, les jares d'une tapisserie neuve, tout entière.

Mais, la patine réalisée du même coup, par un roussi superficiel, n'est point suffisante, et un jus de nicotine ne donne que légèrement satisfaction au vieillissement désiré. On s'adresse alors à des solutions savamment dosées et diluées d'hypochlorite de potasse (eau de javel) qui, subitement descendent, pâlissent à souhait les couleurs neuves. Sans compter que l'application savante d'un magma de boue sur la jeune pièce, où collaborent du marc de café, de l'alcool ou de l'eau, de la poussière de charbon, des

Fig. 77. — *La Conversation galante*; Lille, atelier Warniers. (xviiie siècle.)

terres malpropres délayées dans de l'urine (nous avons aussi noté le fumier précédemment, non moins nauséabond), complète l'opération de vétusté pour un résultat piquant de vérité, lorsque l'enduit étant sec, on le brosse à la fin.

Ne négligeons donc pas de flairer une tapisserie suspecte. Certaine vieillesse malodorante peut, parfois, ne pas nous en imposer, et ces enduits n'atteignent point toujours le cœur de la laine. D'où la nécessité d'un regard pénétrant guidé par une épingle investigatrice du tissu (ainsi que nous le conseillâmes pour dévoiler le ravivage des couleurs) qui démasquera la laine neuve aux couleurs fraîches, ou bien une chaîne resplendissante.

Mais, de même que le ravivage des couleurs s'opère de préférence à l'aide d'un fin morceau de bois dont l'insistance plus précise qu'un pinceau, risque d'atteindre plus avant son but à travers l'épaisseur, l'action de la bouillie précédente est tellement « surveillée », qu'une défaillance seule peut la trahir.

Jouons néanmoins sur la défaillance, et qu'elle excite notre curiosité !

Accentuons maintenant la valeur de notre maquillage. Après la sénilité respectable et si rémunératrice, donnons-lui des papiers de noblesse caduque et d'identité. On l'expédiera outre-mer, par exemple, d'où on la fera revenir mystérieusement (les amateurs[?] étant seuls avertis !!), et voici une découverte de plus ! Ah ! la vertu des étiquettes ! La caisse où voyagea le « trésor » en est constellée...

Le malheur est que des répertoires savants comme ceux de M. Maurice Fenaille, consternent les soi-disant duplicata et répliques, en ce qui concerne, du moins, les ateliers de Paris et la manufacture des Gobelins! Mais l'infaillibilité est aussi rare que la production frauduleuse est féconde, et un amateur, en dépit de ces précieuses recherches, a bien pu se tromper. La preuve!

Ne cherchez donc point « au diable » vos trésors, et ne vous montrez pas plus malin qu'il ne le faut. Tenez-vous en éveil, mais ne vous battez pas contre des fantômes. Il y a bien longtemps que la province a été mise au pillage, et « a beau mentir qui vient de loin »; ne nous illusionnons donc pas sur les aubaines dissimulées dans les campagnes, dans les combles du château (aussi vides que les fameux greniers du Louvre dont les chefs-d'œuvre sont surtout entassés dans l'imagination!), les marchands, les antiquaires se sont levés plus tôt que nous, et c'est encore de leurs mains que vous recevrez le gibier le moins hasardeux.

En admettant que les bons coups à faire, indiqués par certains trafiquants tarés, soient aussi déplorables pour nous que fructueux pour eux, le meilleur marché demeure, peut-être encore, tributaire du marchand ayant pignon sur rue, comme l'occasion avantageuse se trouve plutôt à proximité, sous votre main, qu'à travers le mirage des intermédiaires, des « isolés » du vol. Attention à la « mine » de tapisseries mystérieuses! Ne perdons point de vue que les belles pièces sont quasiment introuvables aujourd'hui, ou que, très guettées par les collectionneurs et les musées, elles ne font guère qu'entrer et sortir. On peut même dire que les vieux châteaux comme les familles ancestrales sont surveillés à l'effet d'approvisionner une élite, sinon de goût, d'argent du moins. L'Amérique, aujourd'hui, acquiert à prix d'or les chefs-d'œuvre de notre pays et ceux des autres... La tapisserie hélas ! devient sa proie d'autant que la dépréciation momentanée de notre franc, vis-à-vis du dollar, autorise ses faciles largesses. Exode inquiétant, compensé, il est vrai, par la quantité de fausses vieilles pièces qu'on lui « refile », comme dédiées à son avidité de parvenue, à sa richesse éperdue, ignorante de beauté pure et vraie, point fatalement milliardaire.

Quant au mérite de la conservation d'une tapisserie, il s'explique par les soins qu'elle reçut eu égard à sa valeur préservée à travers les temps, avant d'arriver jusqu'à nous.

Car, pour tant de joyaux sauvegardés que de joyaux plus nombreux encore ont disparu dans la contradiction séculaire du goût humain et sa malfaisance !

« On a banni des appartements, écrit Mercier dans son *Tableau de Paris*, en 1783, ces tapisseries à grands personnages, que les meubles coupaient désagréablement. Le damas à trois couleurs et à compartiments égaux a pris la place de ces figures, qui massives, dures et incorrectes, ne parlaient pas à l'imagination des femmes... Les tapisseries descendent des galetas pour le jour de la Fête-Dieu, ou bien on les envoie à la campagne pour garnir les mansardes... »

« La célèbre tapisserie (disons plutôt la broderie, rectifie Louis de Farcy à qui nous empruntons ensuite, ces lignes récentes) de la *Conquête d'Angleterre* à la cathédrale de Bayeux, réquisitionnée pour décorer le char de la déesse Raison, allait être souillée de peintures et d'emblèmes patriotiques, quand un citoyen la sauva en donnant à la municipalité une pièce de toile neuve.

« L'*Apocalypse* de Saint-Maurice d'Angers fut

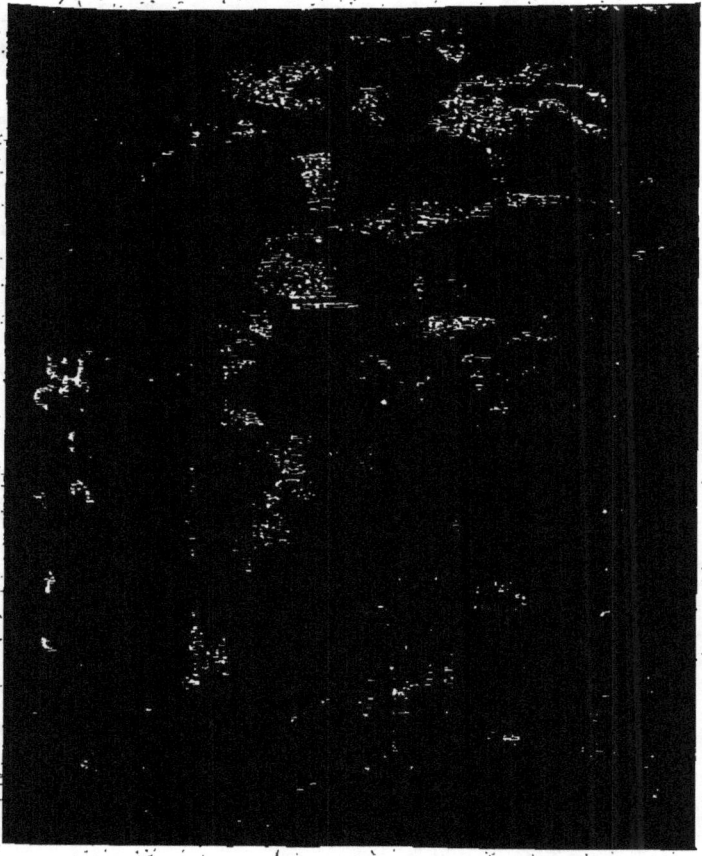

Fig. 78. — *Le Prince en voyage*. Beauvais. (XVIIIᵉ siècle.)
(Pièce de la Tenture des Chinois.)

étendue sur les gradins d'une serre et employée à garantir du froid les oranges de la ci-devant abbaye de Saint-Serge.

« Plus tard on tapissa l'écurie de l'évêché pour

empêcher les chevaux de s'écorcher: on en tailla des descentes de lit: on en couvrit même les parquets, pendant la restauration des plafonds.

« Ailleurs, pendant les guerres de la Vendée, les tapisseries servirent à envelopper des fusils, à couvrir (comme de vulgaires bâches) les voitures qui transportaient les blessés.

« Enfin, l'habitude de les transformer en tapis de pieds, d'en couvrir les bûches et les pommes, ne choquait personne il y a cinquante ans. »

Ces maltraitements nous font goûter d'autant la vertu des égards compensateurs, et nous amènent à insister sur la nécessité de ne point attendre que nos tapisseries soient irréparables pour les confier à la rentraiture, celle-ci s'avérant particulièrement coûteuse d'avoir été retardée.

Gardons plutôt intacts les fragments de tapisserie qui nous échoient au hasard de nos trouvailles, plutôt que de les « avantager » en les défigurant. Les reconstitutions ne valent que lorsque l'on dispose de tous les éléments propres à une réfection intégrale. De même que des morceaux de vitrail ancien resplendissent à la lumière en dépit de leur mutilation, de même des bouts de tapisserie ancienne gardent leur préciosité attachante, et point n'est besoin de leur chercher un cadre ni un accompagnement.

Tapisserie sombre sur une paroi claire, et réciproquement. Ce n'est point sans raison que l'on a réservé à une portière, qui doit représenter un sujet total, le double avantage de séduire sur la muraille comme sur les vantaux d'une porte, « en clair, comme il convient à toutes les tentures et particulièrement aux ouvrages de demi-caractère ».

Qu'importe, à la rigueur, qu'une tapisserie ne soit point complète, comme dit le vulgaire « les morceaux en sont bons »; et mieux vaut jouir des derniers feux de sa beauté que de lui en faire une prétendue à l'aide d'adjonctions parasitaires.

Surtout ne jamais disposer une tapisserie au plafond ! Fantaisie incroyable, en vérité, mais que nous avons eu pourtant la stupéfaction de vérifier en personne. Car, si la tapisserie est une tenture mouvante, flottante, elle est avant tout une image, et jamais les tapissiers ne l'ont envisagée plafonnante, point davantage que la tapisserie au canevas ne fut vouée à la décoration du cabas de la « dame » de M. Prudhomme — au bout de sa déchéance, — après avoir, sous la Restauration, connu la dégradation d'orner des coffres à bois, entre deux bandes de reps, ou bien de parer le large ruban des cordons de sonnettes !...

La tapisserie relève hautainement de l'art : elle forme un tout, en principe inséparable, au sommet d'un idéal. De même que la peinture, elle a de la noblesse, du style, et comme le style d'une tapisserie commande à sa bordure, c'est là encore qu'il serait intéressant de démasquer l'adjonction impertinente d'une bordure Renaissance, par exemple, autour d'une œuvre de style Louis XIV ! La vérification des raccords d'un cadre, d'une bordure ; la répétition ininterrompue d'un ornement ; la courbe parfaitement accomplie d'une volute, guident d'autre part sur la présomption plus ou moins fondée d'une bordure intégrale, et non point adaptée, coupée ou allongée, à des proportions quelconques, suivant la circonstance.

L'expérience enfin, la perspicacité, tout un ensemble de précautions, ajouteront à l'intérêt des avertissements que nous venons de donner, et convaincront qu'à vrai dire il n'existe point de contrefaçons en matière de tapisserie, mais seulement des pastiches et rouenes. Au surplus, les marques, chiffres et monogrammes apporteront leur lumière dans la mesure où le mystère ne sera point impénétrable... et souvent oiseux et inutile à pénétrer.

## CHAPITRE XI

**Des soins à donner à la tapisserie. — Du prix atteint aujourd'hui par quelques tapisseries.**

L'hygiène, a dit Raspail, préserve de la médecine, et le même savant estime qu'il arrive très souvent que l'on meurt par le vice d'une méthode médicale plutôt que de sa belle mort. Or, ces préceptes concernent aussi, singulièrement, les soins réclamés par la tapisserie, dont la « santé » comme la longévité sont subordonnées aux précautions les mieux choisies.

Nous rentrerons donc ici, dans le détail des égards dus aux joyaux que les temps nous ont transmis avec un respect et des attentions — une compétence encore — auxquels nous ne saurions répondre par de l'indifférence ou de l'ingratitude.

Examinons tout d'abord l'accrochage des tapisseries. Comme il faut envisager essentiellement leur mobilité dans l'intérêt du nettoyage, de la surveillance, de la sauvegarde en cas d'incendie, etc., la pose sur anneaux est à préconiser, de préférence au clouage.

Le clouage sous-entend un déclouage brutal susceptible d'attenter à la solidité de la trame et de détruire par conséquent, l'équilibre du dessin. Clouée dans sa lisière (en tout cas), la tapisserie souffre aux points de suspension qui déterminent quelque tirage des fils nuisible à la placidité générale du tissu. D'autre part, la non-mobilité, ou la mobilité malaisée, s'accorde fâcheusement avec certaine paresse de surveillance guettée par les vers, la désagrégation latente des laines ou l'humidité.

Si les larves sont particulièrement friandes des laines fraîches, si l'on peut dire, par opposition aux laines dégraissées, asséchées, séculaires, il n'empêche qu'elles ne dédaignent point ces dernières, d'accord avec ce retour à la poussière des fils devenus friables et dissociés en leurs molécules, au fur et à mesure de l'âge. Néanmoins, la sécheresse d'une tapisserie séculaire, si elle se réclame d'un traitement spécial, est préférable, répétons-le, à la fraîcheur onctueuse d'un tissu laineux, vis-à-vis de l'action des mites.

Avant de parler de la destruction des parasites, nous reviendrons au mode d'accrochage, d'autant plus intéressant en ce qui concerne les vénérables tentures, qu'il doit d'abord obvier à leur fatigue. Toute tapisserie flottante épuise la tenture dont nous avons indiqué la tendance à se ruiner plutôt lorsqu'elle a perdu sa matière graisseuse.

Du seul fait du poids d'une pièce, la moindre rupture de quelques points de la chaîne entraîne, peu à peu, des trous plus ou moins considérables auxquels il importe de parer aussitôt, si l'on veut que les dégâts ne s'accentuent pas.

A ce point de vue, l'idée d'une tapisserie clouée sur un châssis de bois, nous sourirait assez, n'était sa présentation comme un tableau, illogique. Et cependant, ce mode de suspension établit une circulation de l'air, entre le tissu et la paroi où il figure, fort captivante. Point d'humidité ainsi. Mais un obstacle sérieux s'oppose souvent à ce moyen : les tapisseries sont rarement d'équerre, leur irrégularité oblige à des rétablissements condamnables. Pour obtenir la rectitude d'une pièce, afin qu'elle s'adapte au cadre qui doit la recevoir, symétriquement, du carré au rectangle, etc., on se trouve fréquemment dans l'obligation de forcer le tissu en l'étirant, d'où la déformation de l'image.

Réservons donc le clouage sur châssis à des pièces de peu d'importance et aux dimensions les plus régulières, et, si l'on a adopté le moyen rudimentaire du clouage à même une paroi, que celle-ci soit soigneusement vérifiée au préalable, afin que des plâtres frais ou de l'humidité ne viennent point compromettre la beauté de notre peinture en matières textiles.

Un cloisonnage de bois serait toujours prudent.

D'ailleurs, la pose sur anneaux nous sollicite décidément pour des fins plus logiques et pratiques. Les anneaux, séparés à distances égales (pour dicter parallèlement l'emplacement des clous en vue de la facilité de poser et de reposer les tapisseries par ailleurs, sans avoir à changer de place ni les anneaux, ni les clous), seront cousus sur une sangle épaisse (sans dépasser la lisière inférieure, pour masquer les clous) assurant la responsabilité de la suspension générale. De la sorte, pas de tissu grippé aux points d'attache, et, quant au soutien de la tapisserie, voici comment on l'assurera. Elle sera entièrement doublée (surtout s'il s'agit d'une portière, particulièrement susceptible de se fatiguer) avec une toile résistante et de ton neutre, préalablement soumise à une immersion de plusieurs heures dans l'eau.

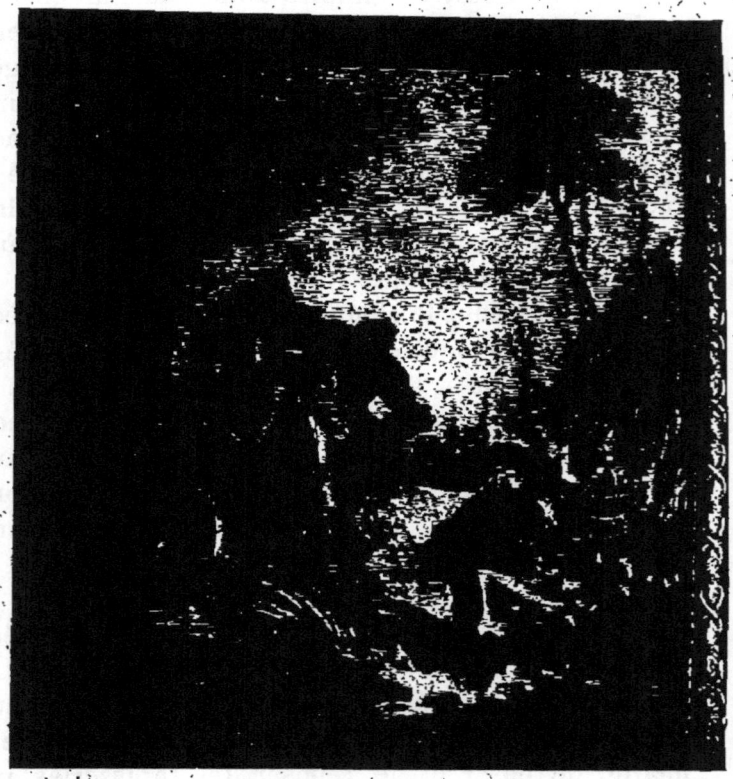

Fig. 79. — *L'enlèvement de Proserpine*, d'après F. Boucher; Beauvais (xviii° siècle.)

Le bain assurera la contraction de la doublure, le resserrement de son armature, la rendant ainsi le plus possible réfractaire à l'humidité qui gondole et frise la trame sous la tapisserie, qu'elle entraîne fatalement dans ses convulsions.

SOINS A DONNER A LA TAPISSERIE 237

FIG. 80. — *Bacchus et Ariane*, d'après F. Boucher; Beauvais. (XVIIIᵉ siècle.)

Suivant sa dimension, la doublure (inutile pour une petite pièce) d'une tapisserie sera différente, soit qu'elle adhère complètement, soit qu'elle se compose de plusieurs parties flottantes. Ce dernier traitement réservé aux vastes tapisseries.

En cas de doublure *en plein*, garnir de cinq à six bandes de toile, indépendantes, l'envers de la pièce ; ces bandes étant elles-mêmes encadrées d'autres bandes qui contournent la bordure. Exécuter les coutures en losange — celles-ci soutiennent davantage la pièce et répartissent son poids plus harmonieusement — c'est-à-dire sans que le tissu n'accuse les points de tension ni de bas en haut, ni de haut en bas (du côté de l'accrochage).

S'il s'agit d'une vaste tapisserie, la doublure se composera de bandes de cinquante centimètres environ, cousues verticalement ; chaque bande laissant entre elle un intervalle égal à sa largeur. Il suffira ensuite de coudre, dans le haut et dans le bas, une autre bande pour assurer à la tenture la solide suspension qu'elle réclame, sans nuire à sa souplesse ni à la lecture de son tissu.

Le choix entre les deux modes de doublure *en plein* ou libre (celle que nous avons indiquée en dernier), est commandé, en somme, par la tapisserie, suivant le degré de fatigue qu'on lui suppose ou l'état de vétusté qu'elle présente. Mais les portières, quelle qu'en soit la dimension, seront doublées en plein, étant donné le travail qu'on leur impose, et on leur évitera les embrasses dont l'emploi, à la longue, apporte une usure fatale à la place où elles se trouvent.

Si l'on peut remplacer les embrasses par une glissière à anneaux, ce moyen, lorsqu'il s'agit d'une lourde tapisserie, devient impraticable au geste frêle, et nous conseillons alors le contre-poids, c'est-à-dire une masse de plomb proportionnée au poids de la pièce, qui aide à son moindre soulèvement. Il est facile au reste, de dissimuler cette masse de plomb avec son appareil à cordons, dans l'encadrement de la porte, et, les résultats obtenus sont tels que la plus massive des tapisseries peut être manœuvrée par une main d'enfant.

En admettant que notre tapisserie soit montée sur anneaux, nous voici donc à même de pouvoir la manœuvrer, la descendre et la replacer, avec facilité. C'est l'instant de l'examiner de près.

Nous rappellerons, dans ce chapitre, le mode de lavage de la tapisserie (et du tapis) pour la débarrasser de ses impuretés et raviver rationnellement ses couleurs. Immersion pendant quarante-huit heures (avec la doublure lorsque le tissu est en mauvais état et pour éviter d'en précipiter la ruine) dans une eau courante si possible; après quoi, la tapisserie, étendue sur une surface plane, est brossée à l'endroit et à l'envers (sans savon) avec de la saponaire bien cuite. Ensuite, pendre, et enfin rincer abondamment, à la lance, si possible. Enlever les taches avec de la benzine ou du bois de panama. La graisse, en particulier, ne résistera pas à un nettoyage avec un mélange de magnésie calcinée et de benzine. On étale la pâte obtenue sur les taches, on laisse sécher et l'on brosse.

Au cas où le séjour dans l'eau ou même l'action de la brosse aurait rompu des coutures, les renforcer avec de la soie. Ne point soupçonner de déloyauté, surtout, la rupture des coutures d'un relais. Les reconstituer sans arrière-pensée, en se remémorant que les coutures, en matière de tapisserie, sont régulières.

S'il s'agit d'une partie grippée, repasser l'endroit légèrement mouillé, au fer chaud. D'ailleurs, comme un « grippé » apparaît surtout à jour frisant, il suffira

Fig. 81. — *Écran*; Beauvais (?) (XVIII° siècle.)

d'exposer la pièce face au jour ou en pleine lumière.
Contemplons maintenant notre œuvre.
Les rouges, les bleus, les verts, l'orange, au sortir du bain, auront repris de la fraîcheur, mais on ne

s'étonnera pas des bruns demeurés terreux ; toutes masses d'ombre, au surplus ravagées, montrant le plus souvent leur chaîne nue.

Apercevons-nous quelque déchirure, quelque désa-

Fig. 82. — *Tapisserie d'Aubusson*; xviii<sup>e</sup> siècle. Collection Schutz (fragment).

grégation ? n'hésitons pas à recourir aux bons offices de la rentraiture. Mais, surtout, ne confondons point patine avec maculation. L'état de conservation d'une tapisserie séculaire ne saurait être que relatif, et, quant aux tapis d'Orient anciens, réservés en principe, au décor de la tente de quelque chef, posés à même la terre battue, ils ne nous parviennent guère qu'usagés. Quelque dommage étant concédé à leur origine flatteuse, comme une garantie d'authenticité, presque.

Pour l'entretien courant de la tapisserie, parfois un nettoyage à la mie de pain rassis donne d'excellents résultats, lorsqu'un léger coup de brosse douce (ou de plumeau, préférable), ne vient pas à bout des poussières courantes, et mieux encore l'aspirateur électrique.

Un coup de balai en paille de riz est, de beaucoup, plus conservateur que le balai mécanique.

Quant aux tapis, le balayage à leur surface — jamais à rebrousse-poil — avec du thé (encore humide d'avoir été infusé), est à préconiser non moins que l'aspirateur.

L'humidité du thé entraîne la poussière sous la pousserie du balai et nous avons vu aussi employer avec succès la choucroute. Celle-ci au sortir du tonneau d'expédition, s'entend, c'est-à-dire au naturel, sans graisse ! Une eau légèrement additionnée de vinaigre, dont on frotte un tapis, rend d'autre part, à ses couleurs, leur vivacité, sans danger pour sa texture.

Cependant, l'humidité, sous toutes ses formes, absorbe inévitablement les poussières, et mieux vaut l'éviter, car elle nuit ainsi à l'éclat des couleurs.

Reste le battage mécanique, propre à nos jours de progrès... pour des résultats bien précaires et souvent désastreux ! En tout cas, jamais une tapisserie ne devra être confiée à la machine, faute de quoi elle vous serait rendue en loques...

Certes, le battage mécanique est radical, quant à la poussière (en ce qui concerne les tapis), mais il ne détruit point complètement les insectes et les larves. Et nous connaissons ses risques !

Il importe de savoir que les poudres insecticides, que la naphtaline, le camphre et autres produits soi-disant propres à anéantir les parasites, sont totalement inoffensifs. En enfouissant, d'autre part, des tapis et tapisseries dans des coffres hermétiques, au lieu de les protéger on se contente bien souvent d'enfermer le mal dans la plaie, tant les œufs ont beau jeu d'éclore et les larves de se multiplier, dans le mystère de l'air et de la lumière raréfiés, à l'abri de l'inspection fréquente.

Le plein soleil d'ailleurs, est exigible pour l'état de conservation le plus sûr. Une exposition des tissus à son action réconfortante semble nécessaire chaque année, d'accord avec un coup de brosse stimulateur. Sans ajouter foi à l'action réfrigérante de la lune sur l'intensité des couleurs, on peut admettre cependant que les brusques variations de la température ne sont point sans apporter quelques dommages aux tissus, ainsi que le séjour dans une atmosphère surchauffée, qui les brûle.

Et, pour combattre la vermine, le seul remède radical et sans risque (l'essence de serpolet, cependant, a ses partisans) réside en la vaporisation à l'étuve de 120°.

On ne pliera jamais une tapisserie. Cette pratique donne des faux plis, amène des cassures, d'où à la longue dérivent des déchirures dues à l'usure. On roule une tapisserie sur un cylindre de bois à défaut de pouvoir l'accrocher ; c'est le seul moyen qu'elle ne gondole point, à condition, néanmoins, de la dérouler fréquemment. Le gondolage, d'ailleurs, ne résisterait point à un mouillage général au verso, la

Fig. 83. — *Jason engage sa foi à Médée*, d'après J.-A.-F. de Troy ; Gobelins. (xviiie siècle.)

pièce étant tendue jusqu'à parfait séchage, aux quatre coins, sur une surface plane.

Mais encore rien ne vaut le tissu suspendu, dans l'intérêt du jeu naturel des plis, car le précédent procédé, bien que radical, expose la pièce à un étirage auquel il est parfois difficile de remédier. En revanche, un enroulement soigneusement ficelé autour

Fig. 84. — *L'Évanouissement d'Armide*, d'après Ch. Coypel ; Gobelins. (XVIIIe siècle.)

d'un bâton (quelque manche à balai si la tapisserie est de petite dimension), après humectage d'eau au verso, donne toute satisfaction après séchage, du jour au lendemain.

*Nota bene.* — On ne doit point secouer les tapis — et encore moins les tapisseries — leur trame, à la longue, n'y résisterait pas.

Nous renverrons enfin, le lecteur, aux pratiques de la rentraiture (chapitre VIII), pour tout ce qui concerne les soins de la réparation.

Notre renseignement pratique visera maintenant le domaine de la plate objectivité. Il aiguillera sur la valeur commerciale récente de la tapisserie. Le retour à l'amère réalité marque l'aboutissement du rêve que la main doit atteindre positivement, sans risque d'être désillusionné en sus, par un marché de dupe.

Avant d'aborder des chiffres, nous ferons observer que la cherté des tapisseries actuelles prend sa source dans le prix élevé de la vie d'après-guerre autant que dans la raréfaction de la « marchandise ». Or, cette raréfaction atteint aujourd'hui des proportions extrêmes lorsqu'il s'agit de pièces « nobles », c'est-à-dire d'une réelle beauté et dans un état de bonne conservation. Nous abandonnerons donc ici, les morceaux, la poussière de tapisseries ; tout cet anonymat disparate enfin, qui, à travers des ruines, représente chimériquement la qualité du chef-d'œuvre économiquement et très hasardeusement recueilli. Alors que le grand antiquaire possédera des pièces rares souvent appuyées de leur certificat d'origine et quasi-intactes, à des prix logiquement élevés, le petit antiquaire, le moindre brocanteur, disposeront de fragments, de bouts, au petit bonheur et sans garantie, où chacun suivant son goût, sa perspicacité, exposera sa chance parcimonieuse.

Mais rien ne saurait éteindre la fièvre de la trouvaille. Les espoirs qu'elle entretient, les joies qu'elle donne, sont inégalables, car la battue fatalement giboyeuse — d'une chasse présidentielle — n'atteint point au charme sinon de rentrer bredouille après une randonnée solitaire, du moins de rapporter un seul gibier savamment poursuivi et tiré.

Et voici qui égalise, à la hauteur des goûts et prétentions que l'on a et, des moyens dont on dispose, les résultats de posséder de la beauté, soit — pour continuer notre comparaison cygénétique — que l'on achète son gibier, à coup sûr, chez le grand marchand spécialiste, soit que l'on préfère le « tuer » soi-même, au hasard de la rencontre.

Nous donnerons maintenant les prix atteints par les tapisseries dans les grandes ventes récentes. Le lecteur y vérifiera que les Gobelins et Beauvais se disputent les faveurs les plus élevées ; les Flandres (après le xvi<sup>e</sup> siècle), faute de pouvoir rivaliser avec le frais coloris et la délicatesse de nos grandes manufactures françaises, pâlissant comme valeur, auprès d'elles, Aubusson maintenant, enfin, son intérêt, ainsi que la tapisserie au point.

Aux prix qui accompagnent l'énumération des tapisseries suivantes, le lecteur devra ajouter 19 %, à la charge des acquéreurs (taxe concernant les objets de luxe).

*Niobé retrouve le corps d'un de ses enfants* (fig. 45) (Paris, xvii<sup>e</sup> siècle). Haut., 2 m. 70 ; larg. 4, m. 90. Prix de vente : 48.500 francs.

*Scène de Marché* (fig. 100), d'après Teniers (Flandres, xviii<sup>e</sup> siècle). Haut., 2 m. 76 ; larg., 2 m. 82. Prix de vente : 52.100 francs.

Fig. 85. — *Les Jeux Russiens*, d'après J.-B. Leprince ; Beauvais. (XVIIIᵉ siècle.)

QUELQUES PRIX DE TAPISSERIES 249

FIG. 86. — *Tapisserie d'Aubusson* ; XVIIIᵉ siècle. (Collection Schutz.)

En 1874, cinq tapisseries du même genre, dans le style de Teniers, « ne firent » que 7.600 francs. Et, l'année précédente, cinq pièces flamandes : *Scènes villageoises*, de Teniers (auxquelles la *Scène du Marché*, ci-dessus mentionnée, pourrait bien appartenir) avaient été adjugées 4.405 francs, tandis qu'en 1880, quatre scènes de paysans, d'après le même artiste, montaient à 15.190 francs.

Deuxième pièce de la tenture : *Les Amours des Dieux* : l'*Enlèvement de Proserpine* (fig. 79) d'après F. Boucher, direction Oudry, 1734-53 (Beauvais xviii$^e$ siècle). Haut., 3 m. 50 ; larg., 3 m. 20. Prix de vente : 444.000 francs.

Pièce de la *Tenture des Chinois* : le *Prince en Voyage* (fig. 78), d'après Blin, Baptiste de Fontenay et Vernansal (Beauvais xviii$^e$ siècle). Haut., 3 m. 30 ; larg., 4 m. 40. Prix de vente : 321.000 francs.

Scène de la tenture de *Don Quichotte* (Gobelins). — Haut., 2 m. 55 ; larg., 4 m. Prix de vente : 230.000 francs. (En 1881, une scène provenant de la même série n'atteignit que 10.450 francs ! Et, en 1862, deux pièces, appartenant encore à cette tenture n'avaient été vendues que 500 francs ! En revanche, cinq pièces de même source, furent poussées, en 1884, jusqu'à 140.000 francs ! Il est vrai que deux ans auparavant, un sujet de l'*Histoire de Don Quichotte*, encore, n'avait réalisé que 10.000 francs).

Pièce de la *Tenture des Dieux* (Gobelins, xviii$^e$ siècle), d'après Claude Andran le Jeune : *Saturne ou l'Hiver*. Haut., 3 m. 32 ; larg., 2 m. 52. Prix de vente : 78.000 francs. En 1881, *Bacchus*, de la même série, prix de vente : 14.500 francs.

*L'Histoire romaine* (fig. 76) (Flandres, xvii$^e$ siècle).

Haut., 3 m. 55 ; larg., 4 m. 85. Prix de vente : 67.000 francs. (Cette tapisserie semble bien être le *Triomphe romain* qui n'obtint, en 1876, que 2.650 francs !)

*Sujet tiré de l'Ancien Testament* (fig. 91) (Bruxelles xviiie siècle). Haut., 3 m. 80 ; larg., 3 m. 60. Prix de vente : 58.000 francs.

Pièce d'une série des *Verdures aux Oiseaux* (fig. 74) (Beauvais, (?) xviiie siècle). Haut., 2 m. 50 ; larg., 3 m. 95 : 51.000 francs.

*Armide, sur le point de poignarder Renaud, est arrêtée par l'Amour* (fig. 41) (Paris, Louis XIV). Haut., 3 m. 15 ; larg., 4 m. 10. Prix de vente : 35.200 francs.

*Série des Métamorphoses: Céphale et Procris* (fig. 69) (Gobelins, Régence). Haut., 3 m. 10 ; larg., 2 m. 25. Prix de vente : 153.000 francs.

*Tapis d'Aubusson* (Savonnerie, xixe siècle). Longueur, 7 m. 20 ; largeur, 6 m. 75. Prix de vente : 29.100 francs.

Suite des quatre tapisseries de la *Tenture des Métamorphoses* (Gobelins, xviiie siècle) : *Flore et Zéphire* (fig. 98), haut., 3 m. 15 ; larg., 2 m. 65. Prix de vente : 144.000 francs ; *Polyphème aperçoit Galatée avec Acis* (fig. 99). Haut., 3 m. 15 ; larg., 2 m. 10. Prix de vente : 69.100 francs ; *Retour des chasses de Diane*, (fig. 95), haut., 3 m. 05 ; larg. 2 m. 70. Prix de vente : 135.000 francs. *L'Amour abandonne Psyché*. Prix de vente : 58.200 francs.

*Un panneau à sujet*, d'après Bérain (début du xviiie siècle). Haut., 3 m., 10 ; larg. 1 m. 85. Prix de vente : 80.000 francs. En 1875, deux panneaux, d'après le même artiste, furent adjugés 2.400 francs.

*Les Comédiens Italiens*, d'après A. Watteau (Beau-

252   L'ART DE RECONNAÎTRE LES TAPISSERIES

Fig. 87. — *Neptune*, d'après Audran; Gobelins.
(Tapisserie exécutée au xviiie siècle.)

vais, xviiie siècle). Haut., 3 m. 30 ; larg. 4 m. 30.
Prix de vente : 108.100 francs.

*Petit panneau ovale* (Gobelins) : *Buste de femme*

vêtue d'un corsage décolleté; grand diamètre 50 cent. ; petit diam., 38 cent. Prix de vente : 22.100 francs.

Fig. 88. — *Les Taureaux*. (Tenture des Indes), d'après Desportes; Gobelins. (XVIII° siècle.)

*Écran à feuille* (Aubusson). *Médaillon d'après H. Fragonard*, haut., 70 cent. ; larg., 58 cent. Prix de vente : 20.500 francs.

Suite de quatre tapisseries des Flandres (xvii⁰ siècle) : Diane et trois de ses suivantes au repos (fig. 49), haut., 3 m. 60; larg., 3 m. 35.; Scène de Sacrifice, haut., 3 m. 50; larg., 3 m. 50; Diane debout et deux chiens, haut., 3 m. 20; larg. 2 m. 80; Guerriers debout, haut., 3 m. 50; larg., 1 m. 25. Prix de vente pour l'ensemble : 112.350 francs. (Une Histoire de Diane, en quatre pièces, qui semble bien être celle-là, n'avait « fait » que 9.600 francs, en 1881).

Un Triomphe (fig. 48) (Flandres, xvii⁰ siècle). Haut., 3 m. 90; larg. 5 m. 75. Prix de vente : 44.000 francs.

Un canapé, une marquise, six fauteuils (Beauvais, Louis XVI). Prix de vente : 160.000 francs.

En 1885, on n'obtint, pour deux chaises du même style, en Beauvais également, que 3.025 francs, et pour deux fauteuils en bois doré (Gobelins Louis XV) que 3.500 francs.

Quatre chaises (Beauvais), avec encadrement de fleurs et de branches de laurier. Long. 0 m. 54. Prix de vente : 40.000 francs.

Tenture en tapisserie fine d'Aubusson. Quatre panneaux décorés, sur fond crème. Prix de vente : 400.000 francs.

Deux petits sujets encadrés de fleurs et feuillages (fig. 37 et 38) (Tapisseries allemandes, xvi⁰ siècle). Tous les deux mesurant 0 m. 55 de hauteur et largeur. Prix de vente : 9.100 francs.

Triomphe de la Force (Flandres). Haut. 2 m. 22; larg. 4 m. Prix de vente : 60.000 francs.

Triomphe de Mars (Id.). Haut. 2 m. 20; larg. 3 m. 12. Prix de vente : 46.000 francs.

L'Enfance (Aubusson, Régence). Haut. 2 m. 75; larg. 3 m. 20. Prix de vente : 66.000 francs.

*L'Opérateur ou la Curiosité*, d'après F. Boucher (Beauvais, xviii° siècle). Haut. 3 m. 30, larg. 5 m. 35. Prix de vente : 1.652.000 francs. Le plus gros prix atteint depuis longtemps, mais dépassé pourtant, ces jours derniers, par une tapisserie de Beauvais encore, payée à la vente de Lord Michelham : 26.500 guinées, plus de 3 millions et demi de francs !

*Tapis* (Aubusson, fin du xviii° siècle). Long. 5 m. 25 ; larg. 4 m. 80. Prix de vente : 29.100 francs.

*Tapis* (Aubusson, fin du xviii° siècle ou commencement du xix° siècle). Long. 3 m. 70 ; larg. 3 m. 50. Prix de vente : 23.000 francs.

*Six fauteuils* (Aubusson, Louis XVI). Prix de vente : 70.000 francs.

*Salon* (Aubusson, Louis XVI). Prix de vente : 62.000 francs.

*Tapisserie à fleurettes* (Flandres, fin du xv° siècle). Prix de vente : 125.000 francs.

*Deux canapés et six fauteuils* (Beauvais, xviii° siècle). Prix de vente : 27.825 livres sterling.

*Quatre tapisseries verdure et oiseaux* (xviii° siècle). Prix de vente : 56.600 francs.

*Le Retour de la Pêche*, d'après Teniers (Ecole flamande, xvii° siècle). Prix de vente : 64.200 francs. (En 1863, on adjugea 1.560 francs un *Retour de la Pêche*, d'après Teniers, qui semble bien être celui-ci).

*Dix tapisseries* du xviii° siècle, à sujets de paysages avec animaux. Prix de vente : 212.400 francs.

*Deux tapisseries d'Aubusson* (xviii° siècle). Sujets champêtres et petits personnages. Prix de vente : 55.000 francs.

*Une verdure avec petits personnages chassant à l'ours* (seconde moitié du xvi° siècle) (fig. 32).

Hauteur 2 m. 50; largeur 3 m. 10. Prix de vente : 109.000 francs.

*Tapisseries au point.* Deux panneaux formés de carrés et de bandes provenant de dalmatiques en satin blanc, avec applications de broderies d'argent et de soie (travail italien du xvii$^e$ siècle), à figures de saints entourés de rinceaux. Prix de vente : 60.000 fr.

*Bande de tapisserie au point* (xvii$^e$ siècle). Petites figures dans un paysage. Long. 3 m. 86. Prix de vente : 46.000 francs.

*Deux panneaux en tapisserie au point* (travail italien du xvi$^e$ siècle). Applications de broderie sur satin blanc, médaillons représentant des saints. Prix de vente : 39.000 francs.

*Canapé* (fig. 72) (larg. 2 m. 25), *douze fauteuils* (larg. 0 m. 70), *douze chaises* (larg. 0 m. 55) (Aubusson, Louis XV). Petits paysages encadrés de feuilles, fleurs et oiseaux. Prix de vente : 390.000 francs.

*Le Triomphe de la Paix* (Flandres, xvi$^e$ siècle). Haut. 2 m. 25; larg. 5 m. 90. Prix de vente : 96.000 fr.

*Tapis* (Savonnerie. Époque de la Régence). Long. 1 m. 85; larg. 0 m. 73. Prix de vente : 103.000 francs.

*Tapisserie* (Beauvais ou Gobelins (?), xviii$^e$ siècle), ornements, attributs de musique, singes. Haut. 1 m. 22; larg. 0 m. 63. Prix de vente : 45.000 francs.

*Le Marchand d'Orviétans* (fig. 71) (Aubusson. Époque de Louis XV). Haut. 1 m. 73; larg. 3 m. 10. Prix de vente : 91.700 francs.

*Tapisserie avec paysage et oiseaux* (fig. 93) (Aubusson, xviii$^e$ siècle). Haut. 2 m. 40; larg. 2 m. 65. Prix de vente : 31.000 francs.

*Bandes de tapisseries au point et au petit point*

# QUELQUES PRIX DE TAPISSERIES

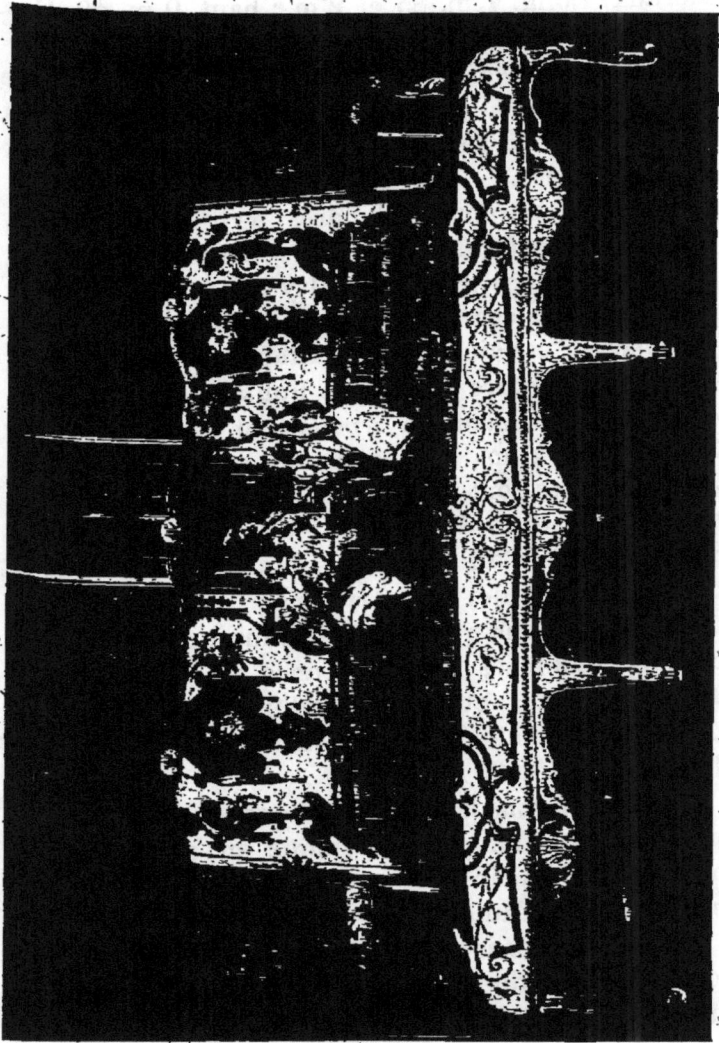

FIG. 89. — *Canapé : Beauvais.* (XVIIIe siècle.)

(Époque Régence), petits sujets encadrés d'ornements floraux. Long. 1 m. 85 et 2 m. ; haut. 0 m. 46. Prix de vente : 36.000 francs.

*Quatre panneaux de tapisseries au point* (Époque de la Régence), petits personnages, ornements et fleurs. Haut. 3 m. 10 ; larg. 1 m. Prix de vente : 385.000 francs.

*Le Colin-Maillard* (Flandres, xvii$^e$ siècle). Haut. 4 m. 95 ; larg. 5 m. 10. Prix de vente : 65.000 francs.

A côté de ces gros prix, il y a lieu d'enregistrer cependant des acquisitions singulièrement plus avantageuses. C'est ainsi que deux tapisseries provenant de la manufacture royale de Fontainebleau, datées de 1537, *le Soleil* ou *Apollon et Mercure*, ayant 3 m. 25 × 4 m. 30 chacune, sur demande de 250.000 francs sont restées à 100.000. Une très grande tapisserie des Flandres, du xvi$^e$ siècle, de 3 m. 55 × 5 m. 35, avec, dans de magnifiques bordures, le sujet du *Triomphe de Pomone*, ne trouvant preneur qu'à 105.000 francs ; trois grandes bordures estimées 300.000 francs ne réalisant que 255.000 francs, et deux verdures flamandes du xviii$^e$ siècle, n'allant que jusqu'à 55.100 francs sur demande de 40.000 francs.

Nous arrêterons là ces indications, que nous compléterons par un regard typique en arrière, pour mieux faire saisir encore l'écart invraisemblable entre les prix d'aujourd'hui et ceux d'hier.

Quand on pense que les admirables pièces, au nombre de dix, dites les *Belles chasses de Maximilien* (fig. 25, 30 et 40), aujourd'hui au Louvre, ont été payées, en 1852, 6.200 francs, soit en moyenne 620 francs l'une ; qu'un Gobelins, notamment la *Toi-*

*lette de Vénus* (haut. 3 m. 15 ; larg. 5 m. 25), n'atteignit que 205 francs, à la même date, on demeure songeur vis-à-vis du million 652.000 francs réalisé tout récemment, par l'*Opérateur ou la Curiosité* (Beauvais) et largement franchi encore par la superbe tapisserie des Gobelins : *Roland ou la Noce d'Angélique*, d'après Ch. Coypel (xviii$^e$ siècle), dont une réplique existe au musée du Louvre, mesurant 4 m. ×7 m., qui obtint à la vente de lord Michelham, 19.950 livres sterling, soit 2.763.000 francs ! En dehors de ce « Gobelins » de haute qualité, les ventes de ces dernières années n'en mentionnent guère d'autres, et cela nous rassure, dans une certaine mesure, sur l'exode de nos chefs-d'œuvre à l'étranger. Il y a lieu d'estimer, en effet, que les très bonnes pièces, léguées de famille en famille, ne sortent point de France, d'où leur rareté sur le marché.

La raréfaction générale de la tapisserie, de nos jours, justifie d'ailleurs cette marche ascendante des prix dont nous avons tâché de donner une idée ; l'état de conservation des pièces, au surplus, demeurant à travers les ans, de jour en jour plus périlleux. C'est l'instant de rappeler que l'intérêt du sujet, son coloris plus ou moins frais ou attrayant, justifient la valeur qu'on attache à une tapisserie avec la qualité de son point et son état de conservation. Les verdures étant moins cotées que les pièces à figures (celles parsemées de fleurettes n'étant point fatalement du xv$^e$ siècle, ainsi qu'on l'a écrit par erreur).

Jamais le collectionneur ne s'est tourné enfin, avec tant de faveur, vers les seyantes tentures anciennes, malgré la rénovation moderne que nos jours prônent si logiquement et à laquelle ils s'attachent avec tant de succès dans l'expression. Les diamants seront toujours de mode, soutenus victorieusement par leur éclat et leur cherté; et la précieuse peinture en matières textiles du passé, rivalisant d'inestimable avec les gemmes — une pointe de snobisme aidant qui ne célèbre que l'art séculaire — l'admiration de l'amateur exaspérée du désir de posséder s'excuse des fortunes jetées aux pieds de la rareté, toujours plus impitoyable.

# CHAPITRE XII

## Quelques marques, signes et monogrammes des manufactures de tapisseries françaises et étrangères.

Nous aborderons ici, la connaissance, très aride, des marques et monogrammes (pages 328 à 339). Cette connaissance s'avère, en vérité, très sujette à caution, mêlée d'incertitudes, non seulement de par la matière elle-même que nous analysons, mais encore à cause de mystérieuses rentraitures et fraudes dérivées d'un besoin d'authenticité avantageuse, résolue par des expédients.

Nous ne reviendrons pas sur les rentraitures historiques ou courantes (armoiries ajoutées, etc.), mais nous soulignerons les ressources offertes par une bordure ou une lisière habilement transférée... C'est ainsi qu'il nous apparaît qu'il faille gravir le calvaire des marques, chiffres et monogrammes frauduleux, avant de célébrer la sincérité des autres, parce qu'un homme averti en vaut deux.

Aussi bien, l'obscurité des temps accable notre tâche à la suite des auteurs qui précédèrent notre documentation, dont la lanterne n'est pas moins sourde ou... dure d'oreille, vis-à-vis de l'impénétrable mêlée des ateliers de tapisserie à travers le voile des siècles, les malfaçons profanes; la soif de l'amateur étanchée à tout prix activant les ardeurs et la fièvre du commerce.

Au surplus, les maîtres-tapissiers ne se virent contraints que dès les années 1538 et 1544, de tisser les armoiries de leurs villes et leurs monogrammes. L'exception d'une pièce offerte en 1402, à la cathédrale de Tournai, par le chanoine Toussaint Priez, où un sizain indiquait le lieu d'origine (Arras) de « draps » faits et achevés par Pierre Féré, confirme la règle. Contraint est-on donc de s'en tenir à des conjectures, en dehors de rares mentions soulignant des tentures antérieures au $xvi^e$ siècle.

\* \*
\*

**Fabriques dites de Paris.** — Les fabriques dites de Paris, parmi lesquelles on remarque celles du Louvre (créée par Henri IV), du faubourg Saint-Antoine (1613), de la Trinité, du faubourg Saint-Germain, si florissantes entre la fin du $xvi^e$ siècle et la fondation de la manufacture des Gobelins (1667), eurent pour principaux chefs Charles de Comans et François de la Planche, tous deux d'origine flamande. Dans la lisière inférieure des tapisseries sorties de ces ateliers, on trouvera souvent les initiales C. C. (Charles de Comans), C. A. (Alexandre de Comans), (Pl. 1, N° 1) et F. P. (François de la Planche), avec, au milieu ou sur un des côtés, une fleur de lis. Une fleur de lis suivie d'un P., encore.

L'atelier de Comans usa aussi d'autres monogrammes indiqués par Eugène Müntz (Pl. 1, N° 2), qui a relevé encore, sur des pièces de provenance également parisienne du xviie siècle, les initiales d'un Pierre Fèvre (Pl. 12, N° 3), venu de Florence à Paris), et une marque (Pl. 1, N° 4) accompagnée d'un P. et d'une fleur de lis, de même que cette autre (Pl. 1, N° 5), observée sur une tapisserie de la fin du xvie siècle et du commencement du xviie, composée des lettres F. V. D. P. (Franz Van Den Planken).

Autres marques des ateliers de Comans : un M surmonté d'un P, et un monogramme composé des lettres P. D. M.

**Manufacture des Gobelins.** — Aucune marque officielle des Gobelins ne se relève pendant longtemps, et il faut encore être à même de distinguer entre une marque d'artiste et la firme d'un marchand ! A cet égard, Wauters prétend qu'un 4 accosté de lettres, sur la lisière de tant de tapisseries bruxelloises, indique qu'une pièce du xve siècle a été exécutée soit pour un marchand, soit pour un tapissier faisant commerce de tapisseries. Mais encore serions-nous renseignés à coup sûr sur une époque, tandis que nous voici déroutés lorsque nous apprenons que le nom de l'entrepreneur ne signifie pas toujours qu'une tapisserie provienne des Gobelins. « On trouve par exemple, dit Gerspach, dans les collections, des tapisseries avec le nom de Lefebvre (1), fabriquées à Florence avant l'admission de ce tapissier aux

---

(1) Il s'agit du Pierre Fèvre susnommé, dont le nom est en réalité Lefebvre, ainsi que l'écrit Gerspach.

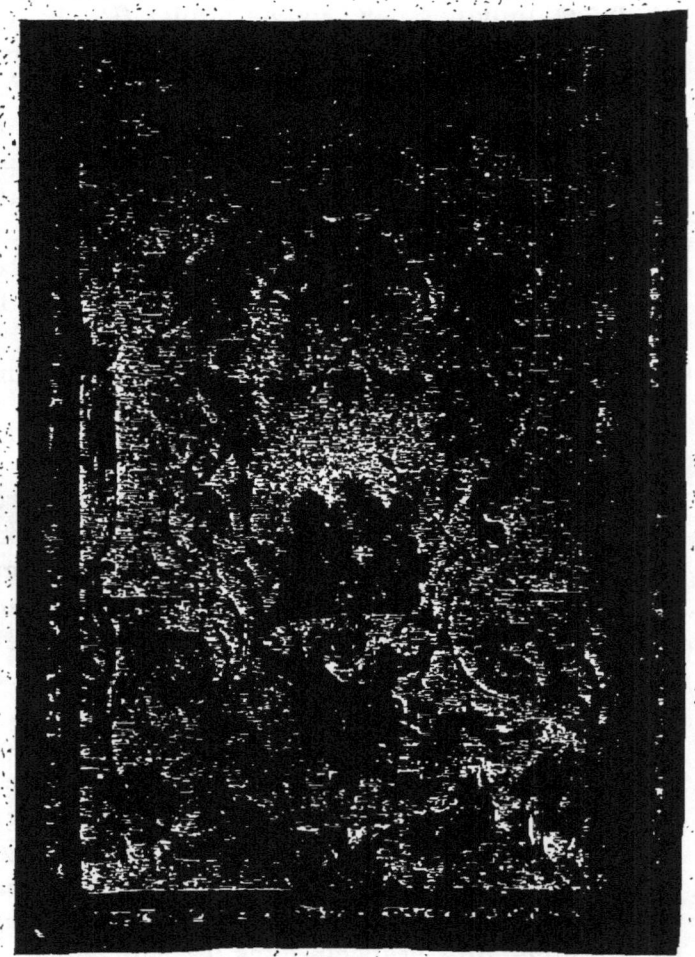

Fig. 90. — *Bacchus*; Aubusson. (?)

Gobelins. J'ai vu des portraits d'après le peintre Drouais, signés Cozette (1763), nom de famille de chefs d'ateliers des Gobelins et, certainement, ces tapisseries n'ont pas été tissées à la Manufacture, officiellement du moins. »

Autrefois, les chefs d'ateliers entrepreneurs tissaient

Fig. 91. — *Sujet tiré de l'Ancien Testament* ; Bruxelles. (xviiie siècle.)

dans les lisières ou dans la bordure, soit dans la tapisserie même, leurs noms ou leurs initiales, et, l'indication des peintres, auteurs des cartons, y figuraient aussi. Si nombre de Gobelins ne sont point signés, ce n'est que très rarement encore que l'on rencontre dans les lisières un G. accompagné d'une fleur de lis, édifiant.

Sous la Révolution, les noms d'entrepreneurs disparurent logiquement avec les entreprises, et ce sera un nom de peintre ou d'artiste tapissier qui nous éclairera. Puis, depuis 1871, plusieurs tapisseries s'adornent des initiales R. F. en même temps que du G. (des Gobelins), traversé ou non par une broche. Il est à noter que ces initiales ne constituent point une marque de fabrique soumise à une rectitude monotone; elles sont, au contraire, interprétées décorativement par l'artiste qui les sème et les arrange harmonieusement dans son œuvre. Pareillement pour les initiales V. P. (Ville de Paris), réservées, à notre époque, à certaines pièces vouées à la magnificence municipale.

Par arrêté ministériel du 12 janvier 1889, ensuite, la lisière bleu foncé des tapisseries exécutées aux Gobelins devait porter une marque officielle indiquant les millésimes du commencement et de l'achèvement de la pièce, accompagnés des lettres R. F. (République française) et de l'initiale G. ou du nom Gobelins en entier, tissés en laine orangée (Pl. 5, N° 6). Depuis 1904, enfin, la marque des Gobelins est la suivante (Pl. 5, N° 7), avec, en haut, les lettres R. F., et en bas la date d'achèvement de l'œuvre. Indépendamment de ces signes inflexibles, des signatures d'artistes parfois jouent avec fantaisie, dans le décor, répétant volontiers les éléments précédents qui courent dans la bordure ou s'accrochent dans des motifs.

Nous donnerons, ensuite, les noms des chefs d'ateliers entrepreneurs qui se succédèrent aux Gobelins (1), aux xviie et xviiie siècles (de 1662 à

1792), en renvoyant aux marques correspondantes (Pl. de 1 à 5). Les deux dates accompagnant les noms indiquent l'entrée en fonctions et la retraite. Toutes les pièces de tapisserie portaient, dans le tissu même, le nom de l'entrepreneur qui les avait fabriquées. Les abréviations H. L. et B. L. signifient haute et basse lice.

H. L. J. Jans, père (1662-68); —H. L. Henri Laurent (1663-70); — H. L. Jean Lefebvre (1663-1700); — B. L. Jean de la Croix, père (1663-93); — B. L. J.-B. Mosin (1663-1693); — B. L. Jean Jans, fils (1668-1723); — B. L. Dominique de la Croix, fils (1693-1737); — B. L. Souette (1693-1724); — B. L. Jean de la Frayc (1693-1729); N° 5 bis — H. L. Lefèvre, fils (1697-1736); — B. L. Étienne le Blond (1701-27) — H. L. L. O. de La Tour (1703-34); — H. L. J. J. Jans (1723-31); —B. L. L. Claude le Blond (1727-51); — Mathieu Monmerqué (1730-36), B. L. (1736-49), H. L.; — H. L. Michel Audran (1733-71); — P. F. Cozette (1736-49), B. L. (1749-92), H. L.; — B. L. Jacques Neilson (1749-88); — H. L. D. M. Neilson, fils (1775-79); — B. L. Joseph Audran (1772-92); — B. L. M. H. Cozette (1788-92).

Consulter également (Pl. 4 et 5), les marques de plusieurs célèbres peintres de cartons se référant du xviie siècle à la première moitié du xixe. Natoire, Ménageot, Desportes, Ch. Parrocel, Charles Coypel, F. Boucher, Amédée Vanloo, J.-B. Oudry, Detroy, J.-M. Vien, J.-B. Suvée, Callet, Taraval, Gros.

---

(1) Sous réserve de l'observation de Gerspach, citée plus avant, relative à Lefèvre et à un des Cozette, dont certaines pièces ne furent point tissées aux Gobelins, du moins officiellement.

Fig. 92. — *Tapisserie d'Aubusson*. (xviiie siècle.)

**Manufacture de Beauvais.** — Sous la direction de Philippe Behagle (d'Oudenarde) 1684-1704, la marque de la célèbre manufacture fut un cœur rouge

Fig. 93. — *Tapisserie d'Aubusson.* (xviiie siècle.)

entre deux B, traversé au milieu par un trait blanc ou pal. L'écu de France vint ensuite, auquel s'ajoutait, au xviiie siècle, le nom de l'entrepreneur avec le nom de la ville, dans la lisière inférieure. Les entrepreneurs (parmi lesquels on remarque deux peintres) sont les suivants, par ordre chronologique :

Hinard, Louis (1664-84). — Behacle ou Behagle (1684-1704). — Behacle (sa descendance) (1704-11). — Filleul, frères (1711-22). — De Méroux ou Mérou (1723). — Duplessis, peintre de l'Opéra. — Oudry et Besnier (1726-55). — Charron et Damon, peintre (1754-80). — De Menou (1780-93).

On voit sous des verdures, la marque de Mérou, à Beauvais, ou ses initiales M. R. suivies d'un petit écu d'azur aux trois fleurs de lis d'or (1722-33?).

Aucune marque spéciale n'est apposée de nos jours sur les tapisseries de Beauvais. Seules les grandes pièces portent, parfois, tissé dans un coin de la tapisserie, le nom de cette ville suivi des millésimes des années de fabrication et du ou des noms des artistes y ayant coopéré.

Néanmoins, une marque pour la Manufacture, maintenant pourvue de son autonomie (ainsi que celle des Gobelins), est en voie de création.

**Manufactures d'Aubusson (Creuse).** — Les tapisseries provenant d'Aubusson, d'une beauté d'expression secondaire, furent d'abord accompagnées d'une lisière indifféremment bleue, noire ou jaune; leur lisière bleue ne date que de 1665. Dans la première moitié du XVII$^e$ siècle, on rencontre aussi des produits de cette ville marqués d'une fleur de lis entre un A et un B (Aubusson); d'autre part, le mot *Aubusson* avec des initiales et une date, est assez fréquent.

A l'époque de Colbert, les meilleures tapisseries d'Aubusson étaient accompagnées d'un plomb gravé figurant au recto : la couronne royale surmontant les armes de France avec la légende : *Manufacture de tapisseries*; au verso : les armoiries de la ville, avec l'inscription *Ville d'Aubusson*, une fleur de lis séparant les deux mots.

A partir de ce moment, on lit sur la lisière bleue : *Manufacture Royale* (ou l'abréviation M. R.) suivi du mot *Aubusson* et des initiales du nom ou du surnom du fabricant. Certaines fois, on se contenta des capitales M. R. D. A. accompagnant le nom du fabricant (à orthographe fantaisiste) ou du monogramme D. B. d'Aubusson).

*Nota bene.* — La fabrication du tapis velouté, inaugurée à la Savonnerie, en 1604, et poursuivie depuis 1826, aux Gobelins, fut entreprise à Aubusson, en 1743.

Les noms des marchands, maîtres-tapissiers, etc. d'Aubusson, avec la ou les dates de leur exercice ou de leur production, figurent dans l'intéressant : *Essai de Catalogue descriptif des anciennes tapisseries d'Aubusson et de Felletin* (1), par Cyprien Pérathon. Nous lui empruntons cette nomenclature.

*André et Jehan Augereaux* (1501). — *Claude Alleaume* (1650-56). — *Jean-Baptiste Alleaume* (1760). *Jean Allirot* (1664). — *François Assolant* (1764-89). — *Michel Aubineau* (1648). — *Jean Aubourg* (1646). — *François Aubourg* (1778). — *Jacques de Saint-Avit*, appartenant à la famille des seigneurs de Saint-Avit, mort centenaire, en 1667. — *Michel Baboneix* (1638). — *Louis Baboneix* (1779). — *Léonard Bascoulx* (1662). — *Jean Bacaud* (1685). — *Bacaud* (1774). — *François Babert* (1720). — *François du Ballet* (1648). — *Jean Ballet* (1722). — *Léonard Bargeron* (1779). — *Jacques Barre* (1609). — *Denis Barraband* (1578). —

---

(1) Ducourtieux, éditeur, Limoges.

272　L'ART DE RECONNAÎTRE LES TAPISSERIES

*Jacques Barraband* (1685-1700). — *Jean Barraband*, émigré au Brandebourg, en 1686. — *Léonard et Sébastien Barraband*, père et fils (1719-25). — *Jean Bar-*

Fig. 94. — *Panneau décoratif*; Aubusson. (xviiie siècle.)

*raband*, fils de Sébastien (1720). — *Charles Barraband* (1723). — *Jacques Barraband* (1753-89). — Autre *Jacques Barraband* (1768-79). — *François Barrat* (1680). — *Jacques Bardiolat* (1670). — *Martial*

Fig. 95. — *Le Retour des chasses de Diane;*
Gobelins. (XVIIIᵉ siècle.)

*Beaulachet* (1615). — *Antoine de Beaumont* (1670).
— *Jacques Bedy* (1604-06). — *Jean Bedy* (1651). —
*François Bedy* (1664). — *Michel Bedy* (1700). — *Jean*

Bedy (1779). — Élie de Bec (1779). — Guillaume Bellat (1570-85). — François et Bertrand Bellat (1600-04). — Pierre Bellat (1643). — Étienne Bellat (1645). — Antoine Bellat (1647), — Jean Bellat (1648). — Louis Bellat (1650). — Léonard Bellat (1655). — Gilbert Bellat (1698). — Jean Bellat (1699-1708). Se fixa à Nancy, en 1734. — Étienne Bellat (1715-34). — Jean Bellat (1722). — Bellat (1769). — Pierre Bennat (1700). — Jean Beraud (1699); un autre Jean, en 1765. — Jehan Bertrand (1599-1605). — Michel Bertrand (1606). — Pierre Bertrand (1609). — Jacques Bertrand, tapissier de la garde-robe du roi, délégué auprès de Colbert, en 1664. — Jean Bertrand (1665). — Pierre Bertrand (1668). — André et Jean Bertrand (1674-85). — Jean Bertrand (1724). — Jehan Bertus (1669). — Léonard Bertus (1716). — Jacques Bertus (1716). — Jacques Bertus (1757). — Jean Berty (1609). — Léonard Berty, fils de Jean (1633). — Jean Berty (1655). — Étienne Berty (1679). — Jean Bigniat (1674-79). — Joseph Billiard (1645). — Isaac Blanc (1600) et son fils Isaac (1636). — Étienne Blanc (1604). — Léon Blanc (1667). — Pierre Blanc (1681). — Jacques et Jean Blanc (1674-85). — Siméon Blanc (1685). — Gabriel Blanc (1685); établi au Brandebourg en 1716. — Jehan Blanchet (1624). — Léonard Blanchet (1648-61). — Jean Blanchet (1670) et Michel (1680). — Jacques Blanquet (1607). — Pierre Blanquet (1660). — Siméon Blanquet (1685) — François Blanchon (1607-34). — Jehan Blanchon (1611); un autre Jean en 1649-74. — Jacques Blanchon (1646-72). — Gilbert Blanchon; établi à Salbris, en 1689. — Michel Blanchon (1677-79). — Joseph Blanchon (1778). — Jean Blanchon (1779-89). — Jean Boffinet (1645-65). — François Boffinet (1653). — Jean Boffinet de la

Terrade (1669). — Pierre Boffinet (1685-1700). — Gabriel Boffinet (1705). — Louis Boffinet (1731); un autre Boffinet porte ce même prénom, mais s'il y a une différence très nette en ce qui concerne le Louis suivant, le seul écart d'une année laisse supposer que nous nous trouvons ici en présence de la même personne. — Paul Boffinet ; retiré à Lisbonne (1755-68). — Louis Boffinet (1786-89). — Jacques Bonneyrat (1779). — François Borderie (1779). — Étienne Bordessoule (1647-56). — L. Bordessoule (1664). — Jean et Jacques Bordessoule (1668). — Léonard Bouchard (1667). — Jehan Bouchon (1596). — Jean Bouchet, établi au Mans (1658). — J. Bouchet (1664). — Antoine Bouchet (1669). — Pierre Boudet (1652). — Laurent Boudet (1680). — Silvain Boudet (1700). — Pierre Boudenon (1656). — François Boujasson (1779). — Jacques Boujasson (1785-89). — Jean Boulegon (1775-79). — Michel et François Boulegon (1779). — Silvain Bourdanchon (1655-57). — Silvain Bourgeois (1668). — Léonard Bouquet (1657). — Jean Boursy (1649-74). — François Bourret (1636). — Gilbert Bourret (1665-70). — Jean Bourret (1779). — Pierre Bourret (1779). — Jacques Bourret (1786). — Jean Bost (1675). — Jean Bost, fils (1679). — François Bouyer (1641-69). — Pardoux Bouyer (1669) — Pierre Bouyer (1770). — Jehan Boisvert (1611-14). — Jean Boisvert (1670). — Léonard Boisvert (1699). — Pierre Bonzon (1664). — Guillaume Boyt (1664). — Jean Boyt (1664-68). — Léonard Boyt (1674). — François Bouyte (1670). — Pardoux Bouyte (1673). — François Bredier (1661). — Antoine et Michel Briffoulière (1606). — Jean Bruchon (1667). — Michel de La Brugière (1613-43). — Jacques de La Brugière (1680-85). — Pierre de La Brugière (1685) et Jean de La Brugière (1685). — Anthoine Brun (1654-68). — Simon Brun (1665). — Pierre de Buxière (1595). — Jean Bussière, à Paris (1681). — Pierre Bussière (1700). — Jean Bussière, fils du précédent (1721). — Antoine Bussière (1779-89). — Bussière ; travailla aux Gobelins (1754). — Julien Cabaret (1670). — Pierre Cabaret (1724). — Gilbert Cantard (1650). — Léonard Carat (1658). — Antoine Carnaud (1648). — François Carnaud (1652). — Nicolas Cartaud (1578). — Léonard Cartaud (1618). — Gilbert Cartaud (1650-71). — J. Cartaud (1664). — A. Cartaud (1664-71). — Michel Cartier (1614). — François Cartier (1648-90). — Jean Cartier (1665). — Jacques Cartier (1700). — Jacques Cartier, fils (1765-70). — François Cartier (1779). — Isaac Cathonnet (1637). — Jehan Cellerier (1611). — Jehan et Pierre Chabaneix, frère et fils (1587). — J. Chabaneix (1665). — Veuve Chabaneix (1685). — Antoine Chireix (1697). — Annet Chirade (1700). — Charles Champbareau (1658). — Jacques de Champredon (1655). — Pierre Champagnat (1774) ; il travailla à Beauvais, en 1720, et mourut, en 1810, à Aubusson, pensionné des Gobelins. — Léonard Champeau (1640). — Jacques Champeau (1654-70). — Jean Champeau (1679-1716). — Jean Chanault (1647). — Jehan de Chanet (1593). — Estienne Chanet (1664). — Jean Chanet (1685-1779). — Chapellat (1680). — François Chapelle (1699). — Jean Charles (1650). — Jean Charles, fils (1664-74). — Louis Charles (1699-1720). — Michel Charles de La Noneix (1726-66). — Antoine Charles (1744-86). — Jean-Claude Charles (1768-84). — Jean-Louis, Charles de La Noneix (1773-

84) ; fut nommé garde de la porte de la reine Marie-Antoinette. — *Pierre Charrière* (1583-95). — *Étienne Charrière* (1640). — *Jean Charrière* (1698-1725). — *Jacques Charrière*, fils (1722-25). — *Léonard Charrière*

Fig. 96. — *Tenture des Indes. Combat d'animaux*, d'après F. Desportes ; Gobelins. (xviii° siècle.)

(1694-1728). — *Blaise Charrière* (1779). — *Gabriel Chartron* (1779). — *Léger Chartron* (1781). — *François Chassaigne* (1779). — *Jean Chastagnon* (1649). — *Jean Chaumeton* (1648). — *Michel Chaumeton* (1746). — *Antoinette Chaumeton* (1795). — *Antoine Chaussat*

(1648). — *Étienne Chaussat* (1680). — *Jean Chauval* (1755). — *Jean Chérubin* (1674-85). — *Jacques de Claravaux* (1644). — *Pierre de Claravaux* (1679). — *Jean de Claravaux* (1674). — *Famille Claravaux-Barraband et Jean et Pierre Mage* (1697). — *Pierre de Claravaux et ses six enfants*, émigrés dans le Brandebourg, en 1716. — *Antoine Claravaux*, à Bareuth, en 1737. — *Jean de Claravaux*, fils (1720-22). — *Jacques Claravaux* (1742). — *Gilbert Clairjaud* (1648). — *Léonard Clairjaud* (1657-70). — *Étienne Clairjaud* (1670). — *Jean Clairjaud* (1677). — *Gilbert Clairjaud* (1678). — *Léonard Clairjaud* (1696). — *Gabriel Clairjaud* (1720-31). — *Vincent Clos* (1674). — *François Combort* (1598). — *Jacques Corneille* (1652). — *Sébastien Corneille* (1705). — *François Corneille* (1743). — *Michel Couland* (1648). — *J. de Couland* (1665). — *Claude Collandon*. — *François Cyaly*, à Varsovie, en 1571. — *J. Coulloudon* (1664-1664). — Les familles *André, Léonard et Jean Coulloudon*, émigrées et fixées à Berlin (1685-86). — *Coulloudon*, à Paris (1735). — *Jacques Coulloudon* (1774-79). — *Étienne Coulloudon* (1774-79). — *Coulloudon* travailla aux Gobelins en 1790. — *Pierre Courteix* (1779). — *Jean Couturier* (1637). — *Léonard et Étienne Coutural* (1699). — *Jehan et Léonard Dandiéval* (1613). — *Jehan Danjou* (1654). — *Pierre Danthon* (1585). — *Pierre Danton* (1679-85). — *Jean Danton* (1685). — Autre *Jean Danton*, au bourg de la Cour (1715-22). — *Pierre Danty* (1643). — *Léonard Dartige* (1700). — *Léonard Debel* (1724). — *Élie Debel* (1779-1804). — *Jean Debellut* (1658). — *Gilbert Delachanet* (1655). — *Pierre Debellut* (1658). — *Pierre Delaigre* (1648). — *Léonard Delalouise* (1641). —

*Pardoux Delalouise* (1647). — *Pierre Delarbre* (1583). — *Louis* et *Léonard Delarbre* (1648). — *Jean et François Delarbre* (1652-1702). — *Jehan Demiche* (1611). — *Antoine Deplaigne* (1726-44). — *François Deplaigne* (1742-44). — *Jean Dessage* (1694). — *François Deschazaulx* (1580 . — *Henry Deschazaulx*, mort en 1589. — *Jehan Deschazaulx* (1589). — *Antoine Deschazaulx* (1589-1616). — *Paul Deschazaulx* (1639-60). — *Antoine Deschazaulx*, à Bordeaux (1661). — *Louis Deschazaulx* (1665-85). — *Pierre Deschazaulx* (1669-1700). — *Michel Deschazaulx* (1680). *Jacques Deschazaulx, le jeune* (1685). — *Élie et Pierre Deschazaulx* (1685). — *Antoine Deschazaulx* (1700-15). *Laurent Deschazaulx* (1779). — *Joseph Desfarges* (1652-69). — *Ruben Desfarges* (1665). — *Jean Desfarges* (1779-90). — *Jean Desgouttes* (1674). — *Desgoutières*, père et fils (1681). — *Destoch*, un Flamand (1598). — *Jacques Dessartaux* (1680). — *Jean Dessartaux* (1760-95). — *Léonard Deyrolle* (1588). — *Jean Deyrolle* (1600). — *Étienne Deyrolle* (1660-85). *Gabriel Deyrolle* (1685). — *François Deyrolle* (1685). — *Étienne Deyrolle* (1724-46). — *Jean Deyrolle* (1741); *Gilbert Deyrolle* et son fils *Lucien*, travaillèrent aux Gobelins où ils laissèrent une grande réputation d'habileté : fin du xviiie siècle. — *Pierre Dori* (1700). — *Michel Dorliac* (1658). — *J. Dorlin* (1715). — *Michel Dhemmet* (1662-78). — *Léonard Doumet* (1697). — *David Doumet* (1699). — *Jacques Doumet* (1700). — *Pierre Doumet* (1724). — *Jean Duboys*, de Sarlat (1618). — *Pierre Duboys* (1652). — *Pierre Dubost* (1716). — *Léonard Dubost* (1776). — *Étienne Dubreuil* (1722). — *Mathieu Dubreuil* (1771-80). — *Michel Duchezeau* (1680). — *Jean Ducluzeau* (1585). — *Jacques Duclu-*

zeau (1644-74). — Françoise Ducluzeau (1645). — Pierre Ducluzeau (1669). — Benoit Ducreyer (1588). — Antoine Dufat (1634). — Jean Dufoussat (1604-11). — Jean Dumont (1502). — Jean Dumont (1583-87). — Léonard Dumont (1584-99). — François Dumont et son fils (1585-1643). — Jean, Léonard et Dumont le Jeune (1647-74-1779). — Michel, Jacob, Léonard, Pierre Dumonteil et son fils, le seigneur de Randonnat (1602-94). — Jean Dumonteil dit Fayant (1685). — Arnaud et Jacques Dumonteil (1685). — Gabriel Dumonteil travailla aux Gobelins (1693) et à Aubusson (1724). — Michel, Pierre, Jacques Dumonteil et son fils Pierre (1713-87). — Jean et Gilbert Dumonteil frères (1768). — Pierre Du Moulin (1670-80). — Jean, Élie, Isaac Duprat (1664-85). — Jean Durand (1779). — Jean Duranthon, Silvain et Jean (1659-1746). — Durié, travailla aux Gobelins (1754). — Michel Duron (1611). — Pierre, Jacques Lyonnet (1637-50). — Jacques Du Sel (1665). — Pierre Dusseil (1679). — D'Ussel de la Ribière (1724). — Jacques de la Faye (1647-80) et son fils Pierre (1668-97). — François Delafaye (1779). — François Sinet, son fils Gilbert et Gabriel, neveu de Gilbert (1665-1779). — Laurent Floridon (1611). — Joseph Fougeron (1591). — Pierre Fourton (1595). — Antoine Fourton « alias » Fretton (1634-47). — Jean Foureton, de la famille des seigneurs de Margeleix et de Combor (1573-1653). — Étiennet Foureton (1648) — François Foureton (1651-65). — Léonard Fassas (1597). — Isaac Fourot (1605). — Joseph et Léonard Fourier (1778-1804). — Jehan Furgaud (1528). — Furgand de la Vergne (1788). — François, Léonard, Martial, Gabriel, Jean, Silvain, François, Étienne, Sébastien, Léonard, Étienne et Pierre Galland

Fig. 97. — *Fauteuils et canapé Louis XVI,* tapisserie de Beauvais.

(1548-1779). — *François du Gallet* (1651). — *François Garnier* (1638). — *Jacques, Pierre, Jehan, Gabriel, Léonard, François, Jacques, Jean, Anthoine, René, Jean de La Villatte, Pierre, Antoine,* successeur de La Seiglière, maire perpétuel de la ville d'Aubusson. — *Garreau* (1570-1716). — *François Gasnet* (1647). — *Gilbert Gasnet* (1647). — *Étienne Gelet* (1654). — *Pierre Genestiot* (1670). — *Geoffroy* (1665). — *Jacques Georges* (1609). — *Jacques Giraud* (1700). — *Pierre Givernand* (1702). — *H. Goubert* (1678). — *Jean, Léonard et Goubert l'aîné* (1735-93). — *Antoine, Jean et Joseph Goumy* (1640-52). — *Joseph Gratadoux* (1768). — *Simon Grellet* (1548). — *François Grellet* (1648-84). — *Antoine Grellet* (1650-70). — *Jean Grellet* (1668-79). — *Pierre*, fils du précédent (1685). — *Jacques Grellet* (1698-1715). — *François Grellet* (1705). — *Léonard Grellet* (1714). — *Pierre Grellet* (1714-33). — *Pierre, Élie Grellet* (1769-88). — *Pierre Grellet,* seigneur du Montant (1758-89). — *Jacques Grellet* (1779). — *Guillomichon* (1700). — *Haste* (1665-1731). — *J. Huret* (1659). — *Jacques, Jean, François, Léonard, François l'aîné et le jeune, Jacques, Pierre, Étienne, Jean, Étienne, Jean, François, Jacques Jallasson* (1571-1743). — *François Jallet* (1680). — *Léonard, Léonard et Hugues Jalicot* (1640-48). — *Jean et François Janicaud* (1659-81). — *J. Jamot* (1670). — *Jancourt* (1653). — *Jeancourt, Jean et Michel,* père et fils, *Hugues, Michel, Gabriel,* sieur des Écurettes (1643-1781). — *Jean,* un Flamand (1652). — *Michel Joffret* (1648). — *Anthoine Joly* (1651). — *Francis Joulo* (1700). — *Francis et Jacques Lacombe* (1779). — *Michel, Jacques et Jean de Lachault* (1647-95). — *Jean de Landriefve de Saint-Amand* (1594). —

Antoine, Oradoux, Jean, Joseph, Étienne, Pierre, François et Jacques de Landriefve (1632-1795). — François Laisné, Antoine et Pierre Laisné (1648-1779). — Claude Lamy (1714). — Annet Lamy (1719). — François Langlade (1715). — Langlois (1787-90). — Gabriel Lapierre (1702). — Joseph Larmillier (1779). — Larvet « alias » Laruet (1654-70). — Pierre et François Larvet (1703-08). — Pierre Larvet (1703-08). — Léonard Laubart (1601). — Léonard Le Bouchard (1678). — Pierre Le Bouchard (1702). — Ives et Jacques Lebrun (1712). — Michel Lebrun (1700), un autre, du même nom (1779). — Blaise Lefaure (1779). Pierre Lefaure (1781). — Annet Legrand (1652-59). — Lejeune (1789). — Léonard Legros (1652-65). — Jacques Legros (1747). — Gabriel Lemasson (1665), un autre, du même nom (1700). — Lemusnier (1670). — Georges Lenoir, mort en 1584. — Pierre Lenoir (1605). — Léonard Lenoir (1655-65). — Jean Lenoir (1657-85). — un autre Jean Lenoir (?) — Jean Le Neyraud (1648). — Blaise Lepellat (1616). — Jacques Leroudier (1612). — François Leslys (1666). — Jean Leslis (1700). — L. Leyraud (1665). — Joseph Leveufve (1605-28). — Léonard Leveufve (1658). — Jean Leveufve (1668). — Michel Leveufve (1779). — Pierre Leveufve (1779). — François Ligot (1667). — André Lyonnet (1675). — Silvain Liron (1779). — Bordessoule (1617-56); L. Bordessoule (1664). — Jean et Jacques Bordessoule (1668). — Léonard François Lombard (1601-06). — Gilbert Lombard (1625-34). — Jacques de Longevialle (1671). — Jehan de Lozanne, dit le baron (1555 † 1655). — Macé, collaborateur de J.-F. Picon, vers 1750. — François Mage (1685). — Pierre Mage (1650). — Jean Mage (1665-

1697). — Pierre Mage, fils du précédent (1697)-1720). — Austrille Mage (1678). — Pierre Mage † (1747). — Jean Mage (1747). — Léonard Mage (1742-46). — Pierre Mage fils du précédent (1697 † à Paris en 1760. — Jean Maignat (1659). — Martial Maignat (1658-69). — Antoine Maignat (1662-65). — Pierre Maignat † en 1685). — Pierre Maignat (1779). — Maignard (1634). — Antoine Maignard (1665). — Blaise Le Mignard (1668). — Jehan de Maillire (1528). — Pierre de Maillire, fils du précédent (1528). — François Maïlhat (1652). — Jean Mailhat (1668-98). — François Mailhat (1699). — Jean Maillat (1720). — Michel Maingonnat (1693-1722). — Pierre Maingonnat (1720). — François Maingonnat, l'aîné (1776-89). — François, Augustin Maingonnat (1781). — Jean Malaterre (1692). — Jean Malaterre, fils du précédent (1693). — Charles Masfayon (1645). — Masfayon, frères (1650). — Jean Masfayon, établi à Bordeaux en 1661. — Charles et Jacques Masfayon frères (1746-50). — Jean Malécat (1680). — Jean Marchesson (1725). — Léonard Manrounet (1647). — Guillaume Manrounet (1648). — Pierre Manrounet (1657). — Jean Manrounet (1669). — Jean Manrounet (1723). — Mapeyroux (1730). — Martial Mapeyroux (1746). — François-Augustin Mapeyroux (1766-70). — Pierre de Marcilhat (1555 † vers 1648). — Sébastien de Marcilhat (1609). — Jean Marcilhat (1614). — Symon Marcillac (1613). — François de Marcilhat (1648). — Jacques Marcilhat (1677). — Léonard du Marchedieu (1640). — Jean Marchedieu (1685). — Jean Marly (1655). — Léonard Marsallot (1700). — Jehan Petit Martelade (1541). — Jehan et Léonard Martelade, frères (1600). — Guillaume et Jean de Martelade, associés en 1609. — Pierre Mathelin (1699).

— Jean Martin (1644). — Alexandre et Nicolas Matheron, qui travaillaient à la manufacture de Tours en

Fig. 98. — Les Métamorphoses (Flore et Zéphire) ; Gobelins. (xviiie siècle.)

1565 et 67. — Anthoine Matheron (1584). — Jehan Matheron (1600-11). — Jacques Matheron (1604). — Léonard Matheron (1614). — Anthoine Matheron (1641). — Pierre Matheron (1648-74). — Jacques

*Matheron*, fils du précédent (1665-85). — *Laurent Matheyron* (1650-55). — *Philippe Matheyron* (1654-85). — *Étienne Matheyron*, sieur d'Epessat (1650-71). — *Charles Matheyron*, neveu du précédent (1658). — *François Matteron* († 1646). — *François Matteron*, fils du précédent, établi à Bordeaux en 1659 et 1661. — *Martial Matteron*, frère du précédent, fixé à La Réole, en 1661. — *Jean Matheyron* (1674-85). — Autre *Jean Matheyron* (1697-99). — *Pierre Matheyron*, sieur de la Villatte (1699). — Autre *Pierre Matheyron* (1703). — *Charles Matheyron* (1740). — *François Matheyron de la Roche* (1779). — *Charles* et *Pierre Matheyron* (1779). — *Léonard Mathenat* (1650). — *Jean Mathiat* (1700). — *J. Mathieu* (1665). — *Henry Mathieu*, établi à Castres en 1661, *Mathieu*, fixé à Toulon en 1671. — *Charles Mathivon* (1736) — *Pierre Masseron* (1665). — *Manrousset* (1647). — *Charles Manrousset*, fils (1683). — *Laurent Maultahiat* (1670). — *Louis Mazeau* (1654). — *Martial Mazeau* (1670-74). — *Michel du Mazeau* (1677-93). — *Jean-Sébastien Mazetier* (1700). — *Mazoir* (1779). — *Benoît Meaume* (1779). — *Jean-Baptiste* et *Antoine Meaume* (1779). — *De Menou*, fabricant à Aubusson et entrepreneur de la manufacture de Beauvais (1780-93). — *Anthoine Mercier* (1565). — *Jean Mercier* (1647-56). — *Philippe Mercier* (1656). — *Léonard Mercier* (1657-65). — *Antoine Mercier* (1680-85). — *Pierre Mercier* (1685). — *Antoine Mercier* (1724). — *Michel Mercier* (1778-81). — *L. de Mergoux* (1665). — *Pierre Mergoux* (1680). — *Pierre-Léonard Mergoux* (1767-79). — *Michel Mergouleix* (1678). — *François Mérigot* (1726). — *Louis Merlière* (1657-85). — *Jean Merlière* (1674-80). — *Moïse Merlière*, fils du précédent (1681). — *Jean*

Merlière (1705). — Jean Menu (1648). — Gabriel Meton, « alias » Met (1660-75). — J. Meusnier (1665). — Léonard Meusnier (1670). — Antoine Meusnier († en 1672). — François Meusnier (1700). — Étienne Meysonnieux (1654). — Jean Michelon (1747). — Pierre Migot (1778). — Martial Monsieur (1698). — Étienne Monnet (1671-73). — Jean Monnet (1700). — Annet de Montmurat (1657-70). — Hériosme de Montezert (1605-13). — Jacques de Montezert (1645-68). — François de Montezert († avant 1660). — Claude de Montezert (1668). — Antoine de Montezert (1668-85). — Jérôme de Montezert (1699). — Pierre de Montezert, fils du précédent † en 1747. — François de Montezert, fils de Pierre (1786). — Pierre Mouly (1649). — Gabriel Mouly (1656). — De la Mouline (1665). — Jacques Mounille (1652). — Louis et Jacques Moulisson, associés en 1668. — Jehan Moureau (1586). — Léonard Moureau (1613). — A. Moureau (1665). — Pierre Moureau (1680). — François Moureau (1703). — M. Moury (1665). — Pierre Nadalon (1648-54). — Léonard Nadalon (1660). — Jean Nadalon (1698-1724). — Autre François Nadalon † en 1768. — Pierre Nadalon (1720). — Anthoine Nermot (1598-1600). — Jehan Nermot (1600-33). — Pierre Nermot (1646-79). — Jean Nermot (1655-65). — Frédéric Nicolas (1652-70). — Jean Nivet (1662). — Michel Nivet (1656). — Jacques Nivet (1779). — Jean Nonel (1748-67). — Jacques Olivier (1691). — Jean Pajon (1630). — Samuel Pajon (1654-85). — Pierre Pajon (1660-85). — Jean Pajon, fils du précédent (1668). — Jean-Jacques et Hélie Pajon, fils de Jean (1685). — Pajon (1743). — Antoine Paly (1661). — Jean Palisson (1670). Michel Pangau (1655). — Jacques Pangau (1692).

*Pierre* et *Jean Pangau* (1700-16). — *Léonard Pangau* (1716). — *Pagnet* (1713). — *Jacques Parade* (1653). — *Jean Parade* (1660). — *Pierre Parade* (1665). — *Pierre Pardoux* (1660). — *Michel Paradoux* (1686-97). — *Pierre Paris* (1654). — *Jean Paris* (1665). — *Antoine Paris* (1665). — *François Paris* (1685). — *Antoine Paris* (1715-31). — *Veuve Paris* (1724). — *Pierre Paris* (1726). — *Antoine Parrot* (1657-67). — *Jean Pastureau* (1720). — *Jean Perchon* (1661). — *Frédéric Perklain* (1645, mort en 1665). — Son fils, autre *Frédérik* (1666). — *Michel Perrier* (1724). — *Pierre Pertuzet* (1650). — *Martial Petiot* (1674). — *François Petit* (1770). — *Pierre Peux* (1656). — *Jean Peux* (1685). — *Pierre Peux* (1674-85). — *Antoine Peyret* (1647). — *Michel Peyret* (1652). — *Hiérosme Peyret* (1672). — *Antoine Peyrot* (1646). — *Pierre Peyrot* (1662). — *Gilles Peyroux* (1663). — *Pierre Peyroux* (1781). — *Antoine Picaud* (1660-86). — *Laurent Picaud*, fils du précédent (1681-86). — *Gilbert Picaud* (1724). — *Antoine Picaud* « alias » *Picot* (1744-50). — *Jean Piqueaux*, † en 1760. — *François Piqueaux* (1770-86). — *Jean Piqueaux* « alias » *Pitiot* (1779-85). — *Picaud* dit *Larnaud* (1750). — *Martial Picon* (1670). — *François Picon* (1700-31). — *Jean-François Picon* (1730-31). — *Jean-Pierre Picon*, seigneur de Laubard, fils du précédent (1750-89). — *Gabriel Picon*, frère du précédent (1774-89). — *Théophile Pijaud* (1685). — *Claude Pillon* (1665). — *Jacques Pineton* (1660-65). — *Pineton* (1665). — *François Planchier* (1607). — *Gabriel Du Plantadis*, fils d'Antoine, seigneur de La Vernède (vers 1653). — *Gabriel Du Plantadis*, succéda à son père; il vivait encore en 1726. — *Jacques Du Plantadis*, né à Aubusson, en

1705, tapissier en 1726. — *Léonard Du Plantadis*, fils du précédent (1760). — *Jean-Michel Du Plantadis*, fils du précédent, né en 1769. — *Jacques Ploi*, fixé à Limoges, en 1670. — *Gabriel Pontel* (1726). — *Pierre Porte* (1779). — *Martial Pouleton* (1779). — *François Pourchier* (1681). — *Jacques Poussard* (1587-90). — *Pierre Poussard* (1590). — *Pierre Postier* (1652). — *Louis Philippon* (1699). — *J. Pradal* (1665). — *Jean Pradal* (1770). — *Pierre Pradot* (1587). — *Jean Pradeau* (1670). — *Jacques Pradeau* (1694). — *Pradot* (1755). — *Veuve Pradot* (1760). — *Pierre et Gabriel Pradilhon* (1659). — *Frédéric, Jean et Nicolas Provost* (1658-59). — *Jean Prugnier*, établi à Angers en 1630. — *Antoine Prugnier* (1625-34). — *François Prugniet* (1684). — *Prugniet* (1715). — *Jean de Puisboube* (1657). — *Michel Puisboube* (1672). — *Gilbert de Puisboube* (1675). — *Léonard Quentin* (1778). — *Michel Queyrat* (1673-98). — *Léonard Radigon* (1672-74). — *Michel Rebierre*, avant 1639. — *Jean Rebierre*, fils du précédent (1639). — *Pierre Rebierre* (1641). — *Michel Rebierre* (1652-78). — *Pierre Rebierre* (1669-79). — *Jean Reby* (1651). — *Anthoine Resforte* (1587). — *Jacques Roynaud* (1750). — *Antoine Reynaud* (1789). — *Gilles Richard* (1668). — Un *Richard*, qui travailla aux Gobelins en 1754. — *Jean Richon*, avant 1714. — *Jacques Rigaudie* (1696). — *Jacques Rigaudie* (1780). — *Jacques de la Rigondie* (1712). — *Jehan Rionnet*, l'aîné (1578). — *Joseph Rionnet* (1582). — *Denys Robichon*, apprenti tapissier, en 1528. — *François Roby* (1742). — *Jean Roby* (1750). — *Jean-Joseph Roby*, fils du précédent (1781). — *Léonard Roby* (1770-88), tapis veloutés en haute lisse. — *Roby le Jeune* (1773). — *François Roby de*

*Faureix*, peintre et fabricant de tapis veloutés (1779-1804). — *Roby* dit l'aîné, notable fabricant (1780). — *Jacques Rochard* (1648). — *Rochard* (1774). — *Blaise Rochon* (1600). — *Huges Rogier* (1633 † 1664). — *Pierre Rogier* (1633-36). — *Jean Rogier* (1662-79). — *Jean*, fils du précédent (1691, à Toulouse en 1737). — *Jean-Baptiste Rogier*, fils du précédent (1731). — *Jean-Louis Rogier*, fils de Jean-Baptiste (1761-71). — *Guillaume Rogier*, fils du précédent, marchand de tapisseries à Paris, né en 1765, mort en 1837 : restaurateur, avec son associé Sallandrouze de Lamornaix, de la manufacture d'Aubusson, au commencement du xix$^e$ siècle. — *Nicolas Roubaud*, père et fils (1649-62). — *Michel Rondet* (1665-74). — *Laurent Rondet* (1680). — *Joseph Rondet* (1733). — *Gilbert Roquet* (1639, mort à Limoges en 1664). — *Étienne Roquet*, fils du précédent, succéda à son père dans la direction de la manufacture de Limoges; seconde moitié du xvii$^e$ siècle. — *Léonard Roudier* (1699). — *François Rousset* (1648). — *Jean Rousset* (1648-69). — *Jacques Rousset* (1649). — *L. Rousset* (1665). — *Pierre Rousset* (1665-85). — *Jean Rousset* et un autre *Jean Rousset*, père et fils (1685). — *Élie Rousset* † en 1685. — *Rousset*, marchand de tapisseries à Paris (1689-1700). — *Jean Le Rousseau* (1665-79). — *Guillaume Le Rousseau* (1674). — *Gabriel Le Rousseau* (1675). — *Gilbert Rouseille* (1610). — *Claude Ruben* (1660-76). — *Joseph Salles* (1639). — *Étienne Salles* (1654). — *Jacques Sallesson* (1685). — *Antoine Salin* (1699). — *Pierre Sanegrand* (1685). — *Pierre Sandillon* (1668-99). — *Jean Santon* (1644). — *Sardaillon*, tapissier aux Gobelins, en 1754. — *Jean Santerieux* (1632-52). — *Damien Santerieux*, mort en 1647. —

*Gilbert Santerieux*, fils du précédent (1643-70). — *Jean Santerieux* (1674). — *André Santerieux* (1779). — *Antoine Sauvannet* (1655). — *François Savodie* (1777). — *Paul Saviot* (1662-74). — *Michel Seiglière* (1605). — *Jean Seiglière* (1649-62). — *A. Seiglière* (1665). — *La Seiglière* (1789). — *Jean Simon* (1652). — *Pierre Simon* (1669). — *Jacques Souton* (1670). — *Martial Tabard* (1648). — *Gilbert Tabard* (1653-70). — *Léonard Tabard*, fils du précédent (1687-99) — *Antoine Tabard* (1658). — *Jacques*, fils du précédent (1678). — *Léonard*, frère du précédent (1700). — *Pierre Tabard* (1670). — *Pierre Tabard* (1770-89). — *Jean Tabard* (1779). — *Léonard Tabard* (1780). — *Pierre Tandon* (1678). — *François Tangat* (1778). — Veuve du précédent (1779). — *Anthoine Taraveau* (1592-1605). — *Taraveau* (1665). — *A. Tastet* (1665). — *Jean Tastet* (1685). — *Jacques Terradon* (1730). — *Jean* (1779). — *Michel et Mathieu Terradon*, frères (1779). — *Jean Terraillon* (1750). — *Étienne Terraillon* (1779), travailla aux Gobelins et à Beauvais. — *Michel Teillet* (1597). — *Jean*, l'aîné (1652-65). — *Jean*, le jeune (1658). — *Hélie*, mort en 1655. — *Antoine* (1654-55). — *Jacques* (1674-85). — *Pierre* (1685). — *François* (1674). — *Jean Teillet*, fils du précédent (1685). — *Anthoine Terrible* (1555-74). — *Jehan Tixier* (1585). — *Jehan* (1615). — *Jacques* (1673-75). — *Gilbert Tixier* (1675). — *J. Tixier* (1715). — Le fils de la *Thévenote* (veuve Thévenot), apprenti tapissier, en 1528. — *Pierre et François Thoulezy* (1642). — *Léon Thoulezy* (1668). — *Jean Tricot* (1641-85). — *Jacques* (1779), autre *Jacques Tricot*, le jeune (1774-79), travailla aux ateliers de Beauvais et des Gobelins. — *Blaise-André Trimoulinard* (1781).

— Jacques Tute (1779). — Jacques Vallenet (1715). — Léonard, père et fils (1749). — Jean (1778). — Pierre (1779). — Michel Vallenet (1766-80). — Jean Vaureille (1674-85). — Jacques Vaureille (1685). — Léonard de Vialleys (1585). — J. de Vialleys (1614). — Léonard de Vialleys (1623). — Joseph de Vialleix, établi en Beaujolais (1648). — Antoine de Valleix, fils du précédent, tapissier à Aubusson (1650), où il mourut en 1655. — Vicetlosse, à Aubusson en 1650. — Léonard Vignon (1747). — Jean Vignon (1779). — Jehan Villard (1600-10). — Jean et François (1685). — Jean Villard. — Pierre Villemerle (1669). — Étienne Villemerle (1691-1700). — François de Vitract (1600). — Joseph, fils du précédent (1636). — Jean (1636). — Antoine (1642). — Étienne (1665). — Gabriel (1660-65). Jacques, fils du précédent (1686). — Jean, fils de Jacques (1694-97). — De Vitract (1750). — Veuve de Vitract, seconde moitié du xviii<sup>e</sup> siècle. — Christophe Veyleau (1647). — Jean (1685). — Michel (1772). — François et Léonard Velbau (1779). — Antoine Veyrier (1654). — Jean Veyssière, mort en 1664. — Jean, fils du précédent (1670-73). — Étienne (1670). — Antoine Veyssière (1680). — François Vret, dit « le Normand » (1647). — Jean Wask (1647).

Si, dans cette nomenclature (où ne figurent pas les artistes des hameaux), quelques tapissiers des Gobelins se sont égarés, la quantité de ceux que Beauvais procura aux métiers de basse lice d'Aubusson et de Felletin est plus considérable. D'autre part, nous retrouverons à Felletin des tapissiers d'Aubusson, et réciproquement.

Fig. 99. — *Polyphème aperçoit Galatée avec Acis*;
Gobelins. (XVIIIe siècle.)

**Manufactures de Felletin** (Creuse). — De qualité inférieure aux précédentes, les tapisseries de Felletin, particulièrement des verdures plutôt grossières, furent contraintes à adopter, en 1742, une bordure de couleur brun foncé. Ces manufactures prirent, à cette date, le titre de *Manufactures Royales de Tapisseries de Felletin*, et leurs marques se présentaient dans le genre de celles d'Aubusson. Néanmoins, le plomb qui prétendait sélectionner certains produits d'Aubusson manque à Felletin. On fabriqua à Felletin, pour la première fois, des tapis veloutés ou moquettes, vers 1768.

De même que nous avons donné les noms des marchands, maîtres-tapissiers, etc., d'Aubusson, le lecteur trouvera ici ceux de Felletin (puisés encore dans l'ouvrage de C. Pérathon) qui lui permettront d'authentiquer, non moins, les pièces anciennes provenant de cette autre manufacture de la Creuse.

*Jacques et Michel Balajat* (1745-50). — *Antoine Bandy de Malèche* (1745-63). — *Christophe Bandy* (1745). — *Léonard Bandy de Lachaud* (1746-64). — *Joseph Barjon* (1745). — *François Bierge* (1745-51). — *Pierre Brisse* (1745-51). — *François Brisse* (1752). — *Léonard et Jacques Blondeau* (1746-47). — *Joseph Boujasson* (1747-49). — *François et Antoine Brégère* (1752-59). — *Yves Brégère* (1768). — *Bayard*, gendre de *Lavrandrier* (1756). — *Bayard* (1772). — *François Carbonneau* (1745-50). — *Pierre Chaupineau* (1745-62). — *Christophe Chaupineau* (1746-72). — *Claude Chirat* (1746). — *Veuve Chirat* (1749-78). — *Michel Colas* (1745-68). — *Jean Chouzioux* (1745-63). — *Annet Chouzioux* (1745-63). — *Louis Chapelar* (1746). — *André et Annet Cougniaux* (1746-63). — *Veuve Fran-*

çois Conton-Suzard (1745). — François Conton-Suzard ou Conton (1748-66). — André Colson (1745-56). — Jean Colson, fils du précédent (1756). — Veuve d'André Colson (1762-68). — M$^{lle}$ Colson (1763-68). — Jean et Laurent Chassaigne (1752-56). — François Chassaigne (1763-72). — Pierre du Chersoubre (1745-62). — Annet du Chersoubre (1746-68). — Antoine Chersoubre de Beaumont (1762-67). — Jacques Diverneresse (1689). — Étienne Diverneresse (1745). — Jacques Diverneresse de la Porte (1746-66). — Veuve Diverneresse (1768). — M$^{lle}$ Degas (1745-53). — Veuve Degas (1746), dont les fils sont : Étienne (1746-50), Jean (1748-52). — Laurent Delarbre (1746-68). — Michel Delarbre (1762). — Martin Duverdier (1746-52). — Pierre et François Dumas (1746-53). — Pierre Durand (1745-68). — Antoine Durand (1746-68). — François Durand (1746) et sa veuve (1746). — Annet Durand (1747). — Martial Durand (1750). — Claude Durand (1763). — Jean Felletin (1750-54). — Jeanne Felletin, veuve du précédent (1756). — Pierre Florent (1746-52). — Jacques Fourriau (1746-68). — Anne Fourniau (1746). — Jacques Granchet (1747). — Jacques Guilhon et Jean (1746). — François-Marien Jourdain, syndic de la confrérie de Sainte-Barbe (1746). — Pierre Jourdain (1768). — Annet Jourdain, fils de François-Marien, avec son père (1762-78). — Jacques Lainé (1746-50). — Léonard Lainé (1752). — Léger Lainé (1757). — Michel Lassagne (1745). — Léonard Lassagne (1752). — Antoine Lavandrier (1745). — Étienne Legate (1745-62). — Veuve Legate (1749-66). — Veuve Lacoux (1745-47). — Veuve Larneaux (1746). — François Leclerc (1745-62). — Yves Louche (1762-68). — Martin Louche (1763). — Jacques

Masson, sieur de La Salle (1722-46). — François de La Salle (1746). — Jacques Lecante (1746-62). — Pierre Migot (1745-62). — Antoine Migot (1746). — Veuve Migot (1746-66). — Gabriel Moussard (1746-66). — Jacques Moussard (1748). — Veuve Moussard (1749). — Jacques Moreau de Beaumont (1745). — Michel Moreau (1746-69). — François Moreau (1736-52). — Baptiste Moreau (1746-50). — Jean Moreau (1746). — Antoine Montabret (1745-62). — Pierre Montabret (1746). — Léonard Montabret (1747). — Jacques Montabret (1763). — Gabriel Montabret (1768). — Roy du Marceleix (1745-50). — Marguerite Roy (1746). — Jean Reineau (1746-68). — Léonard Rochefort (1757-1763). — Gervais Le Rousseau (1745). — Pierre Rousseau (1750-63). — Antoine Rousseau (1752-62). — Léonard Rousseau (1768). — Léonard Roche (1748-66). — Jean Roche (1749). — Sallandrouze, notable (1746). — Pierre Sallandrouze (1759-68). — Jacques Sallandrouze de Lamornaix, fils aîné de Jacques (1763), continue cette famille de fabricants qui contribua si puissamment jusqu'à nos jours à la réputation d'Aubusson-Felletin. Les sœurs de l'Hôtel-Dieu de la ville de Felletin possédaient des ateliers de tapisseries en 1745 et 1749. Cet hôpital, qui remonte, dit-on, au xiiie siècle, était dirigé au xviiie siècle par des sœurs de l'Instruction chrétienne ou de la Croix. Il était encore tenu par des sœurs de Saint-Roch, en 1862. Antoine Lecler (1746). — Paul Lecler (1752-68). — Gabriel et Jean Selle (1745-52). — Léonard Selle (1756). — Gabriel Sénéchal (1746-62). — Gervais Sénéchal (1746). — François Sénéchal de Beaumont (1757-68). — Antoine Sénéchal du Breuil (1762). — Jean-Baptiste Sandon (1746-66). — Léonard

Soulmagnion (1763). — François Tabar (1749). — Jacques Tixier de La Moneix (1745-68). — Jacques Tixier des Conpres (1750-64). — François Taboureix

Fig. 100. — *Scène de marché*, d'après Teniers ; tapisserie exécutée en Flandre, au xviii<sup>e</sup> siècle.

(1745). — Antoine Taboureix (1749). — Silvain Tigouleix (1746-62). — François et Martial Tigouleix (1750-62). — Gilbert Vaisse (1749). — Pierre Vaisse (1767). — Léger Vachet (1746). — Antoine Varelle (1752). —

François Vennat (1745). — Jean Vennat (1746-63). — Étienne Vennat (1746). — Joseph Vennat (1748-59). — Pierre Vedrenne (1745). — François Vedrenne de Beaumont (1746-68). — Jacques Vedrenne (1749). — Michel Vedrenne dit Fadille (1767). — Antoine Villard (1745). — Georges Villard (1748-50). — Pierre Vergne (1745). — Jacques Vergne (1746). — Léger Vergne (1748). — Mesdemoiselles Vergne (1748). — Veuve Vergne (1748-52). — François Vergne (1749-63). — François Vergne, fils du précédent (1778).

**Manufactures de Bellegarde-en-Marche** (Creuse). — Elles connurent la prospérité au xvi⁰ siècle, et leur étoile pâlit vers 1636. On sait peu de chose sur les tapisseries de Bellegarde, sinon qu'elles furent très inférieures à celles d'Aubusson. Un d'Aubusson de La Feuillade s'y intéressa, au xvii$^e$ siècle. On croit que Bellegarde partagea avec Aubusson la lisière bleue et qu'elle connut aussi les plombs de garantie, d'où une investigation incertaine au delà des noms de fabricants, d'artistes, etc., qui accompagnaient ses meilleurs productions et dont nous empruntons encore la nomenclature suivante à Cyprien Pérathon.

François et Jean de Peyroudette (1752-1621-1634). — Mathieu de la Chaize (1579-83). — Sébastien et Jean de la Chaize (1721). — Jean Vergniaud, Blaize (1582), Simon (1588), Joseph (1621), Pierre (1625). — Antoine Vergniaud (1623-34). — Annet Paret (1584). — Andrieu Sementéry (1583-85). — Sébastien Sementéry, dit Gannit (1621-35). — Étienne Sementéry (1721). — Annet Brifoulière (1578). — Jacques, Sébastien, fils du précédent (1616). — Léonard, père du précédent, Léonard, fils (1625). — Jean Brifou-

lère, dit *Paneton* (1830). — *Antoine Villatte* (1619).
— *Annet Raillitz* (1625-34). — *Étienne Chaize*.
— *Jean Chaize*, fils du précédent (1629). — *Martial Migonnet* (1627-28). — *François Mazetier* (1627).
— *Joseph Digaud* (1627). — *Martial Brunet* (1630). —
*Sébastien Brunet* (1634). — *André du Pont-Jean*, fils du précédent (1634). — *François-Mercier* (1624-39).
— *Sébastien Lespict* (1630). — *Silvain Lespict* (1630).
— *Jean Desphrondelle* (1634). — *Annet Parris*, dit *Sarlent* (1684). — *Pierre Nounet* (1630).

**Tapisseries de Maincy.** — Elles sont parfois signées de l'écureuil figurant dans les armes du surintendant Foucquet (avec sa devise : *Quo non ascendat?*) qui avait fondé cette fabrication, dirigée par Le Brun, dans la ville de Maincy (Seine-et-Marne).

**Tapisseries de Henri IV.** — Un H traversé par le double sceptre de Henri IV ou les initiales de Marie de Médicis.

**Tapisseries de Fontainebleau.** — Le chiffre de Henri II avec deux D enlacés ou deux C, ainsi que la présence d'une salamandre avec une fleur de lis et un F, marque de François I$^{er}$, indiquent des pièces de cette provenance.

**Manufactures Bruxelloises d'Audenarde.** — En 1528, le Magistrat prescrivit que toute pièce ressortissant à la fabrication bruxelloise, mesurant plus de six aunes, porterait dans le bas, sur un côté, la marque du fabricant ou de celui qui avait fait confectionner la pièce, et sur l'autre, un petit écusson rouge flanqué de deux B. tissés en laine plus claire que le fond auquel, parfois, s'ajoute un nom de tapissier. Nous avons signalé, précédemment, l'opinion de Wauters relativement à cette brillante fabrication dont un 4 retourné, accosté de lettres ou de monogrammes (sur la lisière), accuse une pièce exécutée soit pour un marchand, soit par un tapissier faisant le commerce des tapisseries; mais, quelques auteurs supposent que le signe ou chiffre 4 ci-dessus indiqué n'est qu'une croix représentant la signature des illettrés. Les marques de Nicolas Leyniers (N°s 8 et 9), d'Antoine Leyniers (N° 10), de Jean Leyniers (N° 11), de Jean Raes (N°s 12, 13, 14 et 14 $^{bis}$), de Jean Raes, le jeune (N° 15), de J. Geubels (N°s 16, 17, 20, 21 et 22), de François Geubels (N°s 18 et 19), notamment, signent des pièces de Bruxelles. Voir aussi celles de Guillaume de Pannemaker (N°s 23, 24, 25, 26 et 27), de Martin Reymbouts (N°s 28, 29 et 30), de Van den Hecke (N° 31) et de Van den Borght (N° 32). Quant aux inscriptions de Jan van Room ou Jean de Bruxelles ou Jan de Room ou van Room (N° 28), elles renseigneront sur l'époque des tapisseries dont les cartons sont dus à ce peintre de la cour des Pays-Bas (xv$^e$ et xvi$^e$ siècles). L'artiste, qui travailla pour les tapisseries de la confrérie du Saint-Sacrement de Louvain, signa aussi : *Mœr, Nay, Moer, Sohie, Philiep, Mori, Ioanis, Jean, Var, Ael'st, Issonsi, Issnosi, Aeilst, Van-Oirle, Or Sle, J. Rom, Jan de Ron, J. Rom*, etc. La *Légende d'Herkinbald*, conservée à Bruxelles, a été tissée en 1513, par Léon, sur les dessins de Jean de Bruxelles : (Voir pages 328 et suivantes, la référence des N°s).

Voici les noms correspondants aux marques des **tapisseries d'Audenarde** (Pl. 11) *Pierre de Brauere*

(N° 33). — *Josse Walrave* (N° 34). — *Hubert Stalins* (N° 35). — *Gilles Mahieus* (N° 36). — *Arnould van den Kethele* (N° 37). — *Pierre van Rakebosch* (N° 38). —*Guillaume van den Cappellen* (N°39).— *Jean Pontseel* (N° 40). — *Jean Boogaert* (N° 41). — *Remi Cruppenn* (N° 42). — *Gilles Morreels* (N° 43). — *Martin van den Muelene* (N° 44). — *Pierre Willemets* (en 1542 N° 45). — *Mathieu van Boereghem* (N° 46). — *Jacques van den Broucke* (N° 47). — *Jean de Bleeckere* (N° 48). — *Antoine van den Neste* (N° 49). — *Jean Hans de Waghenere* (N° 50). — *Jean Talpaert* (N° 51). — *Arnould Cobbaut* (N° 52). — *Thomas Nokermann* (N° 53). — *Jean de Clynckere* (N° 54). — *Jean Dervael* (N° 55). — *Jacques Benne* (N° 56).

On ajoutera à ces marques, l'écusson jaune, coupé de trois barres rouges, reposant sur une paire de lunettes brisées, vignette (N° 57) propre au Magistrat d'Audenarde, à partir de 1544, qui fait vraisemblablement double emploi avec l'autre que nous donnons (N° 58).

Le B remarqué sur certaines tapisseries du xvi° siècle signifierait qu'elles proviennent des ateliers de Bruges, mais il s'agit là d'une fragile conjecture (voir, en revanche, la vignette N° 59), non moins qu'en ce qui concerne les armes de la ville d'Enghien pour désigner les ateliers de cette ville (un écu gironné). Jean-François van den Hecke (2° moitié du xvii° siècle) signa de ses initiales I. F. V. H., Gaspard van den Bruggen également (I. V. B.) ainsi que Jacques van Zeune (J. V. Z.) et Jean van Leefdale (I. V. L.). Anvers marqua ses pièces de la première moitié du xviii° siècle d'une sorte de chiffre ornementé.

Tournai (N° 60).

**Tapisseries de Lille, Tourcoing, Valenciennes, Arras, Amiens, Tours.** — Les armes de la ville de Lille (un lis d'argent sur champ de gueules), accompagnées des lettres L. et F. avec les noms de *Pannemaker*, de *Delatombe*, de *G. Wernier*; voir encore la signature de la veuve de ce dernier tapissier, (Planche 11, N° 61). Au xvii° siècle, on relève la signature de *J. de Melter* sur une pièce provenant d'un atelier Lillois, et, au xviii°, celles de *François van der Sticheler* (V. S. T.) et de *F. Bouché*. D'ailleurs, à partir de 1595, les hautes-liciers de Lille étaient tenus de signer leurs pièces. Le nom de *Lefèvre Tourcoing* indique une pièce provenant de cette ville. Le nom de *Billet* signe quelques verdures exécutées à Valenciennes, au xviii° siècle, et, au même siècle à Arras, d'autres verdures sont signées *Planté J. B*, marque attribuée à Amiens par Eug. Müntz (N° 62).

**Tapisseries de Nancy.** — Au xviii° siècle : initiales de Charles Mitté (C.M.E) et de Sébastien Mangin (S.M.), ces dernières, hypothétiques. Il existait aussi, à proximité de Nancy, à Malgrange, une petite manufacture marquée de ce nom.

**Tapisseries de Tours.** — Une double tour.

**Tapisseries italiennes.** — Tous les ouvrages exécutés par *Rinaldo di Gualtieri Boteram*, dans la République de Sienne, vers 1438, sont marqués, en haut, d'une inscription indiquant leur provenance et que la cité de Sienne est en possession d'un *si bello et honorato mistero*. Le monogramme H. K. désigne la fabrication de *Hans Karcher* (milieu du xvi⁰ siècle), de Ferrare (N° 63), et Rinaldo Botteram, travaillant à Mantoue et à Ferrare, signe ainsi (N° 64). Marque de l'atelier de Florence : une sphère ou bien une fleur de lis fleuronnée entre deux F. (N° 65). Voir aussi la vignette de Jean Rost (N° 66) et noter la signature de *Vittorio Domigno* au xviii⁰ siècle. Marque des ateliers de Rome, d'après Mgr Barbier de Montault, au xvii⁰ siècle : *des Abeilles* (armes du pape Urbain VIII Barberini). Aux xviii⁰ et xix⁰ siècles : *une tiare* (peut-être un atelier libre placé sous la protection du Saint-Siège), *la louve* avec Romulus et Rémus, en camaïeu (atelier libre), enfin : *l'archange saint Michel*, médaillon en camaïeu (manufacture Pontificale).

**Tapisseries espagnoles.** — Signature de J. Van der Goten (xviii⁰ siècle), celle d'un Flamand fixé à Madrid.

**Tapisseries de Saint-Pétersbourg.** — Une fabrique impériale de tapisseries de Saint-Pétersbourg, dont on cite un beau spécimen représentant un roi porté par deux Maures, ayant un cadre doré pour bordure et signé en russe : A Saint-Pétersbourg, année 1741 ; inscription accompagnée d'un écusson avec les lettres P. E. B. enlacées.

**Tapisseries de Munich et de Dresde.** — Un enfant debout les bras étendus, sur champ blanc, dans un écusson.

Noter aussi, à Munich, dans la première moitié du xviii⁰ siècle, le nom de *Hans van der Biest* accompagnant le chiffre de Maximilien avec les armes de

Munich (N° 67), et, dans la première moitié du XVIIe siècle, le nom de P. Mercier, à Dresde.

**Tapisseries anglaises de Mortlake.** — Voir marques (N° 68), et le monogramme P. D. M.

En dehors de ces marques, sujettes à caution malgré les éminentes recherches des Eug. Müntz, des Jules Guiffrey, des Wauters, etc., quelques signatures parfois appuyées de noms ou d'armes de villes ou de personnages, d'une date, apportent tout naturellement leur contribution aux amateurs pour une curiosité souvent, dont la beauté dispenserait, à moins que, par réciprocité, une inscription lumineuse ne confère une beauté absente. Nous avons vu que des vignettes ne manquaient pas certaines fois d'éloquence; la fabrication de Tours, même, ne recula point devant un calembour, et combien d'autres facéties en manière de monogrammes, nous échappent! Combien de rébus où s'amusèrent des tapissiers d'autan, nous firent prendre le Pirée pour un homme! Goûtez plutôt la dérision de ces lettres purement décoratives, inintelligibles, propres seulement à faire damner les saints que sont les savants, qui courent sur les galons des vêtements, sur les bordures et draperies de tant de tapisseries du moyen âge! En revanche, combien parfois la lecture des banderoles et devises nous renseigna lumineusement sur une époque!... A moins cependant que les dites banderoles, qui composent si volontiers le fond de l'art décoratif à la fois allemand... et suisse, ne nous fassent errer, d'autant que l'Allemagne... et la Suisse, sont demeurées fidèles, bien après le moyen âge — on pourrait dire jusqu'à nos jours même — à l'esprit gothique. Non moins périlleuses à dater comme à déterminer sont les verdures.

Nous avons, enfin, jugé inutile de donner la nomenclature des artistes tapissiers, français et étrangers, dont nous ne trouvâmes pas la marque, car il est plausible qu'à défaut de marques les œuvres demeurent dans le néant des attributions, et cette nomenclature serait dès lors oiseuse puisqu'on ne risque pas d'en rencontrer trace. Nous avons dû d'ailleurs nous contenter d'un minimum de références, proportionné, pour la consolation de nos modestes acquisitions, à la quantité relativement faible de belles tapisseries anciennes qui nous sont demeurées valides.

# CHAPITRE XIII

## Répertoire et Technologie.

### A

**Aiguille** (Tapisserie à l'). — C'est-à-dire exécutée avec une aiguille sur un canevas (voir aussi *repiquage*).

**Aiguille** (à presser). — Outil de l'ouvrier de la Savonnerie; sorte de poinçon.

**A plat**, c'est-à-dire sans modelé.

**Arabesques.** — Entrelacement capricieux et fantaisiste d'ornements décoratifs, de feuillages, etc., mêlés de figures, à la manière des Arabes. Les arabesques des Audran, des Bérain, notamment, sont célèbres.

**Arrazi** (pluriel d'*arrazo*). — Les Italiens, au moyen âge, appelaient ainsi, admirativement, toutes les tapisseries de haute lice fabriquées en Flandre. Les Anglais disaient des *Arras*.

**Astrakan** (Point d'). — Voir *point*.

**Aubusson** (Tapisseries d'). — Elles représentent, avec celles de Felletin (voir ce mot), les anciennes productions de la Marche dont dépendait notamment le département de la Creuse où elles figurent maintenant, ainsi que Felletin. Malgré l'agrément de Louis XIV, reçu en 1665, la fabrication d'Aubusson ne fut promue officiellement royale qu'au xviiie siècle (en 1731), époque à laquelle remonte sa plus grande prospérité dans la basse lice. Vingt fabriques persévèrent aujourd'hui; elles relèvent de l'initiative privée. Des tapis de haute laine, des moquettes sortent aussi de ses métiers. Dans l'ordre artistique, les basses lices d'Aubusson n'atteignent point à la perfection de celles de Beauvais.

**Arcs-boutants.** — Partie du métier de basse lice maintenant, en plus des tréteaux, *l'ensouple* (voir ce mot) du devant, pour que plusieurs ouvriers puissent s'y appuyer.

## B

**Banderole.** — Motif décoratif représentant une bande d'étoffe étroite à enroulement capricieux, dans laquelle prennent place des inscriptions et devises.

**Bandes** (Tapisserie à). — Composée de bandes verticales encadrées dans le tissu, comme *Les Mois grotesques*, d'après Claude Audran.

**Banquiers.** — Couvertures de sièges (du moyen âge au xvie siècle).

**Basculer.** — Pour pouvoir contrôler son travail à l'endroit, le basse-licier est obligé de faire basculer les *raines* (voir ce mot) de son métier.

**Basse lice** (Tapisserie de). — C'est-à-dire exécutée sur un métier qui, au lieu d'être dressé perpendiculairement et debout, comme dans la haute lice, est posé à plat, horizontalement; les lices étant manœuvrées au moyen de pédales et le modèle placé sous la chaîne alors que, dans la haute lice, le modèle se trouve derrière l'artiste.

**Basse-licier.** — Tapissier pratiquant la basse lice.

**Battage.** — Passage ou pénétration d'une couleur dans une autre, au moyen de hachures.

**Bâton** (de croisure ou d'entre-deux). — Tube de verre séparant deux nappes (voir ce mot), dans l'exécution au métier de haute lice. *Bâton* de lames (voir *lames*).

**Beauvais** (Tapisserie de). — Basses lices provenant de la manufacture, aujourd'hui nationale, de Beauvais (Oise). Fondée par Colbert, cette célèbre institution prit, en 1664, le nom de *Manufacture royale*. La renommée mondiale de ses produits a persévéré de nos jours.

**Bergame.** — Sorte de tapisserie composée de diverses matières: bourre de soie, laine, coton, etc., sur une chaîne de coton, que l'on fabriquait autrefois, sur le métier du tisserand. On l'ornait de figures peintes et imprimées.

**Bocages.** — Genre de tapisseries représentant des bosquets, des sites frais et ombragés.

**Bordures.** — Motifs décoratifs, capricieux et fantaisistes, encadrant une tapisserie. Les bordures de Raphaël, d'Audran, de Bérain, de Le Brun, notamment, sont célèbres. Fort étroites, parfois inexistantes, jusqu'à la fin du xve siècle, les bordures prirent, dès le xvie siècle, une importance qui caractérise et magnifie la tapisserie.

**Boucles** (ou bouclettes). — Fixées au canevas, dans la tapisserie à l'aiguille, ces boucles composent le point de velours ou *d'astrakan* qui imite le tapis de haute laine. Les boucles sont dites fermées lorsqu'elles ne sont point coupées par le tranchefil; elles constituent alors le point « épinglé », et, dans l'autre cas, *ouvertes*, c'est-à-dire *coupées*, elle représentent le « point de velours ».

**Brocart.** — Étoffe brochée, de soie, d'or ou d'argent.

**Broche** (ou flûte). — Outil en bois de buis, du haute et du basse-licier. Chargée de laine ou de soie, la broche, en recouvrant les fils de la chaîne, produit le tissu de la tapisserie, d'après le carton (voir ce mot).

**Bruxelloises** (Tapisseries). — Voir *Flandres*.

## C

**Camaïeu** (Peinture en). — Peinture ton sur ton, de même couleur.

**Camperche.** — Pièce de bois composant le métier du basse-licier. Elle repose transversalement sur deux montants verticaux, presque au milieu du métier, manœuvre d'une *raine* (voir ce mot) à l'autre, et supporte les *sautereaux* (voir ce mot) au moyen de poulies.

**Canevas.** — Tissu blanc et rigide, formé de fils entrelacés et espacés, que la laine recouvre entièrement dans la pratique de la tapisserie à l'aiguille. Le canevas uni est tissé à fil simple, le canevas *Pénélope*, à fils accouplés, deux par deux.

**Carreau** (Mise au). — Opération mécanique qui consiste à agrandir ou à réduire un dessin à l'aide de lignes verticales et horizontales formant des carrés ou carreaux. Pour agrandir, on reproduit la partie du dessin inscrite dans un petit carreau, dans un grand ; pour réduire, on procède contrairement.

**Carnations.** — Parties d'une tapisserie traitant des chairs.

**Carton.** — Ou modèle du tapissier de haute et basse lice. La tapisserie, le vitrail, notamment, réclament un « carton » spécial.

**Chaînage.** — Action de reconstituer la chaîne d'une tapisserie. La *rentraiture* (voir ce mot) rétablit le chaînage troué, par exemple, afin de pouvoir *repiquer* (voir ce mot).

**Chaîne.** — Rangée de fils de laine blancs, base de la trame destinée à être entièrement recouverte par les fils de laine (ou de soie) représentatifs du décor et de la matière même de la tapisserie. Aux Gobelins, la chaîne, en laine écrue de première qualité, compte environ de six à sept fils au centimètre. La chaîne de Beauvais, destinée au meuble, est plus fine que celle des Gobelins.

**Chairs.** — Voir *Carnations*.

**Chalis.** — Nom donné aux tapis de Smyrne.

**Champs.** — Fonds et toutes parties unies d'une tapisserie.

**Chancelleries.** — Tentures figurant un panneau semé de fleurs de lis et ponctué des armes de France. Le roi donnait ces tapisseries à ses chanceliers en exercice, d'où leur nom.

**Chanevas.** — Nom primitif du *canevas* (voir ce mot). Tissu autrefois composé de fils de chanvre espacés.

**Chef de tête.** — Nom donné autrefois à un artiste tapissier particulièrement chargé de l'exécution des chairs (voir *carnations*).

**Chromatisme.** — Ou gamme de coloration.

**Clair,** (Un). — Touche de couleur dont la valeur est la moins sombre par rapport aux autres. *Extrême clair* : valeur d'un ton comparativement la plus lumineuse.

**Clou.** — Cheville en fer ou en bois servant à serrer les *ensouples* (voir ce mot).

**Complémentaires** (Couleurs). — Théorie scientifique de l'harmonie des couleurs entre elles, selon qu'elles se fassent valoir ou s'annihilent, par contraste, mélange ou juxtaposition.

**Cotrets.** — Robustes montants en bois supportant les *ensouples* (voir ce mot).

**Courtines.** — Rideaux de lits.

**Couture** (de rentraiture). — Point spécial à l'aide duquel on réunit des parties distinctes d'une tapisserie tissée sur un autre métier, une bordure par exemple.

**Crapauds.** — Voir *ressauts*.

**Croisure** (voir Bâton de).

**Culotté.** — C'est-à-dire sali, noirci. Voir *patine*.

**Cylindre.** — Voir *ensouples*.

## D

**Damas.** — Étoffe de soie à fleurs, autrefois fabriquée à Damas.

**Demi-teinte.** — Ton intermédiaire entre la lumière et l'ombre.

**Demi-ton.** — Nuance réalisée par l'association de fils de couleurs différents; ton d'éclat moyen.

**Déroussi.** — Lessivage délicat pour débarrasser une tapisserie « *culottée* », de son *roux* (voir ces mots).

**Duite.** — Résultat de la *passée* (voir ce mot), aller et retour, d'une lisière à l'autre, de la broche chargée de laine à travers les nappes de la chaîne. Ce sont les duites (en fil de laine) accumulées qui constituent la matière de la tapisserie. Le double fil de chanvre qui, dans la confection de la tapisserie, sert à consolider une série horizontale de nœuds, porte aussi ce nom, ainsi que la portion de la chaîne se levant ou s'abaissant au cours de la marche du métier.

**Duite (Fausse).** — Trame irrégulière dans les fils de chaîne.

## E

**Ébarber.** — Voir *Savonnerie*.

**Échantillonner.** — Préparer la palette des laines à employer pour une tapisserie à l'aiguille, avant d'entamer le travail.

**Échelle (Mettre à l').** — C'est-à-dire proportionner une chose à une autre. *Être à l'échelle* signifie être en proportion avec son cadre.

**Enlevage.** — Morceau d'une tapisserie dépassant le niveau des autres parties tissées, soit en raison de l'habileté d'un ouvrier l'emportant en vitesse sur celle d'un ou de plusieurs autres attachés au tissage d'une même pièce, soit à cause d'une partie plus facile à enlever. De l'enlevage résulte nécessairement un *relais* (voir ce mot).

**Ensouples.** — Cylindres en bois ou en fonte reposant sur les *raines* (voir ce mot) ou côtés du métier du haute ou basse-licier. On distingue, dans le métier de basse lice, l'ensouple de *derrière* sur laquelle s'enroule la chaîne la plus éloignée du basse-licier, et l'ensouple de devant sur laquelle on enroule la tapisserie au cours de l'avancement du travail. Dans le métier de haute lice, les ensouples se superposent à distance, verticalement, tandis que dans la basse lice, elles se juxtaposent à distance, horizontalement. Les ensouples servent autant à retenir les extrémités de la chaîne qu'à la tendre.

**Entacage.** — Rainure longitudinale de *l'ensouple* (voir ce mot), dans laquelle s'insèrent les baguettes destinées à recevoir et à maintenir les fils de la chaîne. L'action même de cette insertion.

**Epinglé** (Point de velours). — Dans la tapisserie à l'aiguille (et dans le tapis), le point de velours ou point « d'astrakan », est dit épinglé lorsqu'il est à bouclettes « fermées » (voir *boucles*).

**Extrême clair.** — Voir *clair*.

## F

**Facture.** — Expression du métier de l'artiste ; son résultat.

**Felletin** (Tapisseries de). — Situées dans la Creuse (département compris dans l'ancienne province de la Marche, avec les manufactures d'Aubusson, voir ce mot) les tapisseries de Felletin, relevant de l'initiative privée, marquèrent, en dépit de quelque défaveur, leur intérêt dans le passé, sans toutefois qu'elles puissent soutenir la comparaison avec celles des Gobelins et de Beauvais. Aubusson aussi lui fut supérieure. Aujourd'hui, la fabrication de Felletin, demeurée en basse lice et en dehors du patronage de l'État, a périclité.

**Figures.** — On désigne ainsi les personnages représentés dans une tapisserie (ou toute autre composition se rattachant à l'art plastique). On dit une tapisserie avec une, deux, trois, etc. figures. Une *verdure* (voir ce mot), par exemple, ne comporte point, en principe, de *figures*.

**Fils.** — Les fils composent la chaîne d'une tapisserie. Ils se divisent en deux *nappes*; l'une réunissant les numéros impairs (dits fils d'avant); l'autre les numéros pairs (dits fils d'arrière). Voir aussi *chaîne*.

**Flamber.** — On flambe les *jares* (voir ce mot) sur les parties réparées d'une tapisserie, avec une mèche trempée dans l'alcool et enflammée. Cette opération détruisant les jares, conformément à l'usure des temps, donne à la tapisserie une patine artificieuse.

**Flandres** (Tapisseries des). — Les tapisseries flamandes des $xiv^e$, $xv^e$ et $xvi^e$ siècles sont particulièrement réputées. Les tapisseries bruxelloises se distinguent nettement en beauté de celles des autres centres; leur suprématie date du $xvi^e$ siècle.

**Flûte.** — Broche ou navette du tapissier haute ou basse-licier.

**Fondu.** — Qualité de ce qui est très modelé. Se dit de tons liés dont les *passages* (voir ce mot) sont sans heurt, d'une transition douce et estompée.

**Frette.** — Cercle en fer renforçant les *ensouples* (voir ce mot) du métier de basse lice perfectionné.

**Fuseau.** — Broche conique.

# G

**Gamme** (de couleurs). — Série des nuances montantes ou descendantes d'une couleur.

**Gobelins** (Tapisseries des). — Hautes lices provenant de la célèbre *Manufacture Nationale des Gobelins* (Paris, XV<sup>e</sup> Arr<sup>t</sup>). Louis XIV la fonda, en 1662, sous le nom de *Manufacture Royale des Meubles de la Couronne* ; le peintre Le Brun en fut le premier directeur, sous la haute autorité de Colbert. La réputation mondiale des Gobelins est, de nos jours, demeurée intacte, à travers des étapes de beauté plus ou moins florissantes.

**Grippé** (Tissu). — Dont le retrait des fils, par places, accuse un plissé, un gondolage.

**Gris** (Un). — Ton effacé, passé, résultant non seulement d'une fusion de noir et de blanc, mais de toute autre couleur neutralisée, quelle qu'en soit la base.

**Gros** (de Tours). — Ancienne étoffe de soie dont le grain faisait illusion de la tapisserie. On a reproduit en peinture, sur cette étoffe, des scènes de l'*Histoire du Roi*, notamment.

**Grotesques.** — Motifs décoratifs figurant des personnages, des animaux, des objets imaginaires ou réels, mêlés à des arabesques entrelacées d'ornements capricieux et fantaisistes. Aujourd'hui, grotesques et arabesques sont devenus synonymes. L'école du Primatice introduisit les *grotesques* en France, et, en célébrant les « grotesques » de Du Cerceau, d'Étienne de Laulne, de Raphaël, du Bachiacca, entre autres, on a, du même coup, exalté leurs *arabesques* (voir ce mot).

# H

**Hachure.** — En tapisserie, la hachure, battage d'un ton dans un autre ou sa pénétration par demi-tons (voir ce mot), suffit au modelé désiré. Les anciens tapissiers n'usaient que de hachures à une seule nuance.

**Haute lice** (Tapisserie de). — C'est-à-dire exécutée sur un métier à tisser dressé perpendiculairement et debout (contrairement à la *basse lice* [voir ce mot], dont le métier est posé à plat et horizontalement), le modèle étant placé derrière le tapissier et les lices manœuvrées à la main.

**Haute-licier** ou **basse-licier**. — Tapissier pratiquant la haute ou la basse lice.

# J

**Jacquard** (Tissage). — Ou mécanique.

**Jares.** — Petites barbes ou velouté de la laine neuve que le temps fait disparaître.

**Juponnage.** — Boursouflure à la surface d'une tapisserie, résultant d'un fil de trame trop serré autour du fil de chaîne, ou de l'emploi sur la broche de plusieurs laines de tons différents pour arriver au ton rompu du modèle.

**Jute.** — Matière textile végétale.

# L

**Laine** (Haute). — Le tapis d'Orient ou de haute laine, oppose au tapis rasé ses poils longs et moelleux, voir *Savonnerie*.

**Lames.** — Dans le métier de basse lice, les sautereaux sont de petites lames de bois rappelant le fléau d'une balance, auxquels s'attachent les bâtons de *lames* ou de lices, actionnés par des marches sous l'impulsion des pieds du tapissier. On substitua aux *lames* rigides (abandonnées depuis longtemps), les lices. Le nom de lames est demeuré à la lice ou chaîne du tapissier. Chaque lame reçoit un nombre de *portées* (voir ce mot) plus ou moins grand suivant la grosseur des fils de chaîne.

**Lé.** — Ou étoffe d'une seule pièce, en largeur.

**Leviers.** — On tourne les *ensouples* (voir ce mot) au moyen de leviers.

**Lices** (ou lisses). — Cordelettes permettant de ramener les fils de la nappe de devant et de les croiser avec ceux de la nappe d'arrière.

**Liure.** — Résultat de la réunion plus ou moins harmonieuse des fils de couleurs différentes et juxtaposées. Croisements des fils de la trame.

**Lisière.** — Bordure sans intérêt artistique, traditionnellement bleu foncé, servant de point de départ à la tapisserie de haute et de basse lice.

**Local** (Ton). — Couleur essentielle et fondamentale d'un être, d'une chose, d'un paysage, etc.

**Lumière** (Une). — Touche lumineuse s'enlevant sur un point ou sur un ensemble sombre ou relativement moins clair.

## M

**Mangée** (Couleur). — C'est-à-dire effacée par le soleil ou les intempéries séculaires.

**Marche** (La). — Ancienne province de la France, qui comprenait notamment le département de la Creuse où se trouvent encore les fabriques de tapisseries d'Aubusson et de Felletin.

**Marches** — Dans le métier de basse lice, les bâtons de lames ou de lices sont reliés à des marches qu'actionne le pied du tapissier. On appelle parfois tapisserie à *la marche* celles exécutées en basse lice.

**Matière.** — Composition d'une chose ; qualité qu'elle offre au toucher comme aux yeux. Chaque matière commande, en art, à une destination particulière.

**Métier.** — Ou technique. Instrument sur lequel sont tendus les fils, le canevas, etc., suivant chacune des différentes expressions d'art (métiers de haute et basse lice, etc.).

**Mille fleurs** (Décor dit). — Verdure semée de fleurettes, propre plus essentiellement au xv° siècle.

**Modelé.** — Résultat de *modeler* (voir ce mot).

**Modeler.** — Donner la sensation, à l'œil, des formes en relief sur une surface plane, un tableau, une tapisserie. Les modelés d'une tapisserie ne peuvent être réalisés comme dans le tableau du peintre, et le pourraient-ils, qu'ils ne le doivent point. Ils n'aboutissent à l'effet de certain *fondu* (voir ce mot) qu'à distance ; les demi-teintes ou tons intermédiaires et passages entre la lumière et l'ombre, qui font *tourner* la forme, ne pouvant et ne devant être obtenues que par de larges *hachures* ou *battages* (voir ces mots).

**Modulation.** — Interprétation plus ou moins sensible et expressive de la gamme des tons de couleur.

**Moquettes.** — Tapis veloutés, genre Savonnerie.

**Morceau.** — Un beau « morceau » désigne à la fois une belle partie d'une *pièce* et une belle pièce tout entière.

**Mordant.** — Produit chimique à l'aide duquel on fixe les couleurs destinées au maquillage des tapisseries anciennes, dont on ravive les tons ainsi, fatalement.

**Mosaïques.** — Sorte de bordures composées de petits ornements ajourés, se détachant en or sur un champ bleu et cernés de moulures simulées, souvent décorées de guirlandes et de chutes de fleurs.

**Motif.** — Sujet d'une composition ; l'intention d'ensemble d'une œuvre, son prétexte.

# N

**Nappes.** — Les fils composant la chaîne (voir ce mot) sont divisés en deux nappes ; l'une en avant, l'autre en arrière. Les fils de cette dernière sont manœuvrés au moyen des *lices* (voir ce mot).

**Navette.** — Broche (voir ce mot) ou flûte, etc.

**Noir** (Un). — Valeur comparativement la plus sombre de quelque couleur que ce soit.

**Noué** (Point). — Usité par les anciens Sarrazinois (voir ce mot) et que la Savonnerie adopta. Les tapis d'Orient sont exécutés au point noué ou de haute laine.

## O

**Omelettes.** — Bordures de tapisseries, jaunes, dont les effets d'ombre et de lumière ne visent point à ceux d'une moulure éclairée.

**Ourdir.** — Préparer la chaîne d'une tapisserie.

**Ourdissage.** — Action de ourdir.

## P

**Pant.** — Galerie spécialement destinée à l'exposition des tapisseries, au xvi$^e$ siècle.

**Paris** (Tapisseries dites de). — Elles se fondent dans la personnalité glorieuse des Gobelins (entre la fin du xvi$^e$ siècle et la fondation de la célèbre manufacture), après avoir tenu en échec les expressions d'Arras jusqu'aux xiv$^e$ et xv$^e$ siècles. Ainsi l'histoire des Gobelins englobe-t-elle celle de Paris, de même que l'histoire de Beauvais qui dispensa souvent ses basse-liciers — et non ses meilleurs — à Aubusson et Felletin, concentre celle des manufactures de la Marche.

**Passage.** — Nuance intermédiaire d'un ton à un autre, souvent une demi-teinte ; sa transition.

**Passé** (Broderie au). — Dont le fil embrasse autant d'étoffe en dessus qu'en dessous.

**Passée.** — Résultat obtenu par la broche chargée de laine lorsque les deux nappes de la chaîne ont été manœuvrées. Une passée constitue une *duite* (voir ce mot). La *demi-passée* est le résultat donné par la broche lorsqu'elle n'a recouvert qu'un fil de la nappe de chaîne sur deux.

**Patine.** — Ton chaud et doré que le temps apporte naturellement et avantageusement à une tapisserie ancienne. La patine peut être aussi réalisée artificiellement.

**Pavement.** — Fond riche, uniforme.

**Peigne.** — Outil du tapissier haute et basse-licier, à l'aide duquel il tasse chacune des *duites* pour serrer les laines et réaliser ainsi la trame de la tapisserie.

**Perche** (des lices). — Celle où se trouve passée la boucle des *lices* (voir ce mot) fixées à chacun des fils de la *nappe* (voir ce mot) d'arrière.

**Pièce.** — On dit une belle pièce pour désigner une tapisserie admirable (voir *morceau*).

**Plans.** — Différentes phases d'aspect produites par le rapprochement ou l'éloignement de la personne ou de la chose que l'on regarde et relativement à leur figuration plus ou moins grande, perspectivement. Une figure au premier plan d'un tableau est plus grande que celle du second plan, celle du second plan plus grande que celle du troisième, etc. Modeler *par plans* signifie exprimer le relief par des *valeurs* (voir ce mot). L'expression exacte des valeurs et des reliefs détermine le modelé (voir ce mot).

**Plat** (Un). — Dessin (ou touche de couleur) sans relief, pratiqué notamment dans les tapis, par les Orientaux. Teinte unie.

**Point.** — Nom donné à plusieurs ouvrages de tapisserie, de broderie, etc; piqûre faite dans un canevas par une aiguille enfilée de laine ou de soie (tapisserie à l'aiguille). La variété des points, dits de *croix*, de *Saint-Cyr*, de *Hongrie*, etc., diversifie l'effet et la beauté du travail. Point *noué* (voir ce mot) ; *demi-point de croix*, usité pour un travail hâtif ou dans le cas d'achèvement d'une tapisserie préalablement échantillonnée (voir ce mot); *point de velours, point d'astrakan* (voir *boucles*). On désigne enfin, sous le nom de tapisserie *au point*, toute tapisserie exécuté sur canevas, et le *petit point*, comme le *gros point* sont des points de tapisserie fine ou grosse sur canevas.

**Poinçon.** — Outil du tapissier de haute et de basse lice, servant à contourner le fil de chaîne pour tasser la laine, dans certains cas.

**Portée.** — Nombre des fils constituant la chaîne.

**Portière.** — Tapisserie plus spécialement vouée à la décoration des vantaux d'une porte.

**Potomage.** — Opération qui consiste à maquiller, à l'aide de couleurs sèches ou liquides, les tapisseries sous prétexte de raviver ou de calmer leurs tons.

**Presser** (Aiguille à). — Sorte de poinçon utilisé dans la tapisserie de haute laine.

# R

**Raccord.** — Action d'harmoniser les anciennes laines de couleurs d'une tapisserie avec les nouvelles.

**Raînes.** — Robustes madriers en bois formant les côtés du métier du tapissier de basse lice. Elles reçoivent les *ensouples* (voir ce mot).

**Ramie.** — Fibres provenant de la plante de ce nom.

**Rasé** (Velours). — C'est-à-dire dont les *boucles* (voir ce mot) ont été rasées au lieu d'être fermées ou ouvertes.

**Relais.** — Solutions de continuité rétablies entre les différentes parties d'une tapisserie lorsque les *enlevages* (voir ce mot) sont comblés; les *relais* facilitent aussi certains changements de couleurs et certains contours.

**Rentraiture** (Atelier de). — L'atelier de rentraiture s'occupe de la couture des *relais* et autres parties de la tapisserie. Il reconstitue les parties détruites ou lacérées des tapisseries, en même temps qu'il les soigne matériellement, au point de vue de leur conservation et de leur mise en place. Les ateliers de rentraiture des Gobelins, notamment, se chargent aussi de transformer certaines pièces.

**Rentrayage.** — Ensemble des opérations constituant la rentraiture.

**Repiquage.** — Opération minutieuse consistant à refaire la trame d'une tapisserie abîmée en entourant la chaîne (souvent reconstituée aussi) de fils de laine ou de soie passés à l'aiguille.

**Reps.** — Étoffe manufacturée, à côtes, imitant grossièrement les fils de la chaîne, préposée à l'illusion des couleurs en imitation des tapisseries.

**Rompu** (ton). — Opposé au ton franc.

**Roux.** — Ensemble des salissures et maculations que l'opération du *déroussi* (voir ce mot) fait disparaître sur les tapisseries.

**Ressauts** (ou « crapauds »). — Dessins ou lettres autrefois posés, après coup, dans la chaîne, à l'aide d'une broche volante (ou libre), *sautant* d'un point à un autre, lorsqu'il s'agissait de lignes très déliées.

# S

**Saponaire.** — Plante commune dite « savonnière » parce qu'elle donne à l'eau la propriété de mousser à la manière du savon. Elle sert au nettoyage des tapisseries.

**Sarrazinois** (Tapis). — Exécutés en broderie à la main dans le genre oriental (au $xii^e$ siècle), tandis que les tapis dits « de Turquie » sont en fils de laine, au point noué. Ils sont les véritables ancêtres de la Savonnerie.

**Sautereaux.** — Voir *lames*.

**Savonnerie** (Manufacture de la). — Autrefois établissement particulier, la Savonnerie est rattachée depuis 1826, à la *Manufacture Nationale des Gobelins* où l'on continue à exécuter, en haute lice, des tapis de haute laine.

**Soutiens.** — Voir *tréteaux*.

# T

**Tablier.** — Bande de tapisserie ou de damas, plus étroite que longue, dont les Romains ornaient autrefois leurs fenêtres et balcons, à l'occasion des fêtes.

**Tapis.** — Voir *Savonnerie, Sarrazinois, boucle, noué* (point).

**Tapisseries.** — Il y a trois genres de tapisserie : à l'aiguille sur canevas, en haute lice et basse lice à la broche. En dehors des manufactures nationales des Gobelins et de Beauvais, la première sacrifiant à la haute lice, la seconde à la basse lice, il y a des manufactures *privées* à Aubusson et à Felletin, où l'on n'exécute que des basses lices. A Neuilly (Seine) il existe d'autre part une manufacture privée des tapisseries en basse lice, ainsi qu'à Champfleur, entre Le Mans et Angers, où l'on fabriquait, encore en 1902, des hautes lices.

**Tasser.** — Action, chez le tapissier, de serrer les duites (voir ce mot) en les frappant avec le peigne.

**Tenture.** — Nom donné à des bandes de tapisserie disposées pour être employées ensemble, ou les bandes mêmes qui composent la tenture. Une tapisserie de tenture désigne aussi une tapisserie destinée à être tendue sur un mur. On dit encore une tenture pour indiquer une tapisserie appartenant à une même série.

**Textile.** — La tapisserie est une peinture en matières textiles, c'est-à-dire se rapportant au tissage.

**Texture.** — État d'une chose tissée, d'une tapisserie en l'occurrence.

**Tissu.** — Toute matière composée de fils entrelacés.

**Ton.** — Degré d'intensité ou d'éclat des couleurs, leur qualité vibratoire, leur variété. On dit un *beau* et un *vilain* ton de couleur.

**Tourillon.** — Sorte de pivot garnissant l'extrémité des ensouples ; il est enclavé dans des coussinets mobiles qui agissent sur les rainures, régissant la tension convenable de la chaîne dans la tapisserie de haute lice.

**Tourner** (Faire). — Modeler ; donner l'illusion, au moyen de la lumière, de la demi-teinte et de l'ombre bien exprimés, d'une forme qui tourne, ronde sur une surface plane.

**Trame.** — Matière composant la tapisserie (et tout tissu), formée par la chaîne recouverte des *duites* (voir ce mot).

**Tranchefil.** — Outil du tapissier de haute laine (composé d'une tige ronde recourbée en haut, et d'une lame tranchante, en bas) sur lequel s'enroulent, en anneaux, les fils, au fur et à mesure que la trame s'avance. Il suffit de tirer le tranchefil, de gauche à droite, pour couper les anneaux, qui, ainsi, représentent les poils moelleux du tapis de haute lice.

**Tréteaux** (ou soutiens). — Ils renforcent dans le métier de haute lice, la solidité des *raines* (voir ce mot) qui supportent les ensouples.

**Truquage.** — Ou fraude.

**Turquie** (Tapis de). — Voir *Sarrazinois*.

## V

**Valeur.** — Relativité d'un ton vis-à-vis d'un ou de plusieurs autres. La justesse des valeurs exprime exactement les plans qui déterminent les reliefs.

**Velouté.** — Qualité de moelleux et de douceur, à la vue et au toucher, d'un velours, d'un tapis de haute laine.

**Velu** (Tapis). — Nom primitif du tapis velouté ou de haute laine.

**Verdillon.** — Sorte de tringle servant à fixer le commencement de la chaîne dans la rainure des ensouples d'un métier de haute et de basse lice.

**Verdure** (Une). — Tapisserie représentant du feuillage, des arbres, des paysages, d'un prix autrefois peu élevé ; généralement où les tons verts dominent.

**Vibration.** — Effet obtenu par le contact ou le rapport de deux (ou plusieurs) couleurs susceptibles de se faire valoir, de s'exalter, l'une par l'autre.

# W

**Wich.** — Forte perche assurant l'*entacage* (voir ce mot).

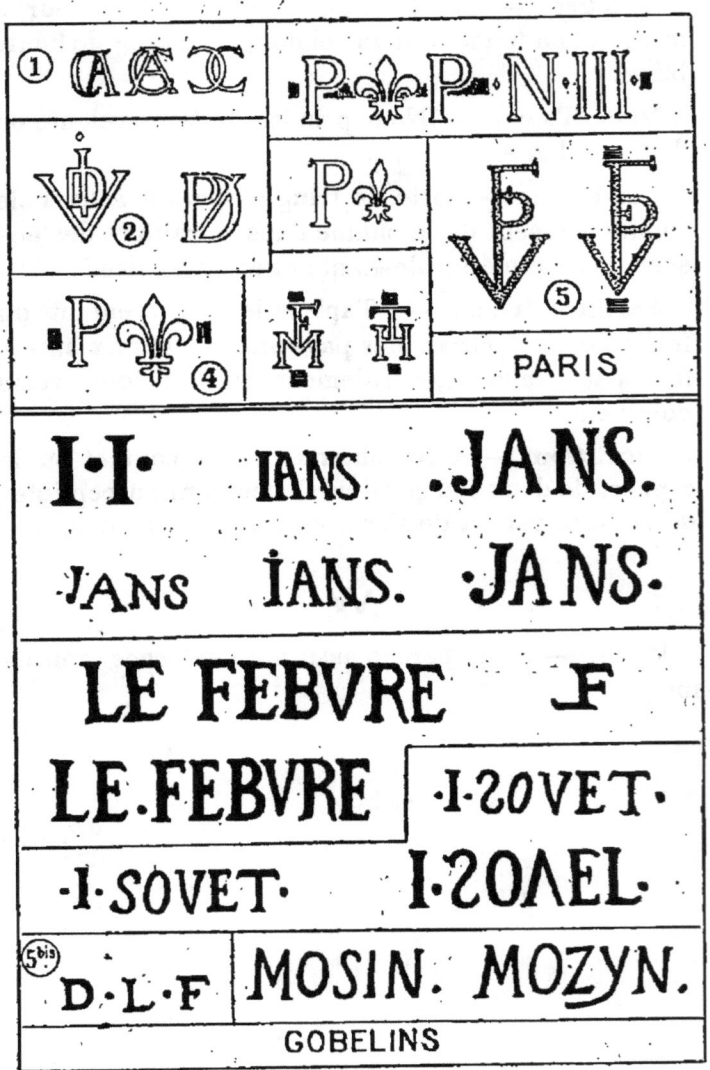

Pl. I. — Marques et monogrammes.

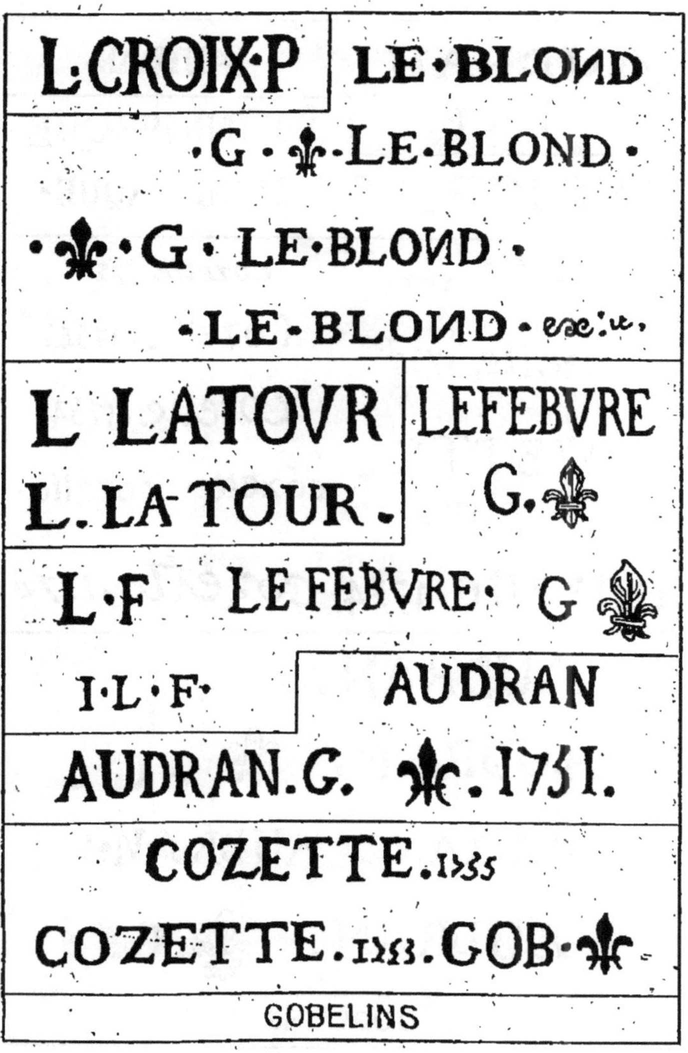

| L·CROIX·P | LE·BLOND |
|---|---|

·G· ⚜ ·LE·BLOND·

· ⚜ ·G· LE·BLOND·

·LE·BLOND· ese:u.

| L LATOVR | LEFEBVRE |
| L.LA·TOUR· | G· ⚜ |
| L·F | LE FEBVRE· G ⚜ |
| I·L·F· | AUDRAN |

AUDRAN.G. ⚜ .1751.

COZETTE.1755

COZETTE.1783.GOB· ⚜

GOBELINS

Pl. II. — Marques et monogrammes.

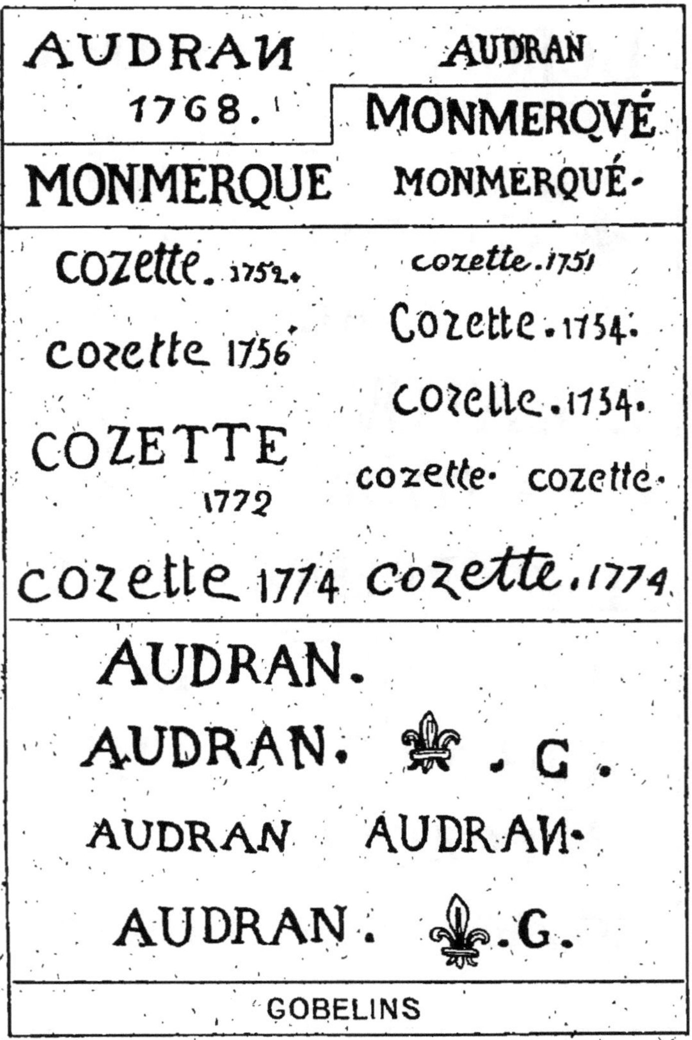

| | |
|---|---|
| AUDRAN 1768. | AUDRAN |
| MONMERQUE | MONMERQVÉ |
| | MONMERQUÉ |
| cozette. 1752. | cozette. 1751 |
| cozette 1756 | Cozette. 1754. |
| COZETTE 1772 | cozette. 1734. |
| | cozette. cozette. |
| cozette 1774 | cozette. 1774 |

AUDRAN.

AUDRAN. ⚜ . G .

AUDRAN  AUDRAN.

AUDRAN. ⚜ . G .

GOBELINS

Pl. III. — Marques et monogrammes.

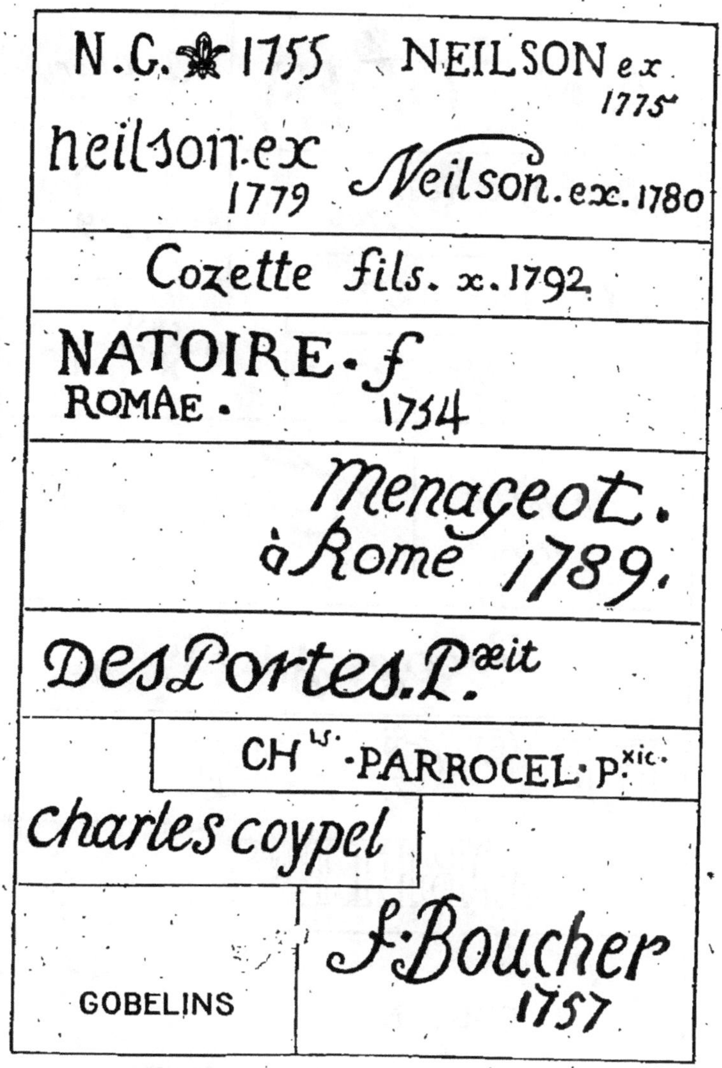

N.C. ⚜ 1755   NEILSON ex
                                1775

neilson.ex      Neilson.ex.1780
        1779

Cozette fils. x. 1792

NATOIRE. f
ROMAE.            1754

Menageot.
à Rome 1789.

DesPortes. P.ᵗ

CH.ˡˢ ·PARROCEL· P.ˣⁱᶜ·

charles coypel

F. Boucher
                1757

GOBELINS

Pl. IV. — Marques et monogrammes.

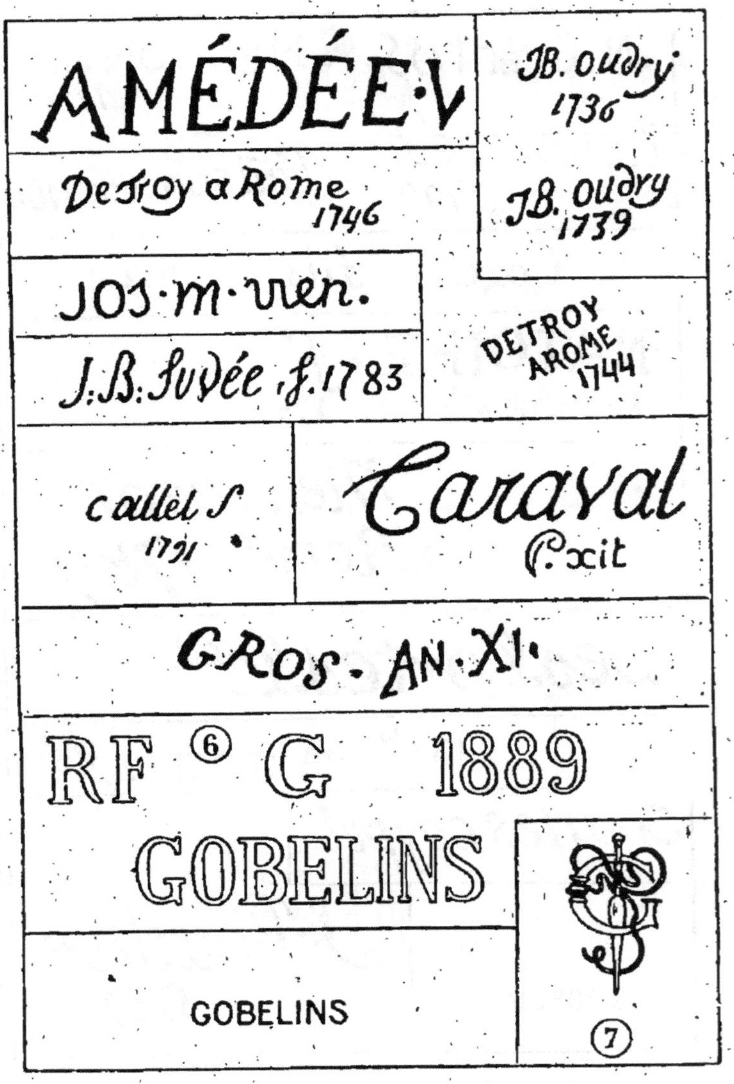

AMÉDÉE·V

JB. Oudry 1736

Detroy a Rome 1746

JB. Oudry 1739

JOS·M·vien·

J:B: Suvée f. 1783

DETROY A ROME 1744

Callet f. 1791

Caraval P. xit

GROS · AN · XI ·

RF °6 G 1889

GOBELINS

GOBELINS

⑦

Pl. V. — Marques et monogrammes.

PLANCHES DES MARQUES 333

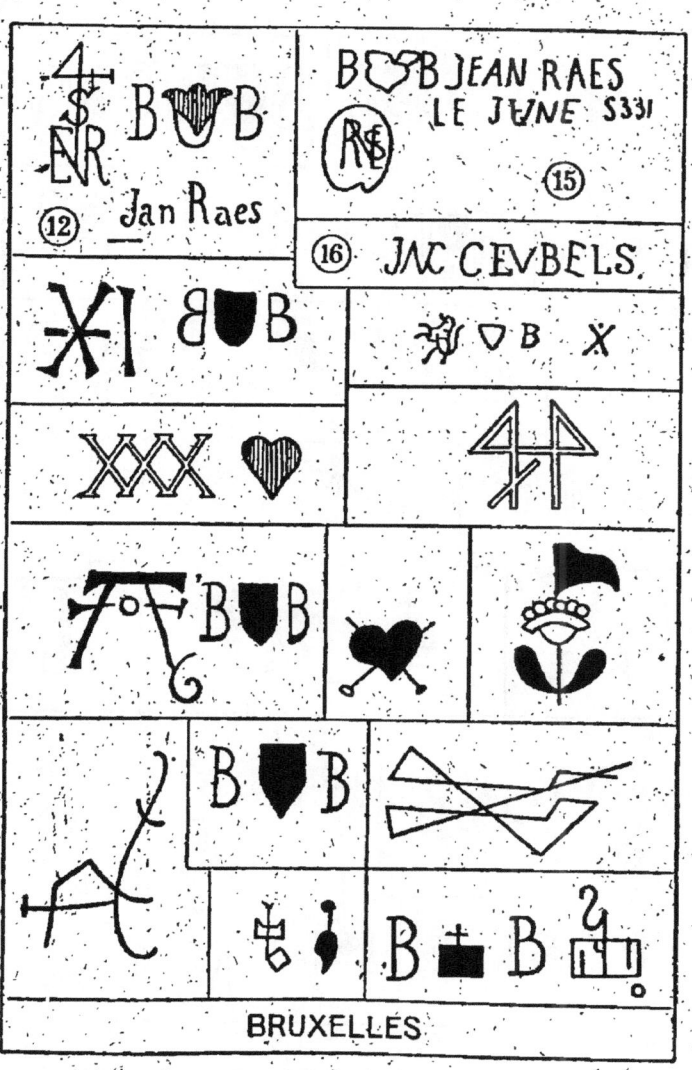

Pl. VI. — Marques et monogrammes.

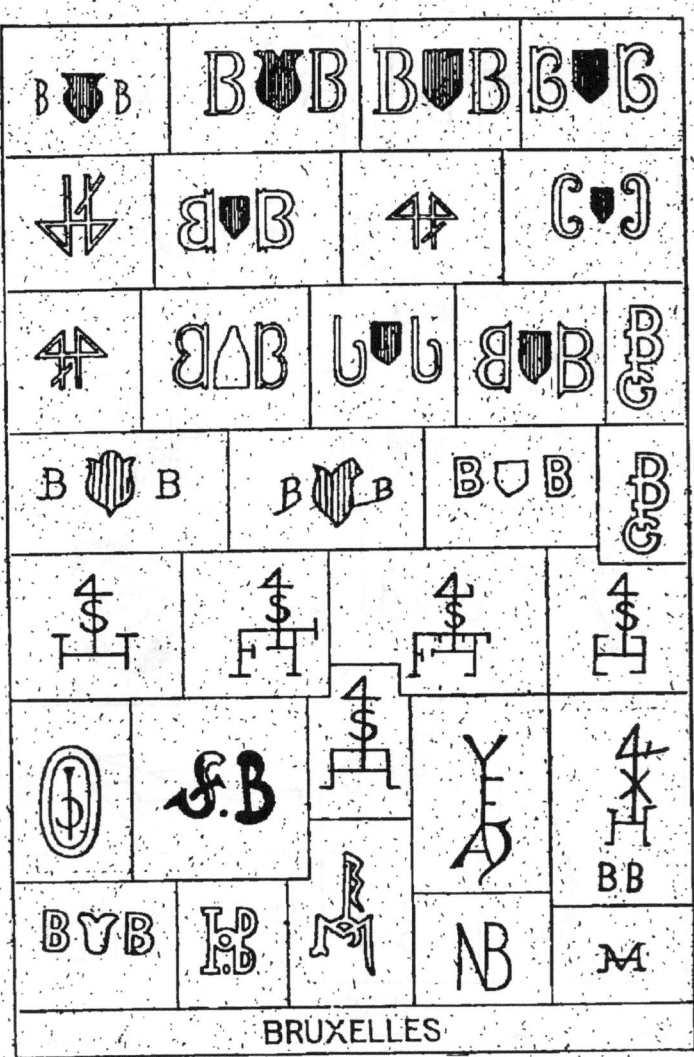

Pl. VII. — Marques et monogrammes.

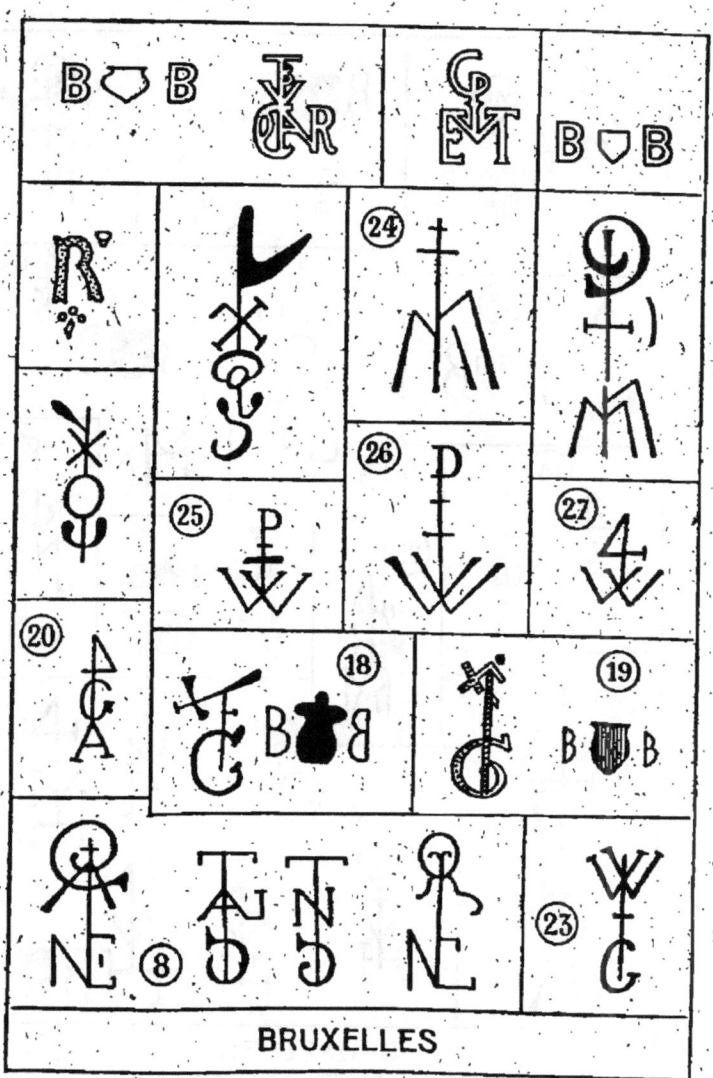

Pl. VIII. — Marques et monogrammes.

336  L'ART DE RECONNAÎTRE LES TAPISSERIES

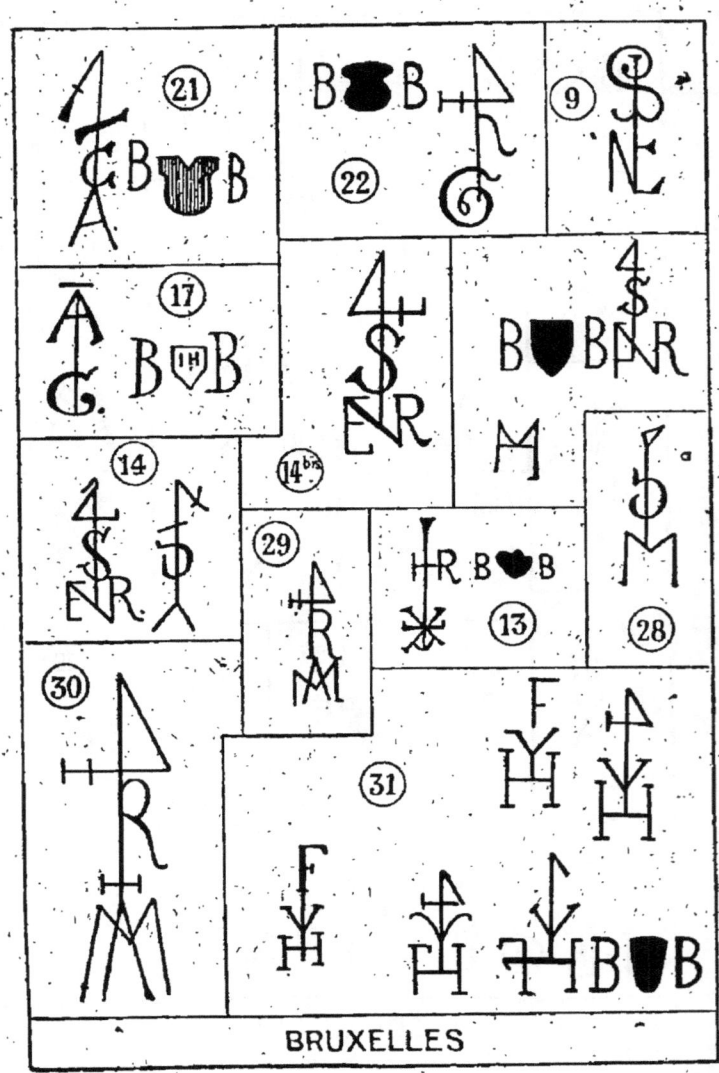

Pl. IX. — Marques et monogrammes.

PLANCHES DES MARQUES 337

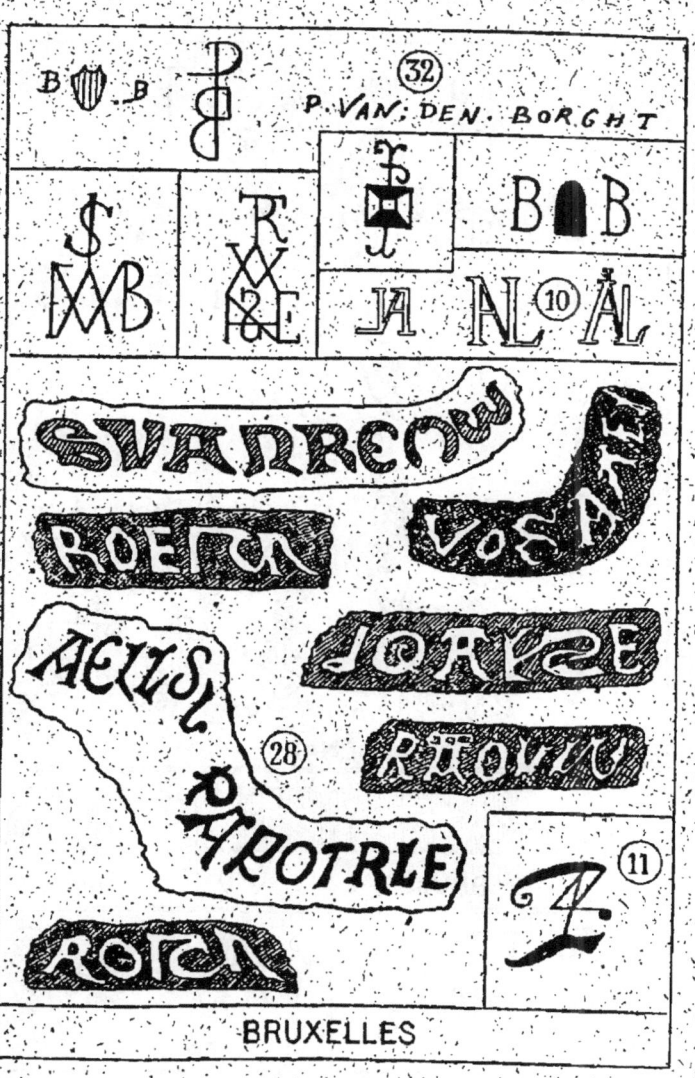

Pl. X. — Marques et monogrammes.

338 L'ART DE RECONNAÎTRE LES TAPISSERIES

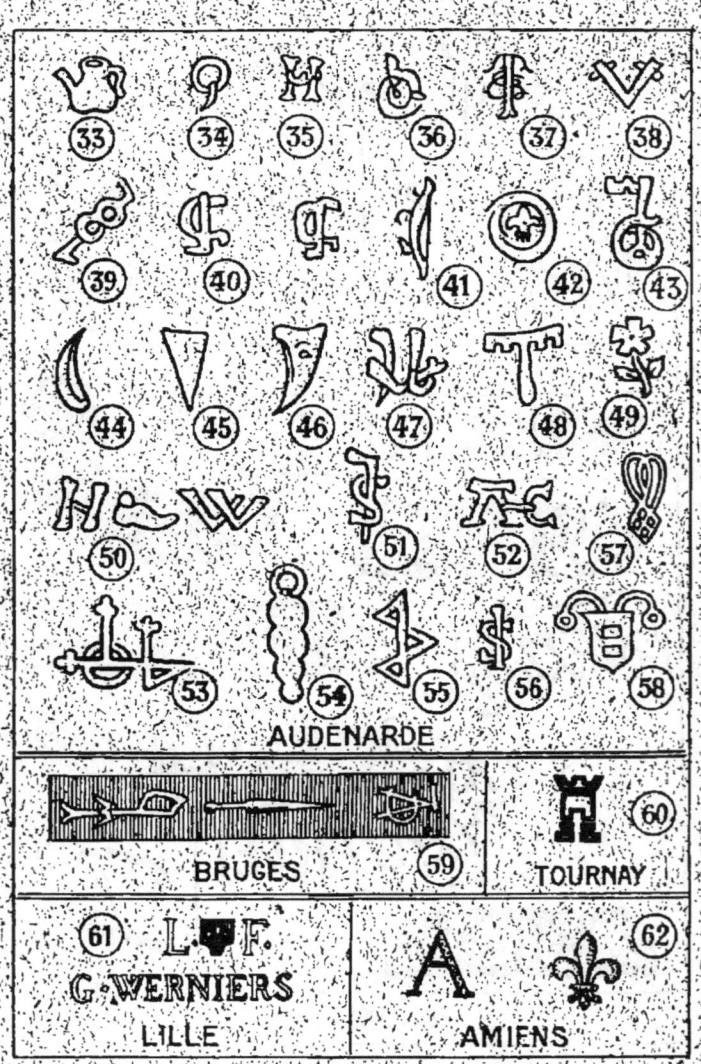

Pl. XI. — Marques et monogrammes

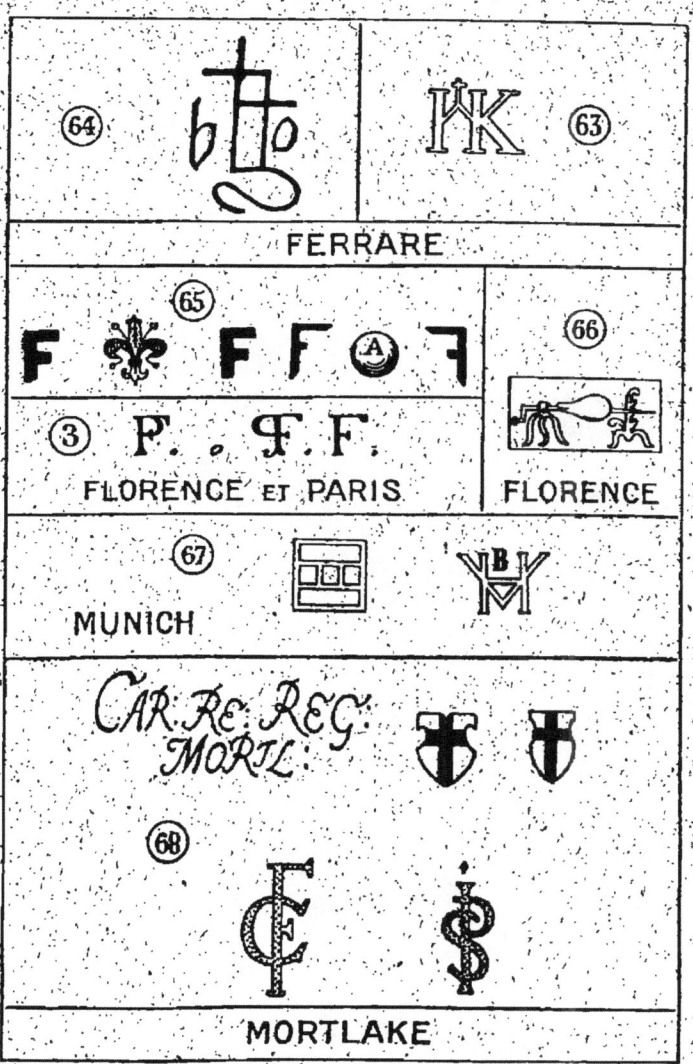

Pl. XII. — Marques et monogrammes.

# TABLE DES MATIÈRES

### CHAPITRE PREMIER
Considérations générales sur la tapisserie .................. 1

### CHAPITRE II
Autres considérations autour et alentour de la tapisserie ........................................................ 22

### CHAPITRE III
Des divers genres de tapisserie : la tapisserie à l'aiguille, 38

### CHAPITRE IV
Des divers genres de tapisserie (suite) : la tapisserie en haute et basse lice ; la tapisserie de haute laine, dite autrefois de la Savonnerie ........................ 55

### CHAPITRE V
Quelques mots sur l'historique de la tapisserie jusqu'au XVI<sup>e</sup> siècle inclusivement ................................ 76

### CHAPITRE VI
Quelques mots sur l'historique de la tapisserie, en France, du XVII<sup>e</sup> siècle à nos jours .................. 93

## CHAPITRE VII

Quelques mots sur l'historique de la manufacture de la Savonnerie et sur la tapisserie à l'Étranger, du XVII<sup>e</sup> siècle à nos jours........................ 119

## CHAPITRE VIII

De la rentraiture................................................. 135

## CHAPITRE IX

Pour s'y connaître en tapisserie ; la fraude............... 154

## CHAPITRE X

La fraude en matière de tapisserie (suite)................. 203

## CHAPITRE XI

Des soins à donner à la tapisserie. — Du prix atteint aujourd'hui par quelques tapisseries .................. 233

## CHAPITRE XII

Quelques marques, signes et monogrammes des manufactures de tapisseries françaises et étrangères.... 261

## CHAPITRE XIII

Répertoire et technologie....................................... 306

Paris. — Imp. Paul Dupont (Cl.). — 4.2.27.

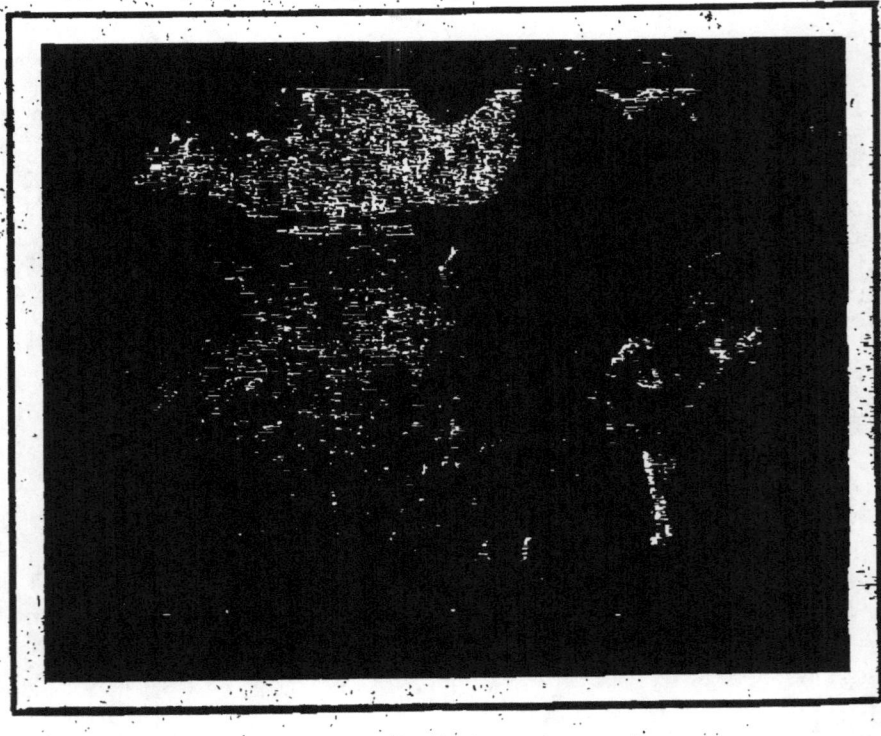

Imp. Paul Dupont
Clichy

www.ingramcontent.com/pod-product-compliance
Lightning Source LLC
Chambersburg PA
CBHW060320170426
43202CB00014B/2611